NE능률 영어교과서

대한민국 고등학생 **10**명 중
4.7 명이 보는 교과서

영어 고등 교과서 점유율 1위

(7차, 2007 개정, 2009 개정, 2015 개정)

리딩튜터

그동안 판매된
리딩튜터 1,800만 부
차곡차곡 쌓으면 18만 미터

에베레스트
20 배 높이

180,000m

에베레스트 8,848m

능률보카

그동안 판매된
능률VOCA 1,100만 부

대한민국 박스오피스
천만명을 넘은 영화
단 28개

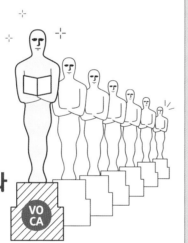

VO
CA

그래머존

그동안 판매된 400만 부의 그래머존을 바닥에 쭉
1000km 서울-부산을

서울

부산

PICK 수능유형

독해 실력

지은이	NE능률 영어교육연구소
선임연구원	조은영
연구원	김은정, 가민아, 정서연
영문교열	Curtis Thompson, Bryce Olk, Angela Hai Yue Lan
디자인	안훈정
맥편집	허문희
영업	한기영, 이경구, 박인규, 정철교, 김남준, 이우현
마케팅	박혜선, 김여진, 이지원

42nd
Since 1980
Let's grow together

NE능률이
미래를
창조합니다.

건강한 배움의 고객가치를 제공하겠다는 꿈을 실현하기 위해
42년 동안 열심히 달려왔습니다.

앞으로도 끊임없는 연구와 노력을 통해
당연한 것을 멈추지 않고

고객, 기업, 직원 모두가 함께 성장하는 NE능률이 되겠습니다.

PICK 수능유형

독해 실력

STRUCTURE & FEATURES

전체 구성

Part 01: 수능 독해 유형 17강   **Part 02**: MINI TEST 8회

유형

최신 수능에 출제된 총 17개의 독해 유형 학습으로 수능 독해 유형을 완벽히 정리할 수 있다.

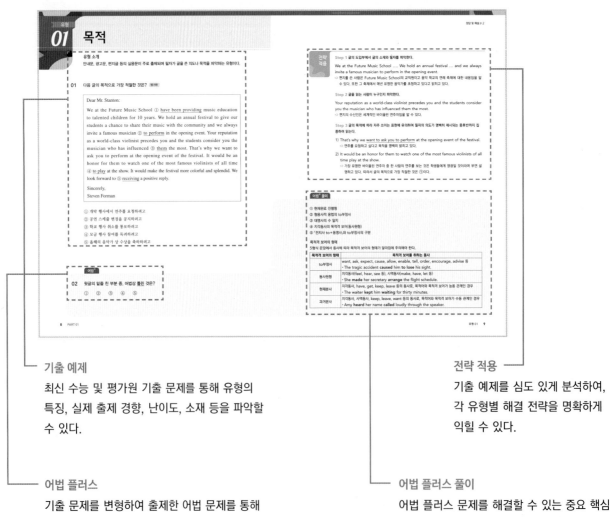

기출 예제
최신 수능 및 평가원 기출 문제를 통해 유형의 특징, 실제 출제 경향, 난이도, 소재 등을 파악할 수 있다.

어법 플러스
기출 문제를 변형하여 출제한 어법 문제를 통해 어법 실력을 쌓고 변형 문제에 대한 자신감을 높일 수 있다.

전략 적용
기출 예제를 심도 있게 분석하여, 각 유형별 해결 전략을 명확하게 익힐 수 있다.

어법 플러스 풀이
어법 플러스 문제를 해결할 수 있는 중요 핵심 포인트를 제시하고, 어법 출제 포인트를 따로 설명하여 한 번 더 정리할 수 있다.

유형 연습

유형별 연습 문제들을 통해 유형의 특징을 충분히 익히고 해결 전략을 적용할 수 있다.
또한 어법 플러스 문제를 통해 어법 유형에도 대비할 수 있다.

MINI TEST

총 8회의 MINI TEST를 통해 앞에서 익힌 각 수능 독해 유형들을 최종적으로 점검하고 실전 감각을 높일 수 있다.

CONTENTS

PART 02 MINI TEST

PART
01

유형

유형 소개

안내문, 광고문, 편지글 등의 실용문이 주로 출제되며 필자가 글을 쓴 의도나 목적을 파악하는 유형이다.

01 다음 글의 목적으로 가장 적절한 것은? 평가원

> Dear Mr. Stanton:
>
> We at the Future Music School ① have been providing music education to talented children for 10 years. We hold an annual festival to give our students a chance to share their music with the community and we always invite a famous musician ② to perform in the opening event. Your reputation as a world-class violinist precedes you and the students consider you the musician who has influenced ③ them the most. That's why we want to ask you to perform at the opening event of the festival. It would be an honor for them to watch one of the most famous violinists of all time ④ to play at the show. It would make the festival more colorful and splendid. We look forward to ⑤ receiving a positive reply.
>
> Sincerely,
> Steven Forman

① 개막 행사에서 연주를 요청하려고
② 공연 스케줄 변경을 공지하려고
③ 학교 행사 취소를 통보하려고
④ 모금 행사 참여를 독려하려고
⑤ 올해의 음악가 상 수상을 축하하려고

어법⁺

02 윗글의 밑줄 친 부분 중, 어법상 틀린 것은?

① ② ③ ④ ⑤

Step 1 글의 도입부에서 글의 소재와 필자를 파악한다.

We at the Future Music School .... We hold an annual festival … and we always invite a famous musician to perform in the opening event.

⇨ 편지를 쓴 사람은 Future Music School의 교직원이고 음악 학교의 연례 축제에 대한 내용임을 알 수 있다. 또한 그 축제에서 매년 유명한 음악가를 초청하고 있다고 밝히고 있다.

Step 2 글을 읽는 사람이 누구인지 파악한다.

Your reputation as a world-class violinist precedes you and the students consider you the musician who has influenced them the most.

⇨ 편지의 수신인은 세계적인 바이올린 연주자임을 알 수 있다.

Step 3 글의 목적에 따라 자주 쓰이는 표현에 유의하여 필자의 의도가 명백히 제시되는 중후반까지 집중하여 읽는다.

1) That's why we want to ask you to perform at the opening event of the festival.
   ⇨ 연주를 요청하고 싶다고 목적을 명백히 밝히고 있다.

2) It would be an honor for them to watch one of the most famous violinists of all time play at the show.
   ⇨ 가장 유명한 바이올린 연주자 중 한 사람의 연주를 보는 것은 학생들에게 영광일 것이라며 부연 설명하고 있다. 따라서 글의 목적으로 가장 적절한 것은 ①이다.

어법⁺ 풀이

① 현재완료 진행형
② 형용사적 용법의 to부정사
③ 대명사의 수 일치
④ 지각동사의 목적격 보어(동사원형)
⑤ 「전치사 to+동명사」와 to부정사의 구분

목적격 보어의 형태

5형식 문장에서 동사에 따라 목적격 보어의 형태가 달라짐에 주의해야 한다.

목적격 보어의 형태	목적격 보어를 취하는 동사
to부정사	want, ask, expect, cause, allow, enable, tell, order, encourage, advise 등 • The tragic accident **caused** him **to lose** his sight.
동사원형	지각동사(feel, hear, see 등), 사역동사(make, have, let 등) • She **made** her secretary **arrange** the flight schedule.
현재분사	지각동사, have, get, keep, leave 등의 동사로, 목적어와 목적격 보어가 능동 관계인 경우 • The waiter **kept** him **waiting** for thirty minutes.
과거분사	지각동사, 사역동사, keep, leave, want 등의 동사로, 목적어와 목적격 보어가 수동 관계인 경우 • Amy **heard** her name **called** loudly through the speaker.

01 다음 글의 목적으로 가장 적절한 것은?

Dear Workers,

As you know, due to the recent economic recession, it has been more difficult to attract new clients, and the company's total sales have decreased. Up till now, service agents' paid annual commission has been based solely on their total amount of sales. However, since agents have complained about their decreased pay due to the drop in total sales, management has decided to revise this policy. Starting in the upcoming year, a new annual commission policy will be implemented. At the end of each year, agents who serviced a greater number of clients that year than the previous year will automatically receive a 5% pay increase. Management is hopeful that this new policy will provide service agents with extra incentive to attract new clients. If you have any questions regarding the policy, please feel free to contact me.

Yours sincerely,

Bill Henderson, Human Resources Department

① 수수료 인하 정책에 대해 설명하려고　　② 성과급 제도의 변경 내용을 안내하려고
③ 새 인사위원회가 조직되었음을 알리려고　④ 새로운 인사팀장의 부임 소식을 알리려고
⑤ 연봉 협상 방법에 대해 조언하려고

02 다음 글의 목적으로 가장 적절한 것은?

Dear Residents of New Dawn:

Thousands of children experience hair loss each year for various medical reasons, including radiation treatments, chemotherapy, and other infections. Losing hair is very hard on children because it affects their self-esteem. But your donations have allowed many of these children to feel good about themselves again. This year, you helped us raise $5,836 for Hope Wigs, a non-profit organization. Most of your donations were used to produce new wigs, but a portion was also used to pay for medical treatments. You can refer to the attached receipt for the full details. And if you have any questions about your donation, please feel free to contact us. On behalf of our staff and management, and especially the children supported by Hope Wigs, thank you for your generosity.

Sincerely,

Jeremy Lindon

① 기부 참여를 독려하려고
② 비영리 단체 가입을 권유하려고
③ 기부금 사용 내역을 공지하려고
④ 머리카락 기부에 대한 감사를 표하려고
⑤ 아동을 위한 행사 참여를 요청하려고

03 다음 글의 목적으로 가장 적절한 것은?

Dear Mr. Fisk,

I have been grateful for the chance to work at your company these past four years. This position has given me a lot of valuable experience. I have learned so much here at Arrowstar Insurance. Unfortunately, I can't continue pursuing a career here. Recent personal difficulties have put more demands on my time, so I have been forced to make this reluctant decision. During the rest of my time here, I will make sure the transition is as smooth as possible by updating my files and training new staff. Please accept this letter as official notice of my resignation from the position of accounting manager with Arrowstar Insurance. My last day will be on June 22, 2023. I have truly appreciated my time here, and I wish you continued success in the future.

Sincerely,
Janet Price

① 해고를 통지하려고
② 퇴사 계획을 통보하려고
③ 입사 제안을 거절하려고
④ 다른 지사로의 전근을 신청하려고
⑤ 개인적 어려움에 대한 조언을 구하려고

Words

01 recession 불경기, 불황 attract 끌어 모으다 sale (pl.) 매출(량) agent 대리인 commission 수수료 solely 오로지 drop 방울; *하락 management 경영; *경영진 revise 변경하다, 수정하다 upcoming 다가오는 implement 시행하다 automatically 자동적으로 incentive 동기 regarding ~에 관하여 human resources (department) 인사부

02 resident 거주자[주민] various 여러 가지의, 다양한 radiation 방사선 treatment 치료 chemotherapy 화학요법 infection 전염병, 감염증 self-esteem 자존감 donation 기부(금) wig 가발 non-profit 비영리적인 organization 조직, 단체 portion 부분, 일부 refer 나타내다; *참고[참조]하다 attach 첨부하다 receipt 영수증 detail 세부 사항 on behalf of ~을 대표하여 generosity 너그러움

03 position 위치; *(일)자리, 직책 valuable 소중한, 가치가 큰 unfortunately 불행하게도, 유감스럽게도 pursue 추구하다, 해 나가다 demand 요구 reluctant 마지못한, 꺼리는 transition 이행 smooth 매끈한; *(일의 진행이) 순조로운, 매끄러운 notice 주목; *통보 resignation 사직 accounting 회계 appreciate 진가를 알아보다; *감사하다, 고마워하다

Dear Employees,

Recently, a number of complaints have been made. They are all related to the air quality in our offices, which has made the environment very ① unpleasantly. Some of you have complained of eye irritation, and others have reported breathing difficulties. Of course, we take our employees' health seriously, and sent a maintenance team to investigate. They reported ② that the source of the problem is the new factory next door to our office. It seems that smoke generated from the factory ③ is being carried by the wind into our office building, specifically into open windows on the sixth and seventh floors. We have contacted the local government to file a complaint about this problem, and they have promised to investigate. However, due to administrative procedures, it may take them several days to fully address this problem. Until then, we recommend that the windows on all floors ④ be kept closed. If it becomes too warm, we advise you ⑤ to make use of the building's air conditioning system. We thank you for your cooperation.

Yours sincerely,
Henry Martin, Administration Department

04 윗글의 목적으로 가장 적절한 것은?

① 정부의 행정 처리 상황을 확인하려고
② 공장에서 발생하는 매연에 대해 항의하려고
③ 새 냉방 장치를 설치한 이유를 설명하려고
④ 건강 보험에 관한 새 정책을 알리려고
⑤ 사무실 공기 문제에 대한 회사의 대응 방침을 알리려고

어법⁺
05 윗글의 밑줄 친 부분 중, 어법상 틀린 것은?

① ② ③ ④ ⑤

다음 글의 목적으로 가장 적절한 것은?

Dear Rock Hill Village Residents,

The Rock Hill community center is honored to serve our neighborhood. And thanks to your continuous support, we have recently completed renovating the old, abandoned shoe factory. After two years of construction, it is now ready to be reopened as our new history museum. We can't thank you enough for your tolerance and understanding during this endeavor. We assure you that the museum's exhibits will be a significant source of inspiration and education for the community's children. Now, we just need your assistance to name our museum! To participate, submit your ideas on our website. And while you're there, you can cast your vote for the ideas of others as well. The name with the most votes will be announced at the opening ceremony on October 13. Help us make our community proud!

Sincerely,
Julia Goldin

① 공사로 인한 불편을 사과하려고
② 커뮤니티 센터 개장을 공지하려고
③ 지역 박물관 명칭을 공모하려고
④ 박물관 전시 프로그램을 홍보하려고
⑤ 전시회 개막식 참여를 권장하려고

Words

04-05 irritation 짜증; *염증 maintenance 유지, 관리 investigate 조사하다 generate 발생시키다, 만들어 내다 file (문서 등을 정리하여) 보관하다; *제기하다 administrative 행정의 (*n.* administration 관리, 행정) procedure 절차 address 주소를 쓰다; *다루다, 처리하다 cooperation 협조

06 honored 영광으로 생각하는 continuous 계속되는, 지속적인 complete 완료하다, 끝마치다 renovate 개조하다 abandoned 버려진 construction 건설, 공사 tolerance 용인, 관용, 아량 endeavor 노력, 시도 assure 장담하다, 확언하다 exhibit 전시; *전시품 significant 중요한 inspiration 영감 assistance 도움 name 이름을 지어 주다; 이름 submit 제출하다 cast one's vote 투표하다

유형 소개
글의 상황을 종합적으로 판단하여 주인공의 심경 및 심경 변화나 글에 나타난 분위기를 추론하는 유형이다.

01 다음 글에 나타난 Evelyn의 심경 변화로 가장 적절한 것은? 수능

It was Evelyn's first time to explore the Badlands of Alberta, famous across Canada for its numerous dinosaur fossils. As a young amateur bone-hunter, she was overflowing with anticipation. She had not travelled this far for the bones of common dinosaur species. Her life-long dream to find rare fossils of dinosaurs (A) was / were about to come true. She began (B) eager / eagerly searching for them. After many hours of wandering throughout the deserted lands, however, she was unsuccessful. Now, the sun was beginning to set, and her goal was still far beyond her reach. (C) Looked / Looking at the slowly darkening ground before her, she sighed to herself, "I can't believe I came all this way for nothing. What a waste of time!"

① confused → scared

② discouraged → confident

③ relaxed → annoyed

④ indifferent → depressed

⑤ hopeful → disappointed

어법⁺

02 (A), (B), (C)의 각 네모 안에서 어법에 맞는 표현으로 가장 적절한 것은?

	(A)	(B)	(C)
①	was	eager	Looked
②	was	eagerly	Looking
③	was	eagerly	Looked
④	were	eager	Looking
⑤	were	eagerly	Looked

전략 적용

Step 1 세부 내용에 집중하기보다는 글의 전체적인 상황과 흐름을 파악한다.

공룡 화석으로 유명한 Badlands를 처음 탐험하게 되어 기대에 가득 차 있었던 Evelyn은 오랜 시간 돌아다녔지만 아무런 성과도 얻지 못했다.

Step 2 등장인물이 처해 있는 상황 및 심경이나 분위기를 나타내는 표현들에 유의한다.

1) As a young amateur bone-hunter, she was <u>overflowing with anticipation</u>.
   ⇨ 기대감에 가득 차 있음

2) <u>Her life-long dream</u> to find rare fossils of dinosaurs <u>was about to come true</u>.
   ⇨ 평생에 걸친 꿈이 실현되려는 순간임

3) After many hours of wandering throughout the deserted lands, however, <u>she was unsuccessful</u>.
   ⇨ 성과를 얻지 못함

4) Looking at the slowly darkening ground before her, she <u>sighed to herself</u>, "I can't believe I came all this way for nothing. <u>What a waste of time!</u>"
   ⇨ 한숨을 쉬며 시간을 낭비했다고 한탄함

Step 3 찾은 단서들을 종합하여 알맞은 선택지를 고른다.

처음에는 Badlands를 탐험하게 되어 기대에 찼으나 아무런 성과도 얻지 못해 실망하고 있으므로, 심경 변화로는 ⑤ '기대하는 → 실망한'이 가장 적절하다.

* 심경·분위기를 나타내는 어휘

amused 즐거워하는	furious 분노한	irritated 짜증난	apologetic 미안해하는	ashamed 부끄러워하는
disappointed 실망한	frustrated 좌절한	grateful 감사하는	regretful 후회하는	relieved 안도하는
calm 고요한	peaceful 평화로운	festive 축제 분위기의	gloomy 우울한	scary 무서운
confused 혼란스러운	sorrowful 슬퍼하는	urgent 급박한	confident 자신만만한	indifferent 무관심한

어법⁺ 풀이

(A) 주어와 동사의 수 일치
(B) 동명사를 수식하는 부사
(C) 분사구문에서 의미상 주어와 분사의 관계가 능동이면 현재분사, 수동이면 과거분사

분사구문
분사구문이란 「접속사＋주어＋동사」로 이루어진 부사절을 현재분사나 과거분사를 이용해 간결한 부사구로 만드는 것을 말한다. 분사구문의 의미상 주어와 분사가 능동의 관계이면 현재분사를, 수동의 관계이면 과거분사를 쓴다.

· When (being) ~~installing~~ / **installed** in a window frame, the glass would be placed thicker side down for the sake of stability. (접속사가 남아 있는 분사구문: 분사구문의 의미상 주어와 분사가 수동의 관계)

· Pollution and fossil fuels have led to global warming, **resulting** / ~~resulted~~ in extreme weathers. (분사구문의 의미상 주어와 분사가 능동의 관계)

01 다음 글에 드러난 Isabella의 심경 변화로 가장 적절한 것은?

Peering out into the darkness through the windows of her car, Isabella made sure all of the doors were locked. She had run out of gas on a country road, without any houses or buildings in sight. Calling her husband on her cell phone, she had tried to explain where she was. Unfortunately, the connection was bad; she wasn't sure if he had understood. Looking to her right, she thought she saw something moving through the trees. It seemed too big to be an animal, but what would a person be doing out here without a flashlight? Just then, she heard a growling noise drawing closer and closer. Suddenly a pair of headlights came into view, and she was soon able to recognize her husband's car.

① scared → relieved
② touched → grateful
③ annoyed → horrified
④ relaxed → frustrated
⑤ frightened → hopeless

02 다음 글에 드러난 'I'의 심경 변화로 가장 적절한 것은?

Every day, I saw a little girl in front of the subway station selling flowers. She would spot me on my way home and beg me to buy some flowers. However, I never did. I saw lots of people selling things on the street, but this girl was especially bothersome to me. Then she disappeared, and I didn't see her for several months. When I saw her again, she didn't ask me to buy any flowers. I asked why she hadn't, and the girl told me, "It doesn't matter anymore. I needed the money to buy medicine for my sick mother, but she passed away last month." I felt so terrible that I bought all her flowers that day, even though I knew it made no difference.

① worried → relieved
② nervous → satisfied
③ annoyed → regretful
④ hopeful → desperate
⑤ indifferent → frightened

03 다음 글의 상황에 나타난 분위기로 가장 적절한 것은?

In the heat of the midsummer months, whenever I'm overwhelmed by the combination of the relentless heat and my busy schedule, I come to the shores of this lake. There is always a cool breeze coming off its shimmering surface, carrying with it the scent of wildflowers from the fields on the other side. As the sun goes down, its colors are reflected on the water, and as the darkness creeps in, the chirping of crickets begins. There are seldom many people here, just an occasional lone fisherman and some young couples out for an evening stroll. Everyone talks in hushed tones, as if they were in a museum or a church. When the moon is visible through the clouds, the sky is too beautiful for words.

① lively and festive
② calm and peaceful
③ crowded and noisy
④ gloomy and depressing
⑤ mysterious and strange

Words

01 peer 응시하다 run out of ~을 다 써 버리다 sight 시력; *시야 connection 연결 flashlight 손전등 growl 으르렁거리다 draw 그리다; *이 동하다, 움직이다 come into view 시야에 들어오다 recognize 알아보다 [문제] touched 감동한 annoyed 짜증이 난 horrified 겁에 질린

02 spot 발견하다 on one's way ~로 가는 도중에 beg 애원하다 bothersome 성가신 matter 중요하다 pass away 돌아가시다 make no difference 차이가 없다, 소용없다 [문제] desperate 절망적인 indifferent 무관심한

03 midsummer 한여름 overwhelm 압도하다 combination 조합 relentless 수그러들지 않는 shore 해안, 호숫가 breeze 산들바람, 미풍 shimmer 희미하게 빛나다, (빛을 받아) 일렁거리다 scent 향기 reflect 반사하다 creep 살금살금 움직이다, 슬며시 다가오다 chirp 짹짹거리다 cricket 귀뚜라미 seldom 좀처럼[거의] ~ 않는 occasional 가끔의 lone 혼자인 stroll 산책 hushed 소리를 낮춘 tone 어조; *음조 visible 보이는 [문제] depressing 우울하게 만드는, 우울한 mysterious 불가사의한; 신비한

[04-05] 다음 글을 읽고, 물음에 답하시오.

I stood alone in a room ① <u>filled</u> with people. While the others stood chatting in small circles, I was alone in a corner, ② <u>repeating</u> the same three words over and over to myself. "You will pass." But even as the words left my mouth, I didn't believe them. Sure, I had spent nearly every hour of the past month studying for the exam, but deep in my stomach, there was a feeling of negativity ③ <u>that</u> I couldn't escape. It didn't matter that math was my best subject or that I had done well on the last exam. A growing certainty that I would fail ④ <u>to be</u> spreading through my body. And if it ⑤ <u>were</u> true, then what would happen next? I wouldn't be able to enter university and would possibly spend the rest of my life working at a fast-food restaurant. Clearly, passing this test was the key to a future of happiness and financial success.

04 윗글에 드러난 'I'의 심경으로 가장 적절한 것은?

① shocked
② relieved
③ nervous
④ ashamed
⑤ confident

어법⁺
05 윗글의 밑줄 친 부분 중, 어법상 틀린 것은?

①   ②   ③   ④   ⑤

06 다음 글의 상황에 나타난 분위기로 가장 적절한 것은?

After entering the room, I switched on the light and saw it was full of furniture covered in white sheets. Although I'd never been here before, it seemed extremely familiar. Walking around, I came upon an old notebook lying on the floor. On clearing a thick layer of dust from its cover, I could see the letters TSM. Recognizing them as my own initials, I quickly opened the notebook and flipped through the pages. They were all blank. Just as I was going to drop it back to the floor, however, a flicker of light on one of the pages caught my eye. As I watched, a small image appeared on the page. It was a picture of two girls playing with a dog by a lake. One of the girls was me, and the other was my sister. But I had never seen the lake before in my life, and my sister and I had never had a dog.

① festive
② embarrassing
③ peaceful
④ mysterious
⑤ frustrating

Words ——————

04-05 **chat** 수다를 떨다   **repeat** 반복하다; *되풀이하여 말하다   **negativity** 부정적 성향, 부정적임   **escape** 탈출하다; *벗어나다   **certainty** 확실성; *확신   **spread** 펼치다; *퍼지다   **financial** 금융의, 재정의

06 **switch on** 스위치를 켜다   **sheet** 시트, 얇은 천   **extremely** 극단적으로; *매우, 몹시   **familiar** 익숙한   **come upon** ~을 우연히 발견하다   **clear** 치우다   **layer** 층, 겹   **initial** 이름의 머리글자   **flip through** 휙휙 넘기다   **blank** (글자가 없는) 빈   **flicker** 깜박거림

03 주장·요지

유형 소개
글쓴이의 주장 또는 글의 핵심 요지가 무엇인지를 파악하는 유형이다.

01 다음 글에서 필자가 주장하는 바로 가장 적절한 것은? 평가원

One of the rules for success is (A) which / that it doesn't matter where you're coming from; all that matters is where you're going. Almost everyone has the uneasy feeling that they have wasted a good deal of their time and their potential in the past. Unfortunately, many people use these feelings of regret as brakes that they set on their own lives. Instead of rededicating themselves to the exciting months and years ahead, they allow themselves to be overwhelmed with the mistakes that they made in the past. Don't let this (B) happen / happened to you. Instead, think about the future and where you are going. Think about what you can do (C) create / to create the kind of future you imagine for yourself. Your resolve to be future-oriented will give you energy and enthusiasm. And your future is limited only by your imagination.

① 상상력을 억압하지 마라.
② 잠재력을 최대한 활용하라.
③ 실현 가능한 목표를 뚜렷이 설정하라.
④ 과거에 집착하지 말고 미래에 집중하라.
⑤ 과거의 경험으로부터 일의 우선순위를 정하라.

어법⁺

02 (A), (B), (C)의 각 네모 안에서 어법에 맞는 표현으로 가장 적절한 것은?

	(A)	(B)	(C)
①	which	happen	create
②	which	happened	to create
③	that	happen	create
④	that	happen	to create
⑤	that	happened	create

전략 적용

Step 1 글의 도입부에서 글의 소재를 파악한다.

One of the rules for success is that it doesn't matter where you're coming from; all that matters is where you're going.

⇨ 성공의 규칙에 관한 내용이 전개될 것임을 알 수 있다. 당신이 어디로부터 왔는지가 아니라 어디로 가고 있는지가 중요하다는 내용을 통해 미래지향적인 삶의 중요성을 주장할 것이라고 예측할 수 있다.

Step 2 반복적으로 나오는 핵심 어구에 유의한다.

1) ...; all that matters is where you're going. ⇨ 어디로 가고 있는가가 중요하다.

2) Instead, think about the future and where you are going. ⇨ 미래에 대해 생각하라.

3) Your resolve to be future-oriented will give you energy and enthusiasm.
⇨ 미래지향적이 되려는 결심이 힘과 열정을 준다.

⇨ where you're going, future 등의 어구가 반복해서 등장하고 있다.

Step 3 명령문이나 당위·의무를 나타내는 표현, 글의 흐름을 전환하거나 결론을 이끄는 연결사에 주목한다.

1) Don't let this happen to you. Instead, think about the future and where you are going. ⇨ 과거의 실수에 압도되지 말고, 대신 미래를 생각하라는 필자의 주장이 명령문을 통해 드러나 있다.

2) Think about what you can do to create the kind of future you imagine for yourself. ⇨ 스스로 상상하는 미래를 만들기 위해 당신이 할 수 있는 것에 대해 생각하라는 필자의 주장이 명령문을 통해 드러나 있다.

어법⁺ 풀이

(A) 관계대명사 which+불완전한 절 vs. 접속사 that+완전한 절
(B) 사역동사 let의 목적격 보어(동사원형)
(C) 부사적 용법의 to부정사

to부정사
to부정사는 문장에서 명사(주어, 목적어, 보어 역할), 형용사, 부사의 역할을 한다. 특히 ① 동사(refuse, decide, expect, need 등)의 목적어로 쓰인 to부정사 ② 명사를 뒤에서 수식하는 형용사적 용법의 to부정사 ③ 「주어+동사」 뒤에 오는 부사적 용법의 to부정사의 쓰임에 유의한다. ②, ③의 쓰임과 관련하여 동사와 to부정사의 자리를 구분하는 문제가 출제된다.

· The poor public official was so honest that he refused taking / **to take** bribes.
  (명사적 용법의 to부정사)
· Food labels are a good way finds / **to find** information about the food you eat.
  (형용사적 용법의 to부정사)
· He came rushing down the stairs save / **to save** his family from the fire.
  (부사적 용법의 to부정사 〈목적〉)

01 다음 글의 요지로 가장 적절한 것은?

Factory farming refers to the modern practice of raising animals for meat in very confined conditions. The practice increases profits, but it is associated with many types of abuse. Animals raised in this way spend their whole lives trapped in very small spaces, and are then slaughtered for their meat. This is because the owners of factory farms are more interested in making money than taking care of the animals they raise. Additionally, factory farms produce food products that are not healthy for people. Kept in small spaces, the animals must be given lots of antibiotics to avoid outbreaks of disease. The animals are also given lots of hormones to grow faster. This allows the farms to produce more milk, eggs, and meat, but those chemicals are passed on to the people that eat them. Also, this overuse of medications creates bacteria that are resistant to antibiotics. This can create dangerous new types of diseases for people.

① 무분별한 육류 섭취를 줄일 필요가 있다.
② 동물 복지 인증 식품을 구매하는 것이 좋다.
③ 공장식 축산은 동물과 인간 모두에게 해롭다.
④ 동물 복지를 보장하는 법안이 마련되어야 한다.
⑤ 여러 동물의 질병은 공공의 안전에 위협이 될 수 있다.

02 다음 글에서 필자가 주장하는 바로 가장 적절한 것은?

People tend to think that because toddlers can't say much, they don't understand what's being said around them. However, you would be surprised by how much they actually understand. Although toddlers aren't able to fluently communicate verbally, they can comprehend even quite complex conversations. Starting from as early as four and a half months old, babies begin to recognize their own names and pay attention when people are talking about them. Then, when babies are about a year and a half to two years old, they go through what's called a "language explosion" and start to understand almost everything that is being said. According to experts, toddlers enjoy listening to their parents talk about them in a positive way. However, it's important not to talk as if the toddler isn't there. It's much better to include them in the conversation, which will help develop their linguistic and interaction abilities.

① 아이들 앞에서 말을 할 때는 항상 표준어를 써야 한다.
② 어른들은 아이들에게 항상 발언의 기회를 주어야 한다.
③ 언어 발달은 개인차가 있으므로 아이를 재촉하지 말아야 한다.
④ 유아기에 모국어 외 외국어를 과도하게 주입하지 않아야 한다.
⑤ 아이의 언어 능력 발달을 위해 아이를 대화에 포함시켜야 한다.

03 다음 글의 요지로 가장 적절한 것은?

Working out at the gym, many people find themselves engaged in an internal dialogue. "You can do this, Patrick," they may think, or, "You're almost finished, Patrick!" This type of "third-person self-talk" is commonly used to provide encouragement or an emotional boost. Interestingly, scientific research suggests that it is effective. An experiment was conducted to measure the performance of individuals placed in a stressful situation—some participants were told to motivate themselves with "I" statements, while the others were directed to use the pronoun "you" and their own name. Afterward, each was made to give a speech in front of a group of strangers. The participants who had self-motivated with "you" statements performed better, had a better attitude, and displayed less self-criticism. A later study involving brain scans revealed that thinking in terms of "I" tends to activate an area of the brain associated with negative self-referential processes. "You" statements, on the contrary, do not activate this area, providing a positive mental boost with little cognitive effort.

① 자신의 성취에 대해 스스로 보상하는 것이 중요하다.

② 자신을 제3자로 지칭하는 말하기는 격려 효과가 있다.

③ 타인의 칭찬보다 스스로의 칭찬이 목표 달성에 효과적이다.

④ 자기 자신과 대화를 많이 나누는 것은 정신 건강에 이롭다.

⑤ 제3자의 의견을 구하는 것은 객관적 목표 설정에 도움이 된다.

Words

01 farm (동물을) 사육하다; 농장 practice 관행 confined 좁고 사방이 막힌 be associated with ~와 연관되다 abuse 남용; *학대 trap 가두다 slaughter 도축하다 antibiotic 《pl.》 항생제 outbreak 발생, 발발 chemical 《pl.》 화학 물질 pass A on to B A를 B에 전달하다 overuse 남용 medication 약품 resistant 저항력 있는

02 toddler 걸음마를 배우는 아기 fluently 유창하게 verbally 말로, 구두로 comprehend 이해하다 complex 복잡한 recognize 인지하다, 알아보다 go through 거치다, 겪다 explosion 폭발 linguistic 언어의 interaction 상호작용

03 engage 종사시키다, 몰두시키다 internal 내부의, 내적인 dialogue 대화 third-person 3인칭 boost 격려, 지지 effective 효과적인 conduct (특정한 활동을) 하다 measure 측정하다 performance 수행 (능력) individual 개인 motivate 동기를 부여하다 statement 진술 direct ~로 향하다; *지시하다, 명령하다 afterward 그 후에 attitude 태도 display 드러내다, 보이다 reveal 드러내다 in terms of ~ 면에서 [~에 관하여] activate 작동시키다, 활성화시키다 self-referential 자기 지시적인 cognitive 인식의, 인지의

When it comes to ① hiring employees, many employers have a tendency to avoid hiring introverts. They assume introverts are not suitable for certain jobs such as sales positions due to their perceived lack of social skills. However, this is just not true—and those employers are missing out. Introverts often have skills ② what are highly advantageous in positions like sales and customer service. In general, introverts are very considerate and pay great attention to detail. One of my friends is a great example: she works in retail sales, ③ despite being an introvert. She is able to help customers by being knowledgeable about products and ④ answering their questions clearly. She also tells people the truth about what they are buying and helps them make good decisions. Customers appreciate this attitude; many of ⑤ whom trust her when she makes recommendations about products. Although introverts are often stereotyped as shy and timid, they can do a lot more than some people assume.

04 윗글에서 필자가 주장하는 바로 가장 적절한 것은?

① 판매직 종사 근로자들에게 고객 응대 교육을 시행하라.
② 고용주들은 직책을 부여할 때 직원의 성향을 고려하라.
③ 내성적인 성향이 직업 세계에서 불리한 조건이 아님을 기억하라.
④ 판매직 직원들은 고객에게 신뢰를 주는 우호적 관계를 구축하라.
⑤ 좋은 직업을 구하기 위해서 구직자들은 더 외향적인 태도를 가져라.

어법⁺
05 윗글의 밑줄 친 부분 중, 어법상 틀린 것은?

①   ②   ③   ④   ⑤

06 다음 글의 요지로 가장 적절한 것은?

Long ago, the color blue was rare and difficult to obtain. Dark blue could only be made from lapis lazuli, an expensive type of stone that most artists could not afford. Then synthetic pigments were created about a hundred years ago. Thanks to the development of such pigments, artists were able to use much more blue in their work, and colors became brighter and more varied. In the beginning of the 21st century, technology has given artists even more new tools and choices to work with. For example, in 2010, an exhibition at the New York City Museum of Modern Art did a show about augmented reality. Museum visitors used a smartphone application to view semi-virtual artwork, which included 3D images and animation. Had it been viewed with only the naked eye, the exhibit would have looked completely empty! In this way, modern artists are using new technology in amazing and innovative ways to continue to push the boundaries of creativity.

*lapis lazuli: 청금석

① 기술의 개입이 순수 예술의 미를 깨뜨릴 수 있다.
② 기술에 비해 예술의 의미는 점차 퇴색되고 있다.
③ 첨단 기술은 값비싼 작품을 제작하는 원동력이 된다.
④ 예술의 범위는 기술의 혁신으로 인해 확대되고 있다.
⑤ 다양한 색상과 기술을 사용한 예술이 꼭 뛰어난 것은 아니다.

Words

04-05 introvert 내성적인 사람   assume 추정하다, 사실이라고 생각하다   suitable 적합한   perceive 감지하다; *~을 …로 여기다   miss out 좋은 기회를 놓치다   advantageous 이로운, 유리한   considerate 배려하는, 사려 깊은   retail 소매업   knowledgeable 많이 아는   appreciate 진가를 알아보다   recommendation 추천   stereotype 고정관념을 형성하다   timid 소심한

06 obtain 얻다 [구하다], 획득하다   afford 여유가 있다   synthetic 합성의   pigment 색소, 물감   varied 다양한   exhibition 전시회   augmented reality 증강 현실   application 지원; *응용 프로그램   semi-virtual 준(準)가상의   artwork 미술품   naked eye 육안   innovative 혁신적인   boundary 경계(선); *범위   creativity 창의성

유형 소개
글의 중심 내용을 바탕으로 밑줄 친 부분이 함축적으로 의미하는 바가 무엇인지 추론하는 유형이다.

01 밑줄 친 the silent killers가 다음 글에서 의미하는 바로 가장 적절한 것은? 평가원

Author Elizabeth Gilbert tells the fable of a great saint (A) who / whom would lead his followers in meditation. Just as the followers were dropping into their zen moment, they would be disrupted by a cat that would walk through the temple meowing and bothering everyone. The saint came up with a simple solution: He began to tie the cat to a pole during meditation sessions. This solution quickly developed into a ritual: Tie the cat to the pole first, meditate second. When the cat eventually died of natural causes, a religious crisis followed. What were the followers supposed to do? How could they possibly meditate without tying the cat to the pole? This story illustrates (B) that / what I call invisible rules. These are habits and behaviors that have unnecessarily rigidified into rules. Although (C) written / writing rules can be resistant to change, invisible ones are more stubborn. They're the silent killers.

*zen: (불교) 선(禪)　　**rigidify: 굳게 하다

① hidden rules that govern our actions unconsciously
② noises that restrict one's level of concentration
③ surroundings that lead to the death of a cat
④ internal forces that slowly lower our self-esteem
⑤ experiences that discourage us from following rules

어법⁺

02 (A), (B), (C)의 각 네모 안에서 어법에 맞는 표현으로 가장 적절한 것은?

	(A)	(B)	(C)
①	who	that	written
②	who	what	writing
③	who	what	written
④	whom	that	writing
⑤	whom	what	writing

전략 적용

Step 1 글 전체를 읽으면서 소재 및 중심 내용을 파악한다.

1) Author Elizabeth Gilbert tells the fable of a great saint who would lead his followers in meditation.

⇨ 위대한 성자에 관한 우화를 통해 내용이 전개될 것임을 예측할 수 있다.

2) This story illustrates what I call invisible rules. These are habits and behaviors that have unnecessarily rigidified into rules.

⇨ This story는 고양이를 묶어 두고 명상을 하던 굳어진 습관 때문에 고양이가 죽은 뒤 위기가 발생 했다는 내용의 우화를 가리킨다. '보이지 않는 규칙', '불필요하게 규칙으로 굳어진 습관과 행동'이 야기하는 문제가 중심 소재임을 알 수 있다.

Step 2 밑줄 친 부분을 포함하는 문장이 무엇을 말하는지 파악한다.

Although written rules can be resistant to change, invisible ones are more stubborn. They're the silent killers.

⇨ 보이지 않는 규칙은 변화에 저항적인 쓰여진 규칙보다 더 완고한 조용한 살인자라고 했다.

Step 3 글의 전체적인 맥락을 통해 밑줄 친 부분이 의미하는 바를 추론한다.

굳어진 습관 때문에 변화에 대처하지 못하는 모습을 우화를 통해 설명하는 글이므로, 밑줄 친 부분이 의미 하는 것은 ① '무의식적으로 우리의 행동을 지배하는 숨겨진 규칙'이 가장 적절하다.

어법⁺ 풀이

(A) 관계대명사의 격
(B) 접속사 that vs. 관계대명사 what
(C) 과거분사 vs. 현재분사

접속사와 관계대명사

① 접속사 that vs. 관계대명사 what: 접속사 that 뒤에는 완전한 절이 이어지고, 관계대명사 what 뒤에는 불완전한 절 이 이어진다.

② 관계대명사 which[that] vs. 관계대명사 what: 앞에 선행사가 있으면 관계대명사 which 또는 that을 쓰고, 선행사 가 없으면 what을 쓴다.

• The study suggested `that / ~~what~~` even fake smiles can relieve stress. (완전한 절)

• My sister never told me `~~that~~ / what` she did this morning. (불완전한 절)

• If you are willing to volunteer, there are many projects `that / ~~what~~` will be glad to welcome you. (선행사: many projects)

• They can get `~~that~~ / what` they desire with their hard-earned money. (선행사가 없음)

01 밑줄 친 all bets should be on the little guy가 다음 글에서 의미하는 바로 가장 적절한 것은?

Male desert gobies, small freshwater fish indigenous to Australia, play the role of protector, watching over the eggs laid by their mates. Researchers have noted that it is the smallest of the males that defend their nests the most aggressively. This suggests that they have a "Napoleon complex," a term derived from the legendary French general that is usually applied to short men who aggressively pick fights with their taller peers due to an inferiority complex. Interestingly, Napoleon was actually of average height; he appeared to be short simply due to the fact that he was often surrounded by his tallest soldiers. Despite this, the idea of a "Napoleon complex" appears to be a valid one when it comes to the animal kingdom, especially in the males of species that must compete for mates and food in order to survive and pass on their genes. In such situations, all bets should be on the little guy.

*goby: 망둥이

① appearing to be smaller can sometimes be an advantage
② smaller animals act boldly to scare off bigger competitors
③ overly aggressive behavior can create dangerous situations
④ size is almost never a survival factor in the animal kingdom
⑤ smaller animals have higher intelligence than their bigger counterparts

02 밑줄 친 we aren't really the ones running the show가 다음 글에서 의미하는 바로 가장 적절한 것은?

Opting to forgo your usual caffeinated beverage and ordering something different at your local coffee shop may seem like a conscious decision, but is it really? An experiment by a group of researchers has shed new light on the little understood role that unconscious decision-making plays in our daily lives. Participants were asked to push a button with either their left or right hand; the choice was theirs to make, but they were required to inform the researchers the moment they made up their minds. Meanwhile, the researchers were tracking the participants' brain activity and noting any micropatterns that occurred. This allowed them to accurately predict which hand the participants would use before they had made a conscious decision. Although we may think we are in control of our choices, this experiment suggests that we aren't really the ones running the show.

① our daily patterns are nearly impossible to alter
② our brains make decisions before we are aware of them
③ we use an automatic decision-making system for efficiency
④ researchers can influence the way our consciousness works
⑤ the surrounding environment greatly influences our decision-making process

03 밑줄 친 outsourcing your memory가 다음 글에서 의미하는 바로 가장 적절한 것은?

Storing phone numbers on an electronic device may seem like the most convenient way of keeping them, but if something happened to the device, chances are that you would be incapable of remembering any of them. Interestingly, the same sort of problem can arise when you take pictures. Although many people consider photographs to be the ideal way of remembering life's special moments, taking an excessive amount of them can actually decrease your ability to retain these memories. There are two reasons this can happen—sometimes it's because you allow your photographs to take on the role that your memory would normally play, while other times it's simply because you're too busy taking pictures to pay attention to the special moment in the first place. You may end up with some impressive photos that can remind you of what happened, but your brain won't actually remember it. In the end, taking pictures is essentially the same as outsourcing your memory.

① passing on the responsibility of remembering precious moments
② preserving your memories to ensure that they won't be forgotten
③ analyzing past events to better understand why they were special
④ storing information in a place that is more reliable than your brain
⑤ adopting an extra tool to reinforce your brain's ability to remember

Words ─────

01 freshwater fish 민물고기 indigenous 토착의 watch over ~을 보살피다 aggressively 공격적으로 term 용어 derive from ~에서 유래[파생]하다 legendary 전설적인 general 장군 apply 지원하다; *적용하다 pick a fight with ~에게 싸움을 걸다 inferiority 열등함 valid 유효한, 타당한 pass on 전달하다, 넘겨주다 gene 유전자 bet 내기 (돈) [문제] factor 요인 boldly 대담하게 scare off ~에게 겁을 주어 쫓아내다 intelligence 지능 counterpart 상대, 상대방

02 opt to ~하기로 선택하다 forgo 포기하다 conscious 의식적인 (n. consciousness 의식) shed light on ~을 밝히다 note ~에 주목하다 micropattern 미세패턴 accurately 정확하게 run 달리다; *운영하다 [문제] alter 바꾸다, 고치다 be aware of ~을 알다 efficiency 효율, 능률

03 store 저장하다 electronic 전자의 incapable of ~을 할 수 없는 arise 발생하다 ideal 이상적인 excessive 지나친, 과도한 retain 보유하다, 간직하다 take on 맡다 end up with 결국 ~하게 되다 outsource 외부에 위탁하다 [문제] preserve 지키다, 보호하다 ensure 보장하다 reliable 믿을 수 있는 adopt 입양하다; *(특정한 방식·태도 등을) 쓰다, 택하다 reinforce 강화하다

Certain emotions can trigger a drop in the self-value of an individual ① <u>experiencing</u> them. Whether these devaluing emotions are generated by others, a situation, or ourselves doesn't matter, as the consequences are the same—they make us ② <u>feel</u> less humane and can cause us to eat or work in excess. Conversely, valuing emotions intensify our feelings of self-worth, ③ <u>causing</u> us to feel more humane. These positive emotions occur more often than we realize; the human memory has an evolutionary bias toward negative events, as recalling ④ <u>it</u> is more likely to aid our survival. Therefore, we require five positives for every negative in order to maintain a healthy balance and avoid the damaging effects of low self-esteem. It may not be easy, but those ⑤ <u>who</u> manage to <u>achieve this magical ratio</u> are rewarded with feelings of satisfaction and confidence.

04 밑줄 친 achieve this magical ratio가 윗글에서 의미하는 바로 가장 적절한 것은?

① forget a greater number of negative events than they remember
② overwork or overeat for less than one fifth of their daily lives
③ generate more valuing emotions than the people around them
④ activate their positive emotions by thinking in positive ways
⑤ experience valuing emotions more frequently than devaluing ones

어법⁺
05 윗글의 밑줄 친 부분 중, 어법상 틀린 것은?

①   ②   ③   ④   ⑤

06 밑줄 친 playing the role of the townspeople who eventually ignore you가 다음 글에서 의미하는 바로 가장 적절한 것은?

When we find ourselves uttering the same word over and over again, it will sometimes begin to sound strange. If we continue to say it, it will eventually lose its meaning, becoming little more than an abstract sound. Although this may seem to be the result of a brain glitch, some scientists suspect that it is related to an important process that occurs as we take in large volumes of information about our surroundings—things that we have repeatedly experienced are cast aside by the brain to conserve cognitive effort and focus on novel sensations. When it comes to individual words, this is known as semantic satiation. The situation is much like that in the famous morality tale "The Boy Who Cried Wolf": you are the little boy repeatedly shouting "Wolf!" and your brain is playing the role of the townspeople who eventually ignore you.

*glitch: 작은 문제[결함]   **semantic satiation: 의미 포화

① not paying attention to the repeated information
② utilizing deception to disguise a mental error
③ repeatedly failing to process nearby information
④ neglecting to perceive what is truly happening
⑤ not understanding the severity of the threat

Words

04-05 trigger (방아쇠를 당겨서) 쏘다; *유발하다   drop 방울; *감소, 하락   value 가치; 가치 있다고 생각하다   devalue 가치를 떨어뜨리다   generate 발생시키다   consequence 결과   humane 인도적인, 인정 있는   in excess 과도하게   conversely 반대로   intensify 강화하다   self-worth 자아 존중감   bias 편견; *성향   recall 상기하다   aid 돕다   manage (어떻게든) ~ 해내다   ratio 비율   [문제] overwork 과로하다   overeat 과식하다   activate 활성화하다

06 utter 말하다   abstract 추상적인   suspect 의심하다; *(~이 아닌가 하고) 생각하다   take in 받아들이다   volume 용량; *양   cast aside ~을 없애다   conserve 보존하다; *아끼다   cognitive 인식의, 인지의   novel 새로운   sensation 감각   morality 도덕; *도덕성   tale 이야기   townspeople (특정한) 도시 주민   [문제] utilize 활용[이용]하다   deception 속임수   disguise 숨기다, 가장하다   nearby 가까운   neglect 방치하다; *(해야 할 일을) 하지 않다   perceive 인지하다   severity 심각성

05 주제·제목

유형 소개
글의 주제 또는 글의 주제를 압축하여 상징적이거나 비유적으로 표현한 제목을 찾는 유형이다.

01 다음 글의 제목으로 가장 적절한 것은? 평가원

The National Park Service says 1,825 Burmese pythons ① have been caught in and around the Florida Everglades since 2000. One of the largest—over 16 feet long and weighing 156 pounds—② was caught just in January. The Burmese pythons have been joined in the swamps by other discarded pets: African pythons and other kinds of snakes. They are rapidly vacuuming the Everglades clean of native wildlife. One python even tried ③ to eat a live alligator. The National Park Service says that in areas ④ where the snakes are known to be active, sightings of medium-size mammals have dropped by as much as 99 percent. It's not hard to envision what happens next. With their prey ⑤ exhausting, the snakes will begin moving out of the Everglades in search of food—pets, for example. Florida Senator Bill Nelson says that snakes don't belong in the Everglades in the first place, "and they certainly don't belong in people's backyards."

*python: 비단뱀

① Florida on the Alert: The Threat of Foreign Snakes
② Pythons and Mammals: A Happy Get-Together
③ Pet Pythons in People's Backyards in Florida
④ Pythons in Florida: A Successful Transplantation
⑤ A Battle in the Everglades: Burmese vs. African Pythons

어법⁺

02 윗글의 밑줄 친 부분 중, 어법상 틀린 것은?

①　②　③　④　⑤

전략 적용

Step 1 글의 도입부를 읽고 무엇에 관한 글인지 파악한다.

The National Park Service says 1,825 Burmese pythons have been caught in and around the Florida Everglades since 2000.

⇨ 2000년부터 플로리다주 에버글레이즈 습지와 그 인근에서 버마 비단뱀이 많이 잡히고 있다는 내용을 통해 버마 비단뱀이 인근 지역에 미치는 영향에 관한 내용이 전개될 것을 예측할 수 있다.

Step 2 중반부와 후반부에서 글의 주제 또는 제목을 추론할 수 있는 단서를 찾는다.

1) They are rapidly vacuuming the Everglades clean of native wildlife.
   ⇨ 버마 비단뱀들이 에버글레이즈 습지의 토종 야생 동물들을 없애고 있다는 내용을 통해 이들이 생태계 교란을 일으킨다는 것을 파악할 수 있다.

2) With their prey exhausted, the snakes will begin moving out of the Everglades in search of food—pets, for example.
   ⇨ 먹잇감이 고갈되면, 뱀들이 먹이를 찾기 위해 에버글레이즈 습지 밖으로 이동하기 시작할 것이라는 내용을 통해 이들이 주거 지역으로 침입할 수도 있는 상황임을 예측할 수 있다.

Step 3 찾은 단서들을 바탕으로 글의 주제 또는 제목을 찾는다. 단, 지나치게 지엽적이거나 포괄적인 선택지는 제외한다.

외래종 버마 비단뱀이 플로리다주 에버글레이즈 습지에서 생태계를 교란시키고 있고, 이후 먹잇감이 부족하면 주거 지역으로 침입할 수도 있다는 우려스러운 상황에 대해 서술하고 있으므로, 글의 제목으로는 ① '경계 태세에 있는 플로리다주: 외래종 뱀의 위협'이 가장 적절하다.

어법⁺ 풀이

① 현재완료 수동태
② 능동태 vs. 수동태
③ try to-v: ~을 하려고 노력하다 vs. try v-ing: (시험 삼아) ~을 해 보다
④ 장소를 나타내는 선행사＋관계부사 where＋완전한 절
⑤ with＋명사(목적어)＋분사: ~이/을 …한[된] 채로 〈부대상황〉

with＋명사(목적어)＋분사

「with＋명사(목적어)＋분사」에서 명사와 분사의 관계가 능동이면 현재분사를, 수동이면 과거분사를 쓴다.

• Tom went for a walk **with** his dog following / ~~followed~~ him. (능동 관계)

• Sally fall asleep **with** her computer turning / turned on. (수동 관계)

01 다음 글의 주제로 가장 적절한 것은?

Credit ratings are based on a broad range of information about a person's financial records. They include figures about credit card use, loan payments, and current debts. Among them, however, the most important factor is credit card usage. For example, having too many cards could damage your credit rating. It's also always a good idea to pay off the full balance of a card every month, or at least pay off as much as possible. Otherwise, the interest will keep multiplying until you end up paying much more than you originally owed. Also, try to limit credit card use to emergencies only. Remember that every time you use a credit card, you're basically taking out a small loan. Just by making good use of your credit cards, you can protect and even improve your credit rating.

① process of filing for personal bankruptcy
② the positive effects of using credit cards
③ misconceptions about the importance of credit ratings
④ the differences between credit card loans and other loans
⑤ how to use credit cards to maintain a good credit rating

02 다음 글의 제목으로 가장 적절한 것은?

Most people know that April 1st is April Fools' Day—a day dedicated to playing jokes on people and fooling them with pranks. This day has long been enjoyed by individuals, and now some large corporations are also joining in the fun. In 2008, the British Broadcasting Corporation (BBC) played a very memorable prank on its TV viewers by creating a fake documentary film about "flying penguins." Even though penguins are known to be flightless birds, the film claimed that some of them had developed the ability to fly. It said that the long, freezing Antarctic winters had caused some penguins to gain the ability to fly thousands of miles to the rainforests of South America. This documentary film was so well-made that many people were fooled and even some newspapers were fooled for a few days. It is now remembered as one of the greatest pranks ever!

① April Fools' Day: A Silly Tradition
② The BBC's Great April Fools' Joke
③ How Corporations Ruin April Fools' Day
④ The Prank That Confused Scientists
⑤ A Joke That Led to a Great Scientific Discovery

03 다음 글의 주제로 가장 적절한 것은?

When you throw out any piece of used electronic equipment, such as a cell phone or computer, it becomes electronic waste, or e-waste. An estimated 20 to 50 million tons of e-waste is generated globally each year. Unfortunately, most of this waste ends up in landfills, where the chemical and toxic components of the electronics seep into the ground. These toxins pose a health hazard for people living in nearby communities because they can cause such problems as lead poisoning and cancer. This is one of the reasons why recycling e-waste is so important. So instead of throwing your old electronics in the trash, drop them off at a local recycling center. They will be taken apart, and the reusable components will be recycled there. Better yet, if the equipment still works, sell it, hand it down to someone you know, or donate it to charity.

① constant efforts to fight off e-waste problems
② major reasons for the recent increase in global e-waste
③ environmentally friendly ways to dispose of old electronics
④ the impact of toxins from e-waste on children's development
⑤ lifestyle changes based on technological developments

Words

01 credit rating 신용 등급 a broad range of 광범위한 financial 금융의, 재정의 figure 수치 loan 대출 current 현재의 debt 빚, 부채 factor 요인 usage 사용 pay off ~을 갚다 balance 균형; *잔액 otherwise 그렇지 않으면 interest 관심; *이자 multiply 곱하다; *크게 증가하다 owe 빚지다 emergency 비상사태, 비상시 take out a loan 대출을 받다 [문제] file for ~을 신청하다 bankruptcy 파산 misconception 오해

02 fool 바보; 속이다 dedicate 바치다, 헌신하다 prank 장난 corporation 기업, 회사 broadcasting 방송업 memorable 기억할 만한 fake 가짜의, 거짓된 claim 주장하다 freezing 너무 추운 Antarctic 남극의 rainforest (열대) 우림 [문제] ruin 망치다

03 used 중고의 electronic 전자의; 《pl.》 전자제품 equipment 장비, 용품 estimated 견적의, 추측의 generate 발생시키다 landfill 쓰레기 매립지 toxic 유독한 component 부품 seep 스미다, 배다 toxin 독소 pose 제기하다 hazard 위험 lead poisoning 납 중독 take apart ~을 분해하다 hand down 물려주다 donate 기부하다 charity 자선 단체 [문제] constant 끊임없이 계속되는, 지속적인 dispose 처리하다, 처분하다 impact 영향, 충격

Although fear is generally considered an undesirable emotion that should be avoided, many people find a good scare ① <u>enjoyable</u> under certain circumstances. This is why they will happily wait in line to watch a horror movie or enter a haunted house. Researchers theorize that the pleasure we derive from these experiences ② <u>come</u> from the combination of putting ourselves in a terrifying situation while knowing at a certain level that we're still safe. A flood of fear accompanied by the relief of safety stimulates the brain ③ <u>to release</u> endorphins, which reduce stress by generating feelings of serenity. At the same time, dopamine is released from the part of the brain ④ <u>that</u> rewards us with pleasure. Young children who fail to realize that these situations are actually harmless, however, may find ⑤ <u>them</u> truly terrifying and upsetting.

04 윗글의 주제로 가장 적절한 것은?

① how our nervous system reacts to horror movies
② the impact of fearful situations on brain function
③ the scientific reason why people like to be scared
④ strategies that the brain adopts to overcome trauma
⑤ ways for the brain to distinguish staged danger from real danger

어법⁺
05 윗글의 밑줄 친 부분 중, 어법상 <u>틀린</u> 것은?

① ② ③ ④ ⑤

06 다음 글의 제목으로 가장 적절한 것은?

Many people buy books and put them on a shelf to read later, which often results in the books never being read. This can be a problem for new authors who need to have their books read in order to get more works published. To solve this problem, a publishing house has come up with a book that must be read right away. The book is printed with a special ink that begins to fade once the book is opened from its plastic cover. The ink, which slowly fades when it is exposed to sunlight and air, disappears completely after about two months. Therefore, if readers want to get their money's worth, they must read the book quickly before they're left with nothing but blank pages. This interesting book was such a success that, when it was first released, the publisher sold its entire stock in a single day.

① A Book That Can't Wait
② Tips to Improve Book Sales
③ Difficulties Faced by New Authors
④ Invisible Ink: A Great Marketing Strategy
⑤ Ways to Reach a Larger Number of Readers

Words ───

04-05 undesirable 바람직하지 못한 circumstance 환경, 상황 wait in line 줄을 서서 기다리다 haunted 귀신이 나오는 theorize 이론을 세우다 derive from ~에서 끌어내다, 얻다 combination 조합 accompany 동반하다 relief 안심 stimulate 자극하다 release 풀어 주다; *방출하다 endorphin 엔도르핀 serenity 평온 dopamine 도파민 [문제] nervous 불안해하는; *신경의 strategy 계획[전략] adopt 채택하다 distinguish 구별하다 staged 연출된; *일부러 꾸민

06 author 작가, 저자 publishing house 출판사 come up with (해답 등을) 떠올리다, 내놓다 fade 바래다, 희미해지다 expose 노출시키다 nothing but 단지 ~일 뿐인 blank 텅 빈 entire 전체의 stock 재고 [문제] face 직면하다 invisible 보이지 않는

유형 05 **37**

유형 소개
도표와 도표의 내용을 설명하는 글을 비교하여 일치하지 않는 문장을 찾는 유형이다.

01 다음 도표의 내용과 일치하지 <u>않는</u> 것은? 평가원

Top Seven Natural Gas Producing Countries Worldwide

(unit: billion cubic meters)

Rank	Country (2014)	Amount	Rank	Country (2018)	Amount
1	The United States	729	1	The United States	863
2	Russia	610	2	Russia	725
3	Iran	172	3	Iran	248
4	Canada	161	4	Qatar	181
5	Qatar	160	5	China	176
6	China	132	6	Canada	172
7	Norway	108	7	Australia	131

The table above shows the top seven natural gas producing countries worldwide in 2014 and 2018. ① The United States, Russia, and Iran were the top three natural gas producing countries in both 2014 and 2018. ② In 2014 and 2018 respectively, the gap of the amount of natural gas production between Russia and Iran (A) | was / were | larger than 400 billion cubic meters. ③ Canada ranked lower in 2018 than in 2014 even though the amount of natural gas (B) | producing / produced | in Canada increased. ④ Between 2014 and 2018, the increase in natural gas production in China was more than three times that in Qatar. ⑤ Australia, which was not included among the top seven natural gas producing countries in 2014, (C) | ranking / ranked | seventh in 2018.

어법⁺

02 (A), (B), (C)의 각 네모 안에서 어법에 맞는 표현으로 가장 적절한 것은?

	(A)	(B)	(C)
①	was	producing	ranking
②	was	produced	ranking
③	was	produced	ranked
④	were	producing	ranking
⑤	were	produced	ranked

전략 적용	**Step 1** 도표의 제목과 항목을 보고 무엇에 관한 도표인지 파악한다. Top Seven Natural Gas Producing Countries Worldwide ⇨ 천연가스 생산 상위 7개 국가에 관한 도표이다.

Step 2 글의 도입부를 읽고 글에서 다룰 전반적인 내용을 확인한다.

The table above shows the top seven natural gas producing countries worldwide in 2014 and 2018.
⇨ 2014년과 2018년 전 세계 천연가스 생산 상위 7개 국가에 대해 이야기할 것이다.

Step 3 각 선택지 문장과 도표를 순서대로 대조하며 내용이 일치하는지 확인한다.

Between 2014 and 2018, the increase in natural gas production in China was more than three times that in Qatar.
⇨ 2014년과 2018년 사이 중국의 천연가스 생산 증가량(44)은 카타르의 증가량(21)의 세 배 이상이 아니므로, ④의 내용은 도표와 일치하지 않는다.

어법⁺ 풀이

(A) 주어와 동사의 수 일치
(B) 현재분사 vs. 과거분사
(C) 준동사 vs. 문장의 동사

현재분사 vs. 과거분사
분사는 명사를 앞이나 뒤에서 수식하는 역할과 주어 또는 목적어를 보충 설명하는 보어 역할을 한다. 명사와의 관계가 능동(~하는) 또는 진행(~하고 있는)일 경우 현재분사를, 수동(~되는) 또는 완료(~된)일 경우 과거분사를 쓴다.
• Fill the teapot with **boiling** *water*.
• What is *the language* **spoken** in Quebec?
• Please keep *this cake* **refrigerated**.

01 다음 도표의 내용과 일치하지 <u>않는</u> 것은?

Core Sport Participation in Children
from the ages of 13 to 17 in 2012, 2019, and 2020

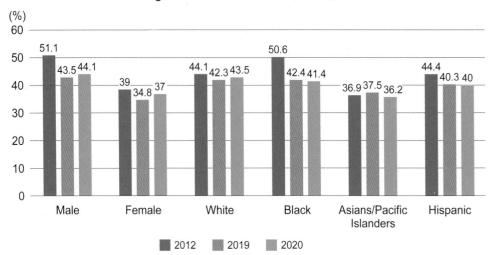

The above graph shows the rates of core sport participation in children from the ages of 13 to 17 in 2012, 2019, and 2020. ① Across all three years, the participation rate of boys was at least seven percentage points higher than that of girls. ② In terms of race, black children had the highest participation rate in 2012, but this number had dropped by more than nine percentage points by 2020, when it was overtaken by the percentage rate of white children. ③ Between 2012 and 2019, the participation rate of white children showed a minor decrease, while that of Asian and Pacific Islander children rose slightly. ④ Of the four different races shown on the chart, Hispanic children had the smallest change in participation rate between 2019 and 2020. ⑤ In all three years, Asian and Pacific Islander kids had the lowest participation rate and Hispanic children had the second lowest.

02 다음 도표의 내용과 일치하지 <u>않는</u> 것은?

Comparing Household Expenditure Across Seven Nations

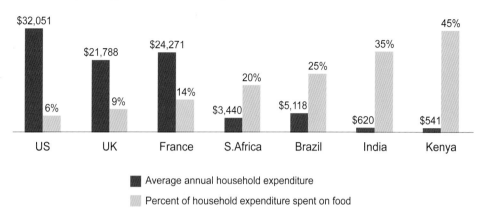

■ Average annual household expenditure

▨ Percent of household expenditure spent on food

This chart shows average annual household expenditures and the percentage of household expenditures spent on food by an average family in seven countries. ① As the chart shows, the top three nations for highest average annual household expenditures were the US, France, and the UK, in that order. ② The US had the highest total annual household expenditures, which represents about 60 times more than the total expenditures of an average Kenyan family. ③ Compared to the UK, France spent a higher percentage of total household expenditures on food. ④ However, those three nations that have the highest household expenditures spent less than 15% of their household expenditures on food. ⑤ On the other hand, the three nations with the lowest average total house expenditures spent more than 25% of their household expenditures on food.

Words

01 **core** (과일의) 속; *핵심 **participation** 참여 **race** 경주; *인종 **overtake** 추월하다; *(양·수 등에서) 앞지르다, 능가하다 **minor** 작은 **rise** (높은 위치·수준 등으로) 오르다 **slightly** 약간

02 **household** 가정 **expenditure** 지출; 비용 **average** 평균의; 일반적인 **annual** 연례의; *연간의, 한 해의 **represent** 대표하다; *(~에) 해당[상당]하다

[03-04] 다음 글을 읽고, 물음에 답하시오.

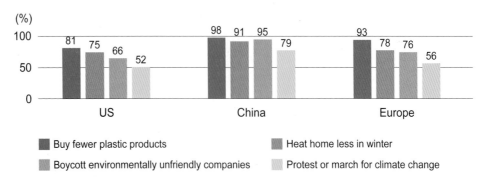

The Impact of Climate Change on Decision Making
Percentage of people who intend to make
certain decisions based on climate change in 2020

The above chart shows the percentage of people who intended to make choices to reduce their impact on climate change in 2020. ① Chinese respondents led the survey in overall climate change awareness, with the highest percentages in all categories. ② The percentage of Chinese who chose to boycott environmentally unfriendly companies (A) was / were almost 30% higher than that of US respondents. ③ 93% of respondents from European countries responded that they intended to buy fewer plastic products in 2020, while US respondents lagged behind in this category by more than 10%. ④ In both Europe and China, a higher percentage of respondents chose to heat their house less in winter than those that chose to boycott companies (B) what / that threaten the environment. ⑤ In general, the smallest percentage of people chose to protest or march for climate change, with less than 60% of the respondents in the US and Europe (C) choosing / chosen this option.

03 위 도표의 내용과 일치하지 <u>않는</u> 것은?

①   ②   ③   ④   ⑤

어법⁺
04 (A), (B), (C)의 각 네모 안에서 어법에 맞는 표현으로 가장 적절한 것은?

	(A)	(B)	(C)
①	was	what	choosing
②	was	that	choosing
③	was	that	chosen
④	were	what	chosen
⑤	were	that	choosing

05 다음 도표의 내용과 일치하지 <u>않는</u> 것은?

Age Composition of the Population of Muslims and Non-Muslims in Europe

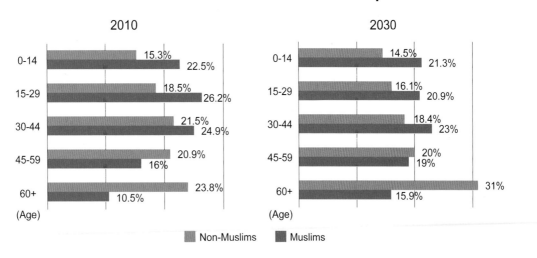

2010

Age	Non-Muslims	Muslims
0-14	15.3%	22.5%
15-29	18.5%	26.2%
30-44	21.5%	24.9%
45-59	20.9%	16%
60+	23.8%	10.5%

2030

Age	Non-Muslims	Muslims
0-14	14.5%	21.3%
15-29	16.1%	20.9%
30-44	18.4%	23%
45-59	20%	19%
60+	31%	15.9%

■ Non-Muslims ■ Muslims

※ Note: Details may not add to 100 due to rounding.

This graph shows the age composition of the population of Muslims and non-Muslims in Europe in 2010, and what experts predict the age composition will be like in 2030. ① Europe's Muslim population in 2010 was youthful, with people under the age of 30 comprising about 49% of the population. ② Although the percentage of youthful Muslims is expected to reduce slightly in the next two decades, it will still be over 42%. ③ Meanwhile, over the next 20 years, both Muslims and non-Muslims in Europe are expected to see an increase in the portion of their populations between the ages of 45 and 59. ④ At the same time, the portion of Europe's Muslim population aged 60 and older is projected to rise from 10.5% in 2010 to almost 16% in 2030. ⑤ While this represents a substantial increase, the portion of the non-Muslim population in the 60-and-older age group will still be approximately double that amount.

Words

03-04 impact 영향 intend ~할 의향이 있다 boycott 구매[사용]를 거부하다, 보이콧하다 environmentally 환경적으로 unfriendly 비우호적인 protest 시위하다 march 행진하다 respondent 응답자 overall 전반적인 awareness 의식, 인식 lag behind ~보다 뒤떨어지다 threaten 위협하다

05 composition 구성 Muslim 이슬람교도 predict 예측하다 youthful 젊은 comprise 구성하다, 차지하다 decade 10년 portion 부분, 일부 project 계획하다; *예상하다 substantial 상당한 approximately 거의

유형 소개
본문의 내용과 선택지의 일치 여부를 묻는 유형으로, 전기문, 설명문, 안내문 형태의 글이 주로 출제된다.

01 Patricia Bath에 관한 다음 글의 내용과 일치하지 <u>않는</u> 것은? 평가원

Patricia Bath spent her life advocating for eye health. Born in 1942, she ① <u>was raised</u> in the Harlem area of New York City. She graduated from Howard University's College of Medicine in 1968. It was during her time as a medical intern ② <u>what</u> she saw that many poor people and Black people were becoming blind because of the lack of eye care. She decided to concentrate on ophthalmology, ③ <u>which</u> is the branch of medicine that works with eye diseases and disorders. As her career progressed, Bath taught students in medical schools and trained other doctors. In 1976, she co-founded the American Institute for the Prevention of Blindness (AiPB) with the basic principle ④ <u>that</u> "eyesight is a basic human right." In the 1980s, Bath began researching the use of lasers in eye treatments. Her research led to her ⑤ <u>becoming</u> the first African-American female doctor to receive a patent for a medical device.

① 뉴욕시의 Harlem 지역에서 성장했다.
② 1968년에 의과 대학을 졸업했다.
③ 의과 대학에서 학생을 가르쳤다.
④ 1976년에 AiPB를 단독으로 설립했다.
⑤ 의료 장비 특허를 받았다.

어법⁺

02 윗글의 밑줄 친 부분 중, 어법상 <u>틀린</u> 것은?

① ② ③ ④ ⑤

| 전략
적용 | **Step 1** 지시문을 통해 소재를 파악한다. |

Patricia Bath라는 인물에 대한 글임을 알 수 있다.

Step 2 본문을 읽기 전 선택지의 내용을 먼저 살펴보고 주목해서 읽어야 할 부분을 확인한다.

본격적으로 글을 읽기 전에 미리 선택지를 훑어보고 어떤 부분을 주의 깊게 읽어야 할지를 파악한다.

Step 3 선택지와 본문의 내용을 차례대로 꼼꼼히 대조한다.

선택지는 대개 글의 순서대로 제시되므로 글을 차례대로 읽으며 오답을 하나씩 지워 나간다.

① ..., she was raised in the Harlem area of New York City.
⇨ 뉴욕시의 Harlem 지역에서 길러졌다고 했다.

② She graduated from Howard University's College of Medicine in 1968.
⇨ 의과 대학을 1968년에 졸업했다고 했다.

③ ..., Bath taught students in medical schools ....
⇨ 의과 대학에서 학생들을 가르쳤다고 했다.

④ In 1976, she co-founded the American Institute for the Prevention of Blindness (AiPB) ....
⇨ 그녀는 1976년에 AiPB를 공동 설립했다고 했으므로 ④는 글의 내용과 일치하지 않는다.

⑤ Her research led to her becoming the first African-American female doctor to receive a patent for a medical device.
⇨ 의료 장비 특허를 받은 최초의 아프리카계 미국인 여성 의사가 되었다고 했다.

어법⁺ 풀이

① 능동태 vs. 수동태
② 「It is … that ~」 강조구문
③ 계속적 용법의 관계대명사
④ 동격의 명사절을 이끄는 접속사 that
⑤ 전치사+동명사

강조구문, 도치

'~한 것은 바로 …이다'라는 의미의 강조구문은 「It is … that ~」의 형태로 쓴다. 가주어 it, 진주어 that절과 헷갈리지 않도록 주의해야 한다.

• **It was** Jacob's brother **that[who]** I met at the theater. (강조하는 대상이 사람인 경우, that 대신 who 가능)
• **It is** the book **that[which]** I have been looking for. (강조하는 대상이 사물인 경우, that 대신 which 가능)

「부정어+조동사/do동사+주어+동사」, 「부정어+be동사+주어」, 「so/neither[nor]+조동사/do동사/be동사+주어」 도치 구문에서 조동사, do동사 및 be동사는 문장 전체의 시제와 주어의 수에 일치시킨다.

• **Rarely do they talk** about scoring a goal, a touchdown, or a home run.
• He was not very good at his work, **nor did he seem** to improve.

01 Riverside's Summer Camp에 관한 다음 안내문의 내용과 일치하지 <u>않는</u> 것은?

Riverside's SUMMER CAMP
The Summer of Fun Camp

Riverside International School is running its 3rd annual Summer of Fun Camp this July. Join your peers for an exciting week full of activities, including sports, art & crafts, baking, and an exciting quiz show!

- **Date & Time**: Monday, July 14 – Friday, July 18
  (From 10:00 a.m. to 4:00 p.m. daily)

- **Fee**: $15 per student
  Discounts available for siblings

- **Coordinator**: Jill Forester

- **Notes**
- Registration is available for Riverside students only.
- To register, return the completed application form with the deposit ($4) to Mrs. Evans or Mr. Carlson by July 7.
- The registration fee includes daily lunches and all necessary program materials.

---

① 5일 동안 진행된다.

② 형제자매에게는 할인이 적용된다.

③ 본교 학생만 참가할 수 있다.

④ 캠프 시작 일주일 전까지 등록해야 한다.

⑤ 참가비에 점심은 포함되지 않는다.

02 Thai Cooking Classes에 관한 다음 안내문의 내용과 일치하는 것은?

Thai Cooking Classes
Learn to Cook Traditional Thai Food

We host private cooking classes at the Dusit Visitor Center in Bangkok. Each class lasts 3 hours.

Classes
Classes are available daily from May to August.
- 9:00 a.m. (not available on Saturdays or Sundays)
- 1:00 p.m.
- 6:00 p.m.

Prices
- $60 per person per class
- price includes a market tour + cooking class (includes 3 dishes)
- For a Bangkok historic tour, add $100 per person.

Booking
1 Make a reservation with us at least 7 days before the class.
2 Pay the fee. An advance fee of $30 is required. The rest can be paid on the class day.
3 Select 3 recipes from our recipes page.

You can take home the recipes and the food you make after class. To book, visit our website at www.CookThai.com.

---

① 주말에는 저녁 수업이 열리지 않는다.
② 역사 투어에는 추가 요금이 필요 없다.
③ 예약 시 수업료 전체를 지불해야 한다.
④ 참가자들은 원하는 레시피를 선택할 수 있다.
⑤ 수업 후 참가자들은 만든 음식을 가져갈 수 없다.

Words ───

01 annual 매년의, 연례의   peer 또래, 친구   craft 공예   sibling 형제자매   coordinator 진행자   registration 등록 (v. register 등록하다)
application 지원서   deposit 보증금   material 직물; *재료

02 host 주최하다   private 사적인, 개인의   last 계속되다, 지속되다   historic 역사적인   reservation 예약   advance fee 선불금   select 선택하다

03 Ahmad Batebi에 관한 다음 글의 내용과 일치하지 <u>않는</u> 것은?

In 1999 Ahmad Batebi was a student at the University of Tehran in Iran. That year, huge protests for democracy occurred in Tehran, and Batebi joined the demonstrators. He was photographed holding a bloody T-shirt worn by a student who was killed. A magazine used the photo on the front page, and Batebi was then arrested by the Iranian government. They placed him in the notorious Evin Prison and sentenced him to death. Batebi was tortured there for nine long years and developed serious health problems. In 2008, he was allowed to leave the prison for medical treatment and managed to escape. He fled to the United States, and was granted asylum. After settling in the US, Batebi began giving speeches about his life. He became a prominent voice in the Iranian pro-democracy movement and later helped to develop TV programming about human rights issues in Iran.

① 1999년 대학 재학 중 시위에 참가했다.
② 피 묻은 티셔츠를 입고 죽은 학생의 사진을 찍었다.
③ 이란 정부에 의해 감옥에 수감되어 사형을 선고받았다.
④ 수감된 지 9년 만에 감옥에서 탈출하는 데 성공하였다.
⑤ 미국에 정착한 후 이란의 인권 문제 개선에 힘썼다.

04 encaustic painting에 관한 다음 글의 내용과 일치하지 <u>않는</u> 것은?

Many styles of painting have a long history. One unique style that dates as far back as the 4th century BC is encaustic painting. This style, which is also known as hot wax painting, involves applying heated beeswax with colored pigments to a surface, such as wood, clay, or canvas. Since the beeswax is not damaged by moisture, encaustic painting is durable, and the colors used in it don't fade easily. The development of encaustic painting is known to date back to the early Greeks and Romans, but it was not a popular style of painting at that time. Greek and Roman artists preferred other styles, such as fresco and oil painting. It was not until the 18th century that encaustic painting started to gain popularity. Since then, many famous artists have created beautiful works using this interesting technique.

*encaustic painting: 납화(법)

① 기원전 4세기부터 시작된 화법이다.
② 뜨거운 밀랍과 색소를 나무나 점토 같은 표면에 바르는 기법이다.
③ 오래 지속되고 색이 쉽게 바래지 않지만 습기에 약하다.
④ 그리스와 로마 시대의 화가들이 선호하는 화법은 아니었다.
⑤ 18세기부터 인기를 끌게 되어 현재까지 많은 화가들에 의해 사용된다.

Lise Meitner, known as the "German Madame Curie," was born in Vienna, Austria in 1878. Although women were not ① permitted to attend universities back then, she was able to have private tutors for two years thanks to her parents' support, and then eventually ② complete her studies at the University of Vienna once the law changed. After graduating, Meitner wrote to Marie Curie, ③ wanting to work in her laboratory. However, there was no position open, so Meitner went alone to Berlin, Germany. There she met Otto Hahn, a famous German chemist, and they studied radioactive elements together until 1938, ④ when she fled Nazi Germany for Stockholm. Soon after, when Hahn discovered that uranium atoms could be split by bombarding them with neutrons, she calculated the energy ⑤ releasing in such a reaction and called the phenomenon "nuclear fission." Thanks to the discovery, Hahn was awarded the Nobel Prize in 1944, but Meitner was overlooked by the Nobel committee. She continued her atomic research from Stockholm, working into her 80s.

05 Lise Meitner에 관한 윗글의 내용과 일치하지 <u>않는</u> 것은?

① 부모님의 지원으로 대학까지 마칠 수 있었다.
② Marie Curie에게 연구소 일자리를 구하는 편지를 썼다.
③ 독일에서 화학자 Otto Hahn과 함께 방사성 원소를 연구했다.
④ 핵분열 과정을 발견하여 노벨상을 공동 수상했다.
⑤ 80대가 될 때까지 스톡홀름에서 원자에 관한 연구를 계속했다.

어법⁺
06 윗글의 밑줄 친 부분 중, 어법상 <u>틀린</u> 것은?

①   ②   ③   ④   ⑤

Words

03 protest 시위   democracy 민주주의   demonstrator 시위자   photograph 사진을 찍다   bloody 피투성이의   arrest 체포하다   notorious 악명 높은   sentence A to death A에게 사형을 선고하다   torture 고문하다   flee 달아나다, 도망치다 (flee-fled-fled)   grant 승인[허락]하다   asylum 망명   settle 정착하다   prominent 유명한, 중요한

04 date back ~까지 거슬러 올라가다   wax 밀랍, 왁스   apply 신청하다; *바르다   beeswax 밀랍   pigment 색소; *물감 재료   surface 표면   clay 점토   canvas 캔버스 천   moisture 습기   durable 오래가는, 내구성이 있는   fade (색이) 바래다   fresco 프레스코화(석회를 바른 벽에 그림을 그리는 것)

05-06 permit 허용하다   tutor 가정 교사   laboratory 실험실, 연구소   chemist 화학자   radioactive 방사성의   element 원소   atom 원자 (a. atomic 원자의)   split 분열시키다   bombard 포격하다; *입자로 충격을 가하다   neutron 중성자   calculate 계산하다, 산출하다   release 방출하다   nuclear fission 핵분열   award 수여하다   overlook 간과하다; *고려 대상으로 삼지 않다   committee 위원회

지칭 추론

유형 소개

밑줄 친 대상 중에서 나머지 넷과 다른 하나를 찾는 유형이다. 밑줄 친 대상은 대명사나 명사(구)로 제시된다.

01 밑줄 친 she[her]가 가리키는 대상이 나머지 넷과 <u>다른</u> 것은? 평가원

Sarah kept walking until a combination of curiosity and hunger drove ① <u>her</u> into an old convenience store. (A) | Pushed / Pushing | open its glass door, ② <u>she</u> was sucked once again into that other, earlier time. The storekeeper, the only other occupant of the place, was a wrinkled old woman in a faded lavender-print dress. She didn't bother greeting Sarah but continued to sit motionless, conserving ③ <u>her</u> energy as she watched a collection of counter goods that (B) | might spring / might have sprung | straight out of Sarah's childhood. A price list stuck up crooked beside the candy told her ④ <u>she</u> could buy half a loaf of oversweetened white bread, if she wanted, or a scoop of frozen peas. There was nothing here that Sarah felt like (C) | eating / to eat |. She nodded at the woman, who once again failed to acknowledge ⑤ <u>her</u>, and left the shop.

어법⁺

02 (A), (B), (C)의 각 네모 안에서 어법에 맞는 표현으로 가장 적절한 것은?

(A)	(B)	(C)
① Pushed	…… might spring	…… eating
② Pushed	…… might have sprung	…… to eat
③ Pushing	…… might spring	…… eating
④ Pushing	…… might have sprung	…… to eat
⑤ Pushing	…… might have sprung	…… eating

전략 적용

Step 1 먼저 밑줄 친 ①번이 지칭하는 대상을 파악한다.

Sarah kept walking until a combination of curiosity and hunger drove ① her into an old convenience store.
⇨ her이 가리키는 대상은 이 문장의 주어인 Sarah이다.

Step 2 글의 중간에 등장하는 새로운 대상에 주목한다.

The storekeeper, ..., was a wrinkled old woman in a faded lavender-print dress.
⇨ The storekeeper라는 새로운 인물이 글의 중간에 등장했으므로, 그 뒤의 대명사는 처음 언급되었던 인물과 다른 대상을 가리킬 가능성이 높다는 점에 유의한다.

Step 3 두 인물을 중심으로 각 선택지가 가리키는 대상을 비교한다.

1) Pushing open its glass door, ② she was sucked once again into that other, earlier time.
⇨ 가게 문을 열고 들어간 사람은 Sarah이다.

2) She didn't bother greeting Sarah but continued to sit motionless, conserving ③ her energy ....
⇨ Sarah에게 인사하지 않고 가만히 앉아 있는 사람은 가게 주인이다.

3) A price list stuck up crooked beside the candy told her ④ she could buy half a loaf of oversweetened white bread, ...
⇨ 물건을 사는 사람은 가게 주인이 아닌 Sarah이다.

4) She nodded at the woman, who once again failed to acknowledge ⑤ her, ...
⇨ 가게 주인이 아는 척을 하지 않은 사람은 Sarah이다.

어법⁺ 풀이

(A) 분사구문에서 주어와 분사의 관계가 능동이면 현재분사, 수동이면 과거분사
(B) might have p.p.: ~했을지도 모른다 (과거의 사실에 대한 추측)
(C) feel like v-ing: ~하고 싶다 (동명사의 관용적 용법)

조동사+have p.p.
과거의 사실에 대한 추측, 가능성, 후회 등을 나타낼 때 사용한다.
• would have p.p.: ~했을 것이다 (과거의 사실에 대한 추측)
• may have p.p.: ~했을지도 모른다 (과거의 사실에 대한 추측)
• could have p.p.: ~했을 수도 있다 (과거의 사실에 대한 추측, 가능성)
• must have p.p.: ~했음이 틀림없다 (과거의 사실에 대한 강한 추측)
• cannot have p.p.: ~했을 리가 없다 (과거의 사실에 대한 강한 추측)
• should have p.p.: ~했어야 했다 (과거의 사실에 대한 후회)
• shouldn't have p.p.: ~하지 말았어야 했다 (과거의 사실에 대한 후회)

01 밑줄 친 they[them]가 가리키는 대상이 나머지 넷과 <u>다른</u> 것은?

Do you know where and how gold nuggets are made? It has long been believed that ① <u>they</u> formed in places near the earth's surface — where we generally find them. Recently, however, researchers studied over 30 gold nuggets to examine their structures and characteristics, and found that all of ② <u>them</u> had crystalline structures and silver content. These findings show that ③ <u>they</u> were formed in processes involving intense heat, which does not occur at the surface. Therefore, ④ <u>they</u> are probably formed deep underground and gradually ascend towards the surface as the result of weathering and other geological processes. This knowledge could help miners decide where to search for gold and allow them to better understand where ⑤ <u>they</u> can locate areas of valuable mineral deposits.

*mineral deposit: 광상(유용한 광물이 땅속에 많이 묻혀 있는 부분)

02 밑줄 친 부분이 가리키는 대상이 나머지 넷과 <u>다른</u> 것은?

African honeybees are often attacked by hive beetles. The beetles break into the honeycombs, eat the honey, and cause great damage to beehives. The beetles are able to get inside the bees' hives by intercepting ① <u>their</u> communication. Whenever bees are threatened or feel stressed, ② <u>they</u> release special pheromones to sound an alarm. This warns the other bees in the area that there could be danger. However, the beetles can also detect these messages, and use them to locate ③ <u>their</u> hives. ④ <u>They</u> can actually find the hives using these chemical signals before the bees become aware of the signals. In some cases, the beetles rip through hives so destructively that bees are forced to abandon them, thus affecting the crops ⑤ <u>they</u> pollinate.

03 밑줄 친 부분이 가리키는 대상이 나머지 넷과 <u>다른</u> 것은?

Scientists in Australia recently encountered something unexpected after unearthing a fossilized prehistoric crocodile that was approximately 95 million years old. When they began to examine ① <u>it</u>, they were pleased to discover that it was a member of a previously unknown species, which has since been named Confractosuchus. But it was when they found the remains of a small dinosaur inside ② <u>its</u> stomach that they were truly stunned. The dinosaur is believed to have been a very small herbivore known as an ornithopod. ③ <u>It</u> probably weighed about one kilogram and was equivalent in size to a large chicken. The scientists don't believe the crocodile normally preyed on dinosaurs—instead, they suspect ④ <u>it</u> simply viewed the ornithopod as a convenient meal. This find sheds new light on the structure of the food chain at that time, especially in regards to the place of dinosaurs within it. Further analysis of the crocodile and ⑤ <u>its</u> last meal is expected to provide additional valuable information.

*herbivore: 초식 동물   **ornithopod: 조각류 공룡

Words

01 nugget 덩어리 surface 표면; *지표면 examine 조사하다 structure 구조 crystalline 수정 같은 content 내용물; *함유량 intense 강렬한 underground 지하에서 ascend 오르다, 올라가다 weathering 풍화 작용 geological 지질학의 miner 광부 locate ~의 위치를 찾아내다 valuable 소중한; *가치가 큰

02 hive 벌집 beetle 딱정벌레 break into 침입하다 honeycomb 벌집 intercept 가로채다; *(통신을) 엿듣다 threaten 위협하다 release 놓아주다; *방출하다, 분비하다 pheromone 페로몬 alarm 놀람; *경보 warn 경고하다 detect 감지하다 warn 경고하다 rip through ~로 거칠게 들어가다 destructively 파괴적으로 abandon 버리다, 떠나다 crops (농)작물, 곡물 pollinate 수분(受粉)하다

03 encounter (특히 반갑지 않은 일에) 맞닥뜨리다 unearth (땅속에서) 파내다, 발굴하다 prehistoric 선사 시대의 approximately 거의, 약 previously 이전에 remains 나머지; *유해 stun 기절시키다; *깜짝 놀라게 하다 weigh 무게가 ~이다 equivalent 동등한, 맞먹는 prey on ~을 잡아먹다 suspect 의심하다; *(~이 아닌가 하고) 생각하다 shed light on ~을 밝히다 food chain 먹이 사슬 in regards to ~에 관해서 analysis 분석

The United Kingdom has an enormous charity sector that assists millions of people in need every year. However, one of the fundraising methods is growing (A) | increasing / increasingly | unpopular with the general public. Commonly known as "chugging," a combination of the words "charity" and "mugging," it involves sending employees out onto the street to ask passersby for donations. These "chuggers" do more than simply ask for spare change. Instead, ① they try to get people (B) | sign up / to sign up | to make regular donations. There are some questions as to whether ② their high-pressure tactics are ethical. Some argue that ③ they are justified in doing whatever they can to keep their charities well (C) | funding / funded |. Others, however, feel ④ they are really irritating and annoying. ⑤ They object to being harassed into making donations against their will.

04 밑줄 친 부분이 가리키는 대상이 나머지 넷과 다른 것은?

①   ②   ③   ④   ⑤

어법⁺

05 (A), (B), (C)의 각 네모 안에서 어법에 맞는 표현으로 가장 적절한 것은?

	(A)	(B)	(C)
①	increasing	sign up	funding
②	increasing	to sign up	funded
③	increasingly	sign up	funding
④	increasingly	to sign up	funded
⑤	increasingly	to sign up	funding

06 밑줄 친 he[him]가 가리키는 대상이 나머지 넷과 다른 것은?

One day, a curious young man came to a wise man seeking knowledge. "Can you teach me all of your wisdom?" The wise man led ① him to a nearby river. When they got there, ② he said, "Look at the river and tell me what you see." As the young man leaned down to take a closer look at the river, the wise man suddenly pushed his head under the water and held it down forcefully. Even though the young man struggled, he didn't let ③ him go for a long time. Finally, when the young man was about to drown, the wise man released ④ him. After the young man caught his breath, ⑤ he yelled, "Why did you do that?" "I wanted to teach you a lesson," the wise man replied. "Wisdom doesn't come so easily. When you want wisdom as much as you wanted air a moment ago, come back to me again."

Words

04-05 enormous 거대한 sector 부문 fundraising 모금 mugging (노상)강도 passerby 행인 donation 기부 spare 남는 change 변화; *잔돈 high-pressure 강압적인 tactic 전략 ethical 도덕적인 justify 옳음을 보여 주다; *정당화시키다 fund 자금[기금]을 대다 irritating 신경에 거슬리는 annoying 짜증스러운 object 반대하다 harass 괴롭히다 will 의지

06 curious 궁금한; *호기심이 많은 seek 찾다; *구하다, 추구하다 lean 기울이다, 숙이다 forcefully 격렬하게 struggle 투쟁하다; *버둥거리다 drown 물에 빠져 죽다 catch one's breath 헐떡이다 reply 대답하다

09 어법

유형 소개
밑줄 친 부분 중 어법상 틀린 것을 고르거나 네모 안에서 어법에 맞는 표현을 선택하는 유형이다.

---

01 다음 글의 밑줄 친 부분 중, 어법상 틀린 것은? 평가원

Organisms living in the deep sea (A) | has / have | adapted to the high pressure by storing water in their bodies, some ① consisting almost entirely of water. Most deep-sea organisms lack gas bladders. They are cold-blooded organisms that adjust their body temperature to their environment, allowing them ② to survive in the cold water while maintaining a low metabolism. Many species lower their metabolism so much (B) | that / which | they are able to survive without food for long periods of time, as finding the sparse food ③ that is available expends a lot of energy. Many predatory fish of the deep sea are equipped with enormous mouths and sharp teeth, (C) | enabling / enabled | them to hold on to prey and overpower ④ it. Some predators hunting in the residual light zone of the ocean ⑤ has excellent visual capabilities, while others are able to create their own light to attract prey or a mating partner.

*bladder: (물고기의) 부레

어법⁺

02 (A), (B), (C)의 각 네모 안에서 어법에 맞는 표현으로 가장 적절한 것은?

	(A)	(B)	(C)
①	has	that	enabling
②	has	which	enabled
③	have	that	enabling
④	have	which	enabling
⑤	have	that	enabled

Step 1 글의 전체적인 흐름과 내용을 파악한다.

심해에 사는 유기체들의 특징을 설명한 글이다.

Step 2 밑줄 친 부분이 어법상 맞게 쓰였는지를 확인한다.

① 주어(some)가 생략되지 않은 분사구문이다. consist는 자동사로 현재분사 consisting은 알맞다.

② 동사 allow의 목적격 보어로 쓰인 to부정사 to survive는 알맞다.

③ the sparse food를 선행사로 하며 관계대명사절에서 주어 역할을 하는 주격 관계대명사 that은 알맞다.

④ it은 앞에 언급된 prey를 지칭하는 대명사이므로 단수 대명사 it은 알맞다.

⑤ 현재분사구(hunting in ... the ocean)의 수식을 받는 복수명사 Some predators가 주어이므로 단수동사 has는 틀렸음을 알 수 있다.

Step 3 틀린 부분을 어법에 맞게 고치고 다시 한번 확인한다.

Some predators hunting in the residual light zone of the ocean <u>have</u> excellent visual capabilities, while others are able to create their own light to attract prey or a mating partner.

⇨ 주어인 Some predators가 복수이므로 이에 맞게 복수동사 have로 고쳐야 한다.

어법⁺ 풀이

(A) 주어와 동사의 수 일치

(B) so ... that ~ : ~하도록 …하다

(C) 분사구문 (현재분사 vs. 과거분사)

주어와 동사의 수 일치

수식어구가 붙어서 주어가 길어진 경우, 핵심 주어를 찾아 동사의 수를 일치시킬 수 있는지 묻는 문제가 많이 출제된다. 주로 전치사구, to부정사구, 분사구, 관계사절 등이 주어를 수식한다.

• <u>The main reason</u> [for these minor but unpleasant illnesses] **is** that we are exhausted.

• <u>One simple way</u> [to help save the environment] **is** to use travel mugs.

• <u>The chocolate cupcakes</u> [decorated with strawberries] **are** already sold out.

• <u>The machines</u> [that had been produced in 2016] **were** recalled for safety reasons.

01 다음 글의 밑줄 친 부분 중, 어법상 틀린 것은?

Think of how much money you would save if you never needed to turn on your heat or air conditioning. You would not only save a big amount of money on energy but also help ① protect the environment. This is the main reason to build a passive house. The passive house concept relies on technology ② that prevents energy from being wasted. Things like high-efficiency windows, extra insulation, and mechanical ventilation systems ③ are among the important features. In passive houses, temperature differences within the home are minimized, and drafts of cold air are prevented. Advanced filtering technology purifies air, thus ④ reducing particles of dirt that can cause asthma and allergy problems. Good ventilation also prevents moisture problems, which ⑤ protect people from dangerous mold.

02 다음 글의 밑줄 친 부분 중, 어법상 틀린 것은?

On March 25, 1911, a devastating fire ① has taken place at the Triangle Shirtwaist Factory in New York City. It's uncertain what exactly started the fire, but one guess was that it may have been a ② tossed burning cigarette. The fire spread through the clothing factory very quickly, since it was full of flammable things like fabric and wooden tables. Some workers tried to fight the fire with the fire hoses ③ that were in the building, but no water came out of them. Many workers were unable to save ④ themselves by exiting the building because the factory managers had locked the doors to prevent workers from taking breaks or stealing. The fire took the lives of 146 people. Most of the victims who died in this disaster ⑤ were young women. After this tragedy, the city of New York passed a number of new fire and safety regulations, and a workers' union was created to fight for better working conditions.

03

(A), (B), (C)의 각 네모 안에서 어법에 맞는 표현으로 가장 적절한 것은?

A British car manufacturer, (A) working / worked with a Dubai ad agency, has created a new type of survival book for their vehicles. The book has a unique message: the cars can survive in the desert, but what about their owners? To help car owners stay alive, the book has many tips on surviving in the desert. It includes information about dealing with harsh temperatures, avoiding dangerous animals, and using the stars to navigate. Also, as a last resort, if the drivers cannot find any other food, they can literally eat the book! Since the book is made of edible ink and paper, pages can be torn out of (B) it / them to eat. In addition, the book's metal binding can be used as skewers, and the book has reflective packaging that can be used to (C) signal / signaling for help. Would you be interested in owning a copy?

*skewer: (요리용) 꼬챙이

	(A)	(B)	(C)
①	working	it	signal
②	working	it	signaling
③	working	them	signal
④	worked	it	signaling
⑤	worked	them	signal

Words

01 high-efficiency 고효율 insulation 단열재 mechanical 기계적인 ventilation 환기 feature 특징 minimize 최소화하다 draft 초안; *틈새 바람, 외풍 filter 여과하다 purify 정화하다 particle (아주 작은) 입자 asthma 천식 moisture 습기 mold 곰팡이

02 devastating 엄청난 손상을 가하는 take place 일어나다 toss 던지다 spread 펼치다; *번지다 flammable 불에 잘 타는 fabric 직물, 천 exit 나가다 victim 희생자 disaster 참사, 재난 tragedy 비극 regulation 규정 union 조합, 협회 condition 《pl.》 환경, 상황

03 manufacturer 제조사 agency 대행사 survival 생존 vehicle 차량 harsh 가혹한, 혹독한 navigate 길을 찾다 last resort 최후의 수단 literally 문자 그대로 edible 먹을 수 있는, 식용의 reflective 빛을 반사하는 packaging 포장재 signal 신호를 보내다 copy (책·신문 등의) 한 부

04 다음 글의 밑줄 친 부분 중, 어법상 틀린 것은?

There is a school of philosophical thought that suggests that life is essentially meaningless and that part of the reality ① <u>in which</u> we believe isn't actually real. This philosophy is called nihilism. It is often linked to feelings of despair because it can make us ② <u>feel</u> like we have no purpose. In fact, existential nihilism insists that human existence ③ <u>be</u> completely insignificant. And it rejects widely ④ <u>accepted</u> aspects of human existence. In addition, nihilism suggests that all of society's common rules and values are baseless. This goes along with the thinking of 19th-century philosopher Friedrich Nietzsche, who argued that the world has no structure apart from ⑤ <u>that</u> which humans give to it. If a society were to adopt nihilism, it would regard law, religion, and morality as meaningless man-made creations and dismiss any meaning of life. For this reason, Nietzsche was afraid that a movement toward nihilism would result in a great crisis of humanity.

*nihilism: 허무주의

05 다음 글의 밑줄 친 부분 중, 어법상 틀린 것은?

Believing that only exceptional individuals are destined for greatness ① <u>diminishes</u> our sense of self-worth. The notion ② <u>that</u> great artists like Shakespeare, Picasso, and Mozart were "touched by God" is actually just a myth. In a recent study, researchers analyzed not only the arts but also fields including mathematics and sports. They used a scientific approach ③ <u>to see</u> if raw talent was really needed to achieve elite levels of performance. Rather than "being gifted," those who were in the top of their field all shared elements of encouragement, training, motivation, opportunities, and practice. Actually, ④ <u>few</u> people showed early signs of promise before receiving parental encouragement. A definitive commonality was the countless hours of high-quality practice put in before they ⑤ <u>were reached</u> their success. Even Mozart put in 16 years of practice before he created a bona fide masterpiece!

06 (A), (B), (C)의 각 네모 안에서 어법에 맞는 표현으로 가장 적절한 것은?

Many people believe that male baldness is inherited from a mother's father. However, doctors say that this link is not very strong, nor (A) the cause is / is the cause so simple. Male pattern baldness is caused by not only genetics but also hormone changes in men's bodies. Experts refer specifically to the male hormone dihydrotestosterone, (B) which / that causes hairs on men's scalps to be replaced by shorter and thinner hairs in a consistent way. A recent study also showed that as we all age, stem cells in our scalp lose the ability to grow into hair follicle cells. Male baldness may not seem (C) attractive / attractively , but it shouldn't be an embarrassment. Remember, both men and women lose hair as they age.

*dihydrotestosterone: 디하이드로테스토스테론   **hair follicle: 모낭

	(A)	(B)	(C)
①	the cause is	which	attractive
②	the cause is	that	attractively
③	is the cause	which	attractive
④	is the cause	which	attractively
⑤	is the cause	that	attractive

10 어휘

유형 소개
밑줄 친 부분 중 문맥상 쓰임이 적절하지 않은 낱말을 찾거나, 네모 안에서 문맥에 맞는 낱말을 고르는 유형이다.

01 다음 글의 밑줄 친 부분 중, 문맥상 낱말의 쓰임이 적절하지 <u>않은</u> 것은? 평가원

Let's return to a time (A) which / in which photographs were not in living color. During that period, people referred to pictures as "photographs" rather than "black-and-white photographs" as we (B) do / are today. The possibility of color did not exist, so it was ① <u>unnecessary</u> to insert the adjective "black-and-white." However, suppose we did include the phrase "black-and-white" before the existence of color photography. By ② <u>highlighting</u> that reality, we become conscious of current limitations and thus (C) opening / open our minds to new possibilities and potential opportunities. World War I was given that name only ③ <u>after</u> we were deeply embattled in World War II. Before that horrific period of the 1940s, World War I was simply called "The Great War" or, even worse, "The War to End All Wars." What if we had called it "World War I" back in 1918? Such a label might have made the possibility of a second worldwide conflict an ④ <u>unpredictable</u> reality for governments and individuals. We become conscious of issues when we explicitly ⑤ <u>identify</u> them.

어법⁺

02 (A), (B), (C)의 각 네모 안에서 어법에 맞는 표현으로 가장 적절한 것은?

	(A)	(B)	(C)
①	which	do	opening
②	which	are	open
③	in which	do	opening
④	in which	do	open
⑤	in which	are	open

전략 적용

Step 1 글의 전체적인 흐름과 요지를 파악한다.

현실을 강조할 때 현재의 한계를 의식하고 새로운 가능성에 마음을 열게 되며, 현실을 명시적으로 인지하게 하는 명칭이 문제를 의식하게 한다는 것을 '흑백 사진'과 '제1차 세계대전'의 사례를 통해 서술한 글이다.

Step 2 문맥에 유의하여 밑줄 친 어휘가 글의 내용과 어울리는지 확인한다.

① The possibility of color did not exist, so it was <u>unnecessary</u> to insert the adjective "black-and-white."
⇨ 색의 가능성이 존재하지 않았다고 했으므로 흑백이라는 형용사가 '불필요'했다는 내용은 자연스럽다.

② By <u>highlighting</u> that reality, we become conscious of current limitations and thus open our minds to new possibilities ....
⇨ 앞에서 컬러 사진의 존재 전에 '흑백'이라는 어구를 포함했다고 가정해 보라고 했으므로, 현실을 '강조함'으로써 새로운 가능성에 마음을 연다는 것은 흐름상 매끄럽다.

③ World War I was given that name only <u>after</u> we were deeply embattled in World War II.
⇨ 이어지는 문장에서 제1차 세계대전은 1940년대 전에는 '대전쟁' 등으로 불렸다고 했으므로, 제2차 세계대전 '이후'에 제1차 세계대전이라는 이름이 붙여졌다는 것은 자연스럽다.

④ Such a label might have made the possibility of a second worldwide conflict an <u>unpredictable</u> reality ....
⇨ 앞에서 현실을 강조하여 새로운 가능성에 대해 마음을 연다고 했으므로 제1차 세계대전이라는 명칭이 2차 갈등에 대한 가능성을 '예측할 수 없는' 현실로 만들었을 것이라고 말하는 것은 자연스럽지 않다.

⑤ We become conscious of issues when we explicitly <u>identify</u> them.
⇨ 우리가 명칭을 통해 그 문제들을 명시적으로 '인지했을' 때 그것들을 의식하게 된다는 내용은 자연스럽다.

Step 3 문맥에 맞는 어휘를 넣고 다시 한번 확인한다.

⇨ 문맥상 ④의 unpredictable(예측할 수 없는)은 predictable(예측 가능한) 등으로 바꿔야 한다.

어법+ 풀이

(A) 전치사＋관계대명사
(B) 대동사 do
(C) 병렬 구조

대동사 do

대동사 do는 앞에 나온 일반동사(구)의 반복을 피하기 위해 사용되며, 시제 또는 주어의 수에 따라 did나 does로 알맞게 변형하여 써야 한다. be동사와 묶어서 출제되거나, 알맞은 시제 또는 수를 묻는 문제가 출제될 수 있다.

• She <u>talks</u> a lot about her favorite singers, as teenagers usually ~~are~~ / **do** .

• In Korea, it <u>rains</u> a lot more in August than it ~~do~~ / **does** in April.

• The kids didn't <u>make</u> as much noise as their parents ~~were~~ / ~~do~~ / **did** .

01 다음 글의 밑줄 친 부분 중, 문맥상 낱말의 쓰임이 적절하지 <u>않은</u> 것은?

Shark fin soup, which is made from dried shark fins, doesn't have a strong taste. However, it is considered to be a status symbol in China, as it is very expensive and is often served at special events. The high price placed on fins to meet the ① <u>demand</u> for this soup has caused sharks to be hunted in large numbers. Some fishermen hunt sharks illegally simply for their fins. This practice, known as "finning," is ② <u>condemned</u> for being cruel. That's because the sharks are usually left in the water to drown after their fins are ③ <u>removed</u>. Finning is also threatening ocean ecosystems because it is ④ <u>helpful</u> to the natural balance of the sea by the loss of these predators. For these reasons, shark finning is already ⑤ <u>restricted</u> in certain areas, such as US waters.

02 (A), (B), (C)의 각 네모 안에서 문맥에 맞는 낱말로 가장 적절한 것은?

This year, the US Food and Drug Administration (A) approved / disapproved the first drug proven to reduce the risk of HIV infection. A pill called Truvada can be used as a preventative measure for healthy people who are at risk of exposure to HIV. The new drug is the biggest advance in years towards curbing the spread of HIV in the US, where about 50,000 new infections have been reported annually for the past decade. About 1.2 million Americans currently have HIV, and about one-fifth of them are unaware that they are HIV (B) positive / negative . Truvada could be effective in this situation because it keeps the virus from infecting new individuals. Despite the drug's high price, it is considered a significant (C) breakdown / breakthrough for the field of medicine.

	(A)		(B)		(C)
①	approved	······	positive	······	breakdown
②	disapproved	······	negative	······	breakdown
③	approved	······	negative	······	breakthrough
④	disapproved	······	positive	······	breakthrough
⑤	approved	······	positive	······	breakthrough

03 다음 글의 밑줄 친 부분 중, 문맥상 낱말의 쓰임이 적절하지 <u>않은</u> 것은?

When receiving ① <u>undesired</u> public attention, of either the positive or negative variety, human beings commonly find themselves blushing. This unusual physical reaction, however, isn't confined to our species—there are numerous animal species that display similar behavior. Viewing blushing as an evolutionary development suggests that it is designed to raise an individual's chances of ② <u>survival</u>. It is not completely clear how turning red could help a human or animal ③ <u>avoid</u> danger, but some researchers believe that apes use blushing as a form of nonverbal appeasement. In other words, it allows them to immediately reduce social tension by showing that they are harmless and unaggressive. When a ④ <u>dominant</u> individual detects blushing, it will understand that there is no threat and will not attempt to attack. Apes utilize other forms of appeasement displays as well, including smiling and looking away, which is effective due to the fact that animals often interpret eye contact as a ⑤ <u>surrender</u>.

Words

01 fin 지느러미 status 신분; *높은 지위 symbol 상징 serve 제공하다 demand 수요 illegally 불법적으로 practice 실행; *관행 condemn 비난하다 cruel 잔혹한, 잔인한 drown 익사하다 ecosystem 생태계 predator 포식자 restrict 제한하다 water 《pl.》 (특정 국가의) 영해

02 administration 관리; *(행정) 관청 approve 승인하다 disapprove 찬성하지 않다 proven 입증된, 증명된 infection 감염 (v. infect 감염시키다) pill 알약 preventative measure 예방책 exposure 노출 curb 억제하다 unaware 모르는 positive 긍정적인; *양성의 negative 부정적인; *음성의 breakdown 고장, 분해 breakthrough 돌파구, 큰 발전

03 undesired 원하지 않은 variety 여러 가지; *(식물·언어 등의) 종류 blush 얼굴이 빨개지다 physical 육체[신체]의 confine 국한시키다, 한정하다 display 드러내다[보이다]; 표현 evolutionary 진화의 design 설계하다; *고안하다 raise 들어 올리다; *(급료·가격·온도 등을) 올리다 ape 유인원 nonverbal 비언어적인 appeasement 진정, 완화; *유화 정책 tension 긴장, 불안 unaggressive 비공격적인 dominant 우세한, 지배적인 detect 발견하다, 감지하다 utilize 활용[이용]하다 surrender 항복

Nowadays, the academic world has become much more ① interactive. Thanks to the advancement of technologies like the Internet, not only (A) | academics are / are academics | able to research more extensively, but they can also easily communicate with other scholars all over the world. This has led to collaboration (B) | become / becoming | ② common in many academic fields. In fact, sole authorship of research papers in many physical and social sciences is now ③ usual. According to one report, about three quarters of academic papers published in 2008 (C) | was / were | coauthored. Of course, collaboration in science also occurred in the past. Even Albert Einstein, who was an ④ opponent of the formal organization of science, collaborated with another scholar at one time. In 1912, Einstein coauthored a paper with mathematician Marcel Grossmann after Grossmann told him the ⑤ appropriate tool to use for approaching his general theory of relativity.

04 윗글의 밑줄 친 부분 중, 문맥상 낱말의 쓰임이 적절하지 <u>않은</u> 것은?

①   ②   ③   ④   ⑤

어법⁺

05 (A), (B), (C)의 각 네모 안에서 어법에 맞는 표현으로 가장 적절한 것은?

(A)	(B)	(C)
① academics are	become	was
② academics are	becoming	were
③ are academics	become	was
④ are academics	becoming	were
⑤ are academics	become	were

06 (A), (B), (C)의 각 네모 안에서 문맥에 맞는 낱말로 가장 적절한 것은?

You've probably noticed that when you see a small number of objects, you can (A) deceive / perceive how many there are without counting them. This ability is called subitization. However, this is not an ability unique to humans. In some experiments, other primates, rodents, and even birds have also shown this ability. According to scientific evidence, subitization and other basic mathematics-related abilities are innate and are controlled by a certain part of the brain. That's why victims of strokes who have experienced brain damage in this area are sometimes (B) able / unable to tell how many objects are in front of them without counting, even if they are mentally capable in every other way. However, not all scholars agree that basic abilities like subitization actually constitute mathematics, which they believe must involve abstract ideas. In fact, their definition of true mathematics even (C) includes / excludes basic learned math skills, such as counting, addition, and subtraction.

	(A)	(B)	(C)
①	deceive	able	includes
②	perceive	able	excludes
③	deceive	unable	includes
④	perceive	unable	excludes
⑤	deceive	unable	excludes

Words

04-05 academic 학문의; (대학) 교수 interactive 상호적인, 상호 작용을 하는 advancement 발전, 진보 extensively 널리, 광범위하게 scholar 학자 collaboration 공동 작업[연구] (v. collaborate 공동으로 작업하다) sole 유일한; *혼자[단독]의 authorship 저작, 저술 paper 종이; *논문 coauthor 공동 집필하다 opponent 상대; *반대자 mathematician 수학자 appropriate 적절한 tool 연장; *도구, 수단 general theory of relativity 일반 상대성 이론

06 deceive 속이다 perceive 인지하다 primate 영장류 rodent (쥐·토끼 등의) 설치류 evidence 증거 innate 타고난, 선천적인 victim 희생자, 환자 stroke 치기, 타격; *뇌졸중 mentally 정신적으로 capable ~을 할 수 있는; *유능한 constitute ~을 구성하다 abstract 추상적인 definition 정의 exclude 제외[배제]하다 addition 덧셈 subtraction 뺄셈

유형 소개
빈칸에 들어갈 적절한 단어나 짧은 구, 또는 절을 추론하는 유형이다.

01 다음 빈칸에 들어갈 말로 가장 적절한 것은? 평가원

Appreciating _____ can correct our false notions of
(A) which / how we see the world. People love heroes. Individuals are given credit
for major breakthroughs. Marie Curie (B) treats / is treated as if she worked alone to
discover radioactivity and Newton as if he discovered the laws of motion by himself.
The truth is that in the real world, nobody operates alone. Scientists not only have labs
with students who contribute critical ideas, but also have colleagues who are doing
similar work, thinking similar thoughts, and without whom the scientist would get
nowhere. And then there are other scientists who are working on different problems,
sometimes in different fields, but nevertheless (C) sets / set the stage through their
own findings and ideas. Once we start understanding that knowledge isn't all in the
head, that it's shared within a community, our heroes change. Instead of focusing on
the individual, we begin to focus on a larger group.

*radioactivity: 방사능

① the process of trial and error
② the changeable patterns of nature
③ the academic superiority of scholars
④ the diversity of scientific theories
⑤ the collective nature of knowledge

어법⁺

02 (A), (B), (C)의 각 네모 안에서 어법에 맞는 표현으로 가장 적절한 것은?

	(A)	(B)	(C)
①	which	treats	sets
②	which	is treated	set
③	how	treats	sets
④	how	is treated	set
⑤	how	is treated	sets

Step 1 글의 주제 및 요지를 파악한다.

획기적 발견은 개인의 업적으로 여겨지지만 실제로는 누구도 혼자 일하지 않으며 지식은 한 명의 머릿속에 있는 것이 아니라 공동체 안에서 공유된다는 내용의 글이다.

Step 2 빈칸 앞뒤의 내용을 확인하고 글 전체의 흐름에 유의한다.

1) People love heroes. Individuals are given credit for major breakthroughs.
   ⇨ 사람들은 영웅을 좋아하며, 주요한 획기적 발견에 대한 공로가 개인에게 돌아간다고 말하고 있다.

2) The truth is that in the real world, nobody operates alone.
   ⇨ 실제 세계에서는 아무도 혼자 일하지 않는다고 반론을 제기하며 이어지는 문장에서 과학자들의 사례를 근거로 들고 있다.

3) Once we start understanding that knowledge isn't all in the head, that it's shared within a community, ... Instead of focusing on the individual, we begin to focus on a larger group.
   ⇨ 지식이 개인이 아닌 공동체 안에서 공유된다는 것을 이해하면 우리는 더 큰 집단에 초점을 맞출 것이라고 결론을 이야기하고 있다.

Step 3 선택한 정답을 빈칸에 넣고 글 전체의 내용과 상통하는지 확인한다.

빈칸에는 우리가 세상을 보는 방식에 대한 잘못된 개념을 바로잡기 위해 이해해야 하는 것이 들어가야 한다. 주요한 획기적 발견은 흔히 개개인의 업적인 것처럼 간주되지만 사실상 홀로 일하는 사람은 아무도 없으며 지식은 공동체 안에서 공유되는 것이라고 했으므로, 빈칸에는 ⑤ '지식의 집단적 속성'이 들어가는 것이 가장 적절하다.

어법⁺ 풀이

(A) 관계대명사 vs. 관계부사
(B) 능동태 vs. 수동태
(C) 주어와 동사의 수 일치 (병렬 구조)

관계대명사 vs. 관계부사

관계대명사와 관계부사의 쓰임을 구분할 수 있는지 묻는 문제가 자주 출제된다. 관계사절에서 관계대명사는 대명사 역할을, 관계부사는 부사 역할을 한다. 따라서 관계대명사 뒤에는 불완전한 절이 오고, 관계부사나 「전치사＋관계대명사」 뒤에는 완전한 절이 이어진다.

Is it true that the store | which / in which | sells fresh local produce is closed? (관계대명사+불완전한 절)

John remembered the day | which / when | he got his first bicycle. (관계부사+완전한 절)

01 다음 빈칸에 들어갈 말로 가장 적절한 것은?

The term "spin doctor" first appeared in the 1980s to describe an expert in public relations. Now also used to describe certain political and corporate agents, the term refers to someone whose job is to present certain events or situations in a _____ way. Controlling the public's perception of any event involves showing chosen parts of it, while hiding the rest. Similarly, a spin doctor uses this kind of control to draw attention to the positive sides of something. For example, since cigarettes are known to be harmful, tobacco companies often sponsor charities or support community services to improve their public image. Spin doctors emphasize this kind of "corporate social responsibility" in the media to promote the positive aspects of tobacco companies.

① discreet　　　　② favorable　　　　③ simplified
④ critical　　　　⑤ responsible

02 다음 빈칸에 들어갈 말로 가장 적절한 것은?

Feedback can be either positive or negative; in both cases, however, its goal is to provide an individual with useful information that can help guide future decisions. Although at times it may resemble criticism, there is an important difference between the two—criticism is evaluative, while feedback is _____. Because of this, feedback is more constructive, offering information instead of judgment. To further understand the difference, imagine an employee who continually speaks out of turn during a meeting. This person's boss could offer criticism by saying, "You were rude." Feedback, on the other hand, would more likely take the following form: "You interrupted your coworkers four times today." Chances are that the feedback would be more easily accepted, hopefully leading to a change in the employee's behavior.

① persuasive　　　　② aggressive　　　　③ competitive
④ subjective　　　　⑤ descriptive

03 다음 빈칸에 들어갈 말로 가장 적절한 것은?

People in India have been drinking tea for centuries. Recently, however, spending time in coffee shops has become a new trend for Indian teens and young people, and this trend changed _____. There is a limited bar culture in India, and drinking alcohol is still not accepted by many people. Therefore, coffee shops have provided a safe alternative for young people in India. Large groups of teenagers often gather in local coffeehouses in the evening. Some coffee shops have guitars, so patrons can play music while they spend time with their friends. Coffee culture has also changed the Indian dating scene. Having a boyfriend or girlfriend at a young age is generally not accepted in India. However, secret dates at a coffee shop have become a new norm for young Indians, and coffee shops provide them with a suitable space away from their parents.

① India's economic outlook
② how Indian students study
③ the way coffee is marketed
④ international coffee culture
⑤ the way young Indians socialize

Words ──

01 public relation 홍보 corporate 기업의 agent 대리인 present 보여 주다 public 대중의; 대중적으로 알려진 perception 지각, 인식 tobacco 담배 sponsor 후원하다 support 지지하다; *후원하다 emphasize 강조하다 promote 촉진하다; *홍보하다 aspect 측면 [문제] discreet 신중한, 조심스러운 favorable 우호적인 simplified 간소화한

02 resemble 유사하다 criticism 비판 evaluative 평가하는 constructive 건설적인 judgment 판단 speak out of turn 주제넘게[경솔히] 말하다 interrupt 방해하다, 가로막다 coworker 동료 [문제] persuasive 설득력 있는 aggressive 공격적인 subjective 주관적인 descriptive 묘사적인

03 alternative 대안 gather 모이다 local 지역의, 현지의 patron 후원자; *고객 scene 장면; *풍경, 광경 norm 표준, 일반적인 것 suitable 적절한 [문제] outlook 전망 market (상품을) 내놓다; *팔다 socialize (사람들과) 사귀다, 어울리다

[04-05] 다음 글을 읽고, 물음에 답하시오.

You may have seen an episode of a soap opera ① <u>end</u> in an unresolved way. After it finished, it probably lingered in your mind and made you want to watch the next episode to find out ② <u>how</u> the story ends. Why do you think that is? It can be explained by a psychological concept known as the Zeigarnik effect. This concept, ③ <u>which</u> was named after Russian psychologist Bluma Zeigarnik, states that _____. She came up with the concept in 1927 after observing servers at a coffee shop in Vienna. She noticed that the servers only seemed to remember orders that were unpaid. But as soon as they were paid for, the servers quickly forgot ④ <u>it</u>. So, she decided to test her theory by conducting a study on her students. She gave them various tasks, such as solving puzzles. In some tasks, she gave them enough time to finish, while in others she stopped them midway through. Her results showed that the ⑤ <u>unfinished</u> tasks were twice as likely to remain on the students' minds.

04 윗글의 빈칸에 들어갈 말로 가장 적절한 것은?

① tasks that we find difficult tend to stay longer in our minds
② we remember incomplete tasks better than completed tasks
③ we are able to remember many things at the same time
④ our minds are distracted by external factors that are out of our control
⑤ memory can be affected by the amount of time we spend on something

어법⁺
05 윗글의 밑줄 친 부분 중, 어법상 틀린 것은?

①　　②　　③　　④　　⑤

06 다음 빈칸에 들어갈 말로 가장 적절한 것은?

In the late 1950s, the United Kingdom and France teamed up to develop supersonic transport. The first supersonic aircraft, named Concorde, went into service in 1976. Unfortunately, it wasn't long before it became clear that the aircraft was too expensive to operate and not enough people could afford the high price of tickets. The Concorde became regarded as a commercial disaster. Despite this, however, the project continued to receive funding from the British and French governments, and commercial Concorde flights continued all the way until 2003. The logic of the two governments was that they had already invested too much money into the project to let it go to waste. This is where the term "Concorde fallacy" comes from. This term refers to the mistake of thinking that _____ in order not to waste the effort or money you have already put into it, even if it is not a worthwhile investment.

① finishing a project should be optional
② data can be distorted for corporate profit
③ you must stop investing in a failed project
④ it makes sense to completely change a project
⑤ you should continue to spend money on something

Words ——

04-05 episode 사건; *1회 방송분 soap opera 연속극, 드라마 unresolved 미해결의 linger 남다, 오래 머물다 psychological 심리학의
name after ~의 이름을 따서 명명하다 state 말하다 come up with 제안하다, 제시하다 observe 관찰하다 conduct 실시하다 midway
중간에 [문제] incomplete 불완전한, 미완성의 distract 산만하게 하다 external 외부의 factor 요인 out of control 통제 불능의

06 team up 한 팀이 되다, 협력하다 supersonic 초음속의 transport 수송; *여객기 aircraft 항공기 regard ~으로 여기다, 간주하다
commercial 상업의 funding 재정 지원 logic 논리 invest 투자하다 (n. investment 투자) fallacy 오류 worthwhile 가치 있는
[문제] optional 선택적인 distort 비틀다; *왜곡하다

07 다음 빈칸에 들어갈 말로 가장 적절한 것은?

Friedrich Nietzsche, the famous German philosopher, is best known for the shocking statement "God is dead!" In truth, it was borrowed from a writer he admired, Heinrich Heine. However, Nietzsche made it his life's work to examine the dramatic cultural shift that inspired Heine to make this statement. It all began with the scientific revolution of the 16th century, during which scientific methods began to replace religious writings as the favored means for understanding the processes of nature. This led to the Age of Enlightenment in the 18th century, when it became widely accepted that humans should _____. As the world industrialized in the 19th century, people began to feel as though the human race had gained control of nature through a combination of scientific knowledge and technological advances. As a result, they felt less threatened by the natural world; this in turn undermined their reliance on religion.

① revive their lost faith in science
② base their beliefs on reason and evidence
③ avoid relying on advanced technologies
④ try to minimize their impact on the environment
⑤ realize how weak they are in the face of nature's power

08 다음 빈칸에 들어갈 말로 가장 적절한 것은?

In an experiment with regard to the "reciprocity principle," test subjects thought they were being asked to evaluate some art. At some point, an assistant would leave the room to get a drink and return with a can of cola for the test subject as well; in other cases, he did not. Then, at the end of the experiment, this same assistant asked each test subject if they would buy some raffle tickets. Those who had received a free drink from the assistant purchased twice as many tickets as those who had not. Interestingly, the test subjects were later asked to rate how likable they had found the assistant, and whether they liked him or not had no effect on their decision. In other words, people who didn't like the assistant also bought as many raffle tickets as those who liked him. This shows that the feelings of _____ generated by the reciprocity principle are more powerful than a positive impression.

*reciprocity: 상호 이익, 호혜(互惠)주의

① guilt   ② stress   ③ ownership
④ indebtedness   ⑤ connectedness

There is no question ① <u>which</u> the consumption of certain foods can elevate a person's mood, but there are two very different causes of this pleasure—some foods contain compounds that alter the chemistry of the brain, while others simply provide comfort on an emotional level. Studies have shown that foods in the latter group, ② <u>known</u> as comfort foods, often possess a vital link to the past. They ③ <u>are connected to</u> happy memories and bring back these good feelings every time we eat them. Because of this, the exact composition of the comfort food category is _____. A dessert that was served at a ④ <u>particularly</u> enjoyable family gathering in your childhood, for example, may become the food that you crave most anytime you're feeling down. However, it is important ⑤ <u>to note</u> that habitually turning to comfort foods in times of stress can be harmful, as research has shown that although comfort foods vary, they tend to be low in nutrition.

09 윗글의 빈칸에 들어갈 말로 가장 적절한 것은?

① likely to cause chemical reactions
② fairly unique to each individual
③ impossible to change over time
④ rarely related to emotional states
⑤ based on flavor rather than feelings

어법⁺
10 윗글의 밑줄 친 부분 중, 어법상 틀린 것은?

①   ②   ③   ④   ⑤

Words

07 statement 진술 admire 존경하다 examine 조사하다, 고찰하다 dramatic 극적인 shift 변화 inspire 고무[격려]하다 religious 종교적인 (*n.* religion 종교) favored 호의[호감]를 얻고 있는 enlightenment 계몽주의, 깨우침 industrialize 산업화하다 advance 진전, 발전; 진보시키다 in turn 차례차례; *결국, 결과적으로 undermine 약화시키다 reliance 의존 [문제] revive 회복하다 minimize 최소화하다

08 with regard to ~에 관해 principle 원리, 원칙 subject 주제; *피실험자 assistant 조수 raffle 래플(기금 모금을 위한 복권) rate 평가하다 likable 호감이 가는 impression 인상 [문제] guilt 죄책감 ownership 소유(권) indebtedness 부채, 채무; *신세 connectedness 유대감

09-10 consumption 소비[소모] elevate 올리다; *기분을 좋게 하다 contain ~이 들어[함유되어] 있다 compound 복합체; *(화학적) 화합물 alter 바꾸다 chemistry 화학; *화학적 성질 comfort 안락; *위안, 위로 latter 후자의 vital 매우 중요한 composition 구성 (요소) particularly 특히 enjoyable 즐거운 crave 갈망하다 turn to ~에 의지하다 [문제] fairly 상당히, 꽤 flavor 맛

흐름과 무관한 문장

유형 소개
글의 논리적인 구성에 유의하여 주제와 무관하거나 전체적인 흐름에서 벗어나는 문장을 찾아내는 유형이다.

01 다음 글에서 전체 흐름과 관계 <u>없는</u> 문장은? 평가원

The major oceans are all (A) interconnecting / interconnected , so that their geographical boundaries are less clear than those of the continents. As a result, their biotas show fewer clear differences than those on land. ① The oceans themselves are continually moving because the water within each ocean basin slowly rotates. ② These moving waters carry marine organisms from place to place, and also help the dispersal of their young or larvae. ③ In other words, coastal ocean currents not only (B) move / moving animals much less often than expected, but they also trap animals within nearshore regions. ④ Furthermore, the gradients between the environments of different areas of ocean water mass (C) is /are very gradual and often extend over wide areas that are inhabited by a great variety of organisms of differing ecological tolerances. ⑤ There are no firm boundaries within the open oceans although there may be barriers to the movement of organisms.

*biota: 생물 군집   **gradient: 변화도

어법⁺

02 (A), (B), (C)의 각 네모 안에서 어법에 맞는 표현으로 가장 적절한 것은?

	(A)	(B)	(C)
①	interconnecting	move	is
②	interconnecting	moving	are
③	interconnected	move	is
④	interconnected	move	are
⑤	interconnected	moving	are

전략 적용

Step 1 글의 도입부에서 핵심 소재를 파악한다.

The major oceans are all interconnected, so that their geographical boundaries are less clear than those of the continents.

⇨ 대양의 지리적 경계가 대륙의 경계보다 덜 명확한 것에 관해 서술할 것임을 알 수 있다.

Step 2 연결사, 대명사 등의 쓰임에 주목하여 글의 흐름이 자연스러운지 확인한다.

① The oceans는 첫 문장에 나온 주요 대양을 가리키며 물이 순환하므로 대양이 끊임없이 움직인다는 내용은 글의 흐름상 적절하다.

② These moving waters는 앞 문장의 the water within each ocean basin을 가리키며 이 물이 해양 생물을 운반한다는 내용은 글의 흐름과 어울린다.

④ 연결사 Furthermore을 사용하여 대양에서 환경 간의 변화도 점진적이고 넓은 지역에 걸쳐 퍼져 있다고 말하는 내용은 글의 흐름과 어울린다.

⑤ There are no firm boundaries within the open oceans를 통해 앞에서 제시된 글의 주제를 재진술하고 있다.

Step 3 글의 소재나 흐름과 어울리지 않는 문장을 찾는다.

대양은 서로 연결되어 있고 끊임없이 움직이기 때문에 지리적 경계와 생물 군집의 차이가 육지에 비해 덜 명확하다는 내용의 글이므로, 연안 해류가 예상보다 동물들을 덜 자주 이동시키고 연안 지역 내에 동물을 가둔다고 말하는 내용의 ③은 글의 전반적인 흐름과 맞지 않다.

어법⁺ 풀이

(A) 능동태 vs. 수동태
(B) 상관접속사 not only A but also B로 연결된 동사의 병렬 구조
(C) 주어와 동사의 수 일치

능동태 vs. 수동태

동사 자리에 능동태와 수동태의 쓰임을 구분할 수 있는지 묻는 문제가 출제된다. 주어가 동작의 주체이면 능동태를, 동작의 대상이면 수동태를 쓴다. 수동태는 「be p.p.」의 형태로 쓰며, '~되다, ~당하다'라는 의미를 갖는다.

• The famous picture ~~stole~~ / **was stolen** from the museum.

• Cake and ice cream will serve(→ **be served**) for dessert.

수동태는 뒤에 목적어를 취할 수 없으므로 동사 뒤에 목적어가 오면 능동태를 쓰고, 자동사는 수동태로 쓸 수 없다는 사실에 주의한다.

• Ludwig van Beethoven ~~was composed~~(→ **composed**) *a lot of great music*. (목적어가 있음)

• Surprisingly, the question has **remained** / ~~been remained~~ unsettled for many years.
  (remain은 자동사)

01 다음 글에서 전체 흐름과 관계 <u>없는</u> 문장은?

As it is possible for scientists to compare animal genomes to human genomes, genomic maps of various species can be a very useful tool. ① To date, a wide variety of these genomic maps have been created, including those of mice and chimpanzees. ② In the same way that forensic scientists try to match DNA evidence to suspects, scientists use these maps to compare human and animal DNA, seeking out similarities. ③ In fact, human DNA is made up of approximately 3 billion base pairs, 99% of which are the same in all people. ④ Although there clearly won't be perfect matches, there are many cases in which human genomes correspond to those of animals. ⑤ When scientists identify genetic similarities between humans and other species, they can use this information in the development of new medical treatments.

02 다음 글에서 전체 흐름과 관계 <u>없는</u> 문장은?

Jean Piaget's theory of cognitive constructivism proposed that knowledge must be constructed via experience, rather than just transmitted to a person. ① Individuals construct mental schemas based on their experience, and knowledge is thereby constructed by changes in schema through assimilating or accommodating new information. ② If the new information can be connected to existing information, it is assimilated into the knowledge base. ③ If the incoming information is in conflict with current knowledge, cognitive dissidence occurs, requiring a change in the existing schema to adjust to the new information. ④ If the information is presented with too much irrelevant information, the learner may have a hard time storing and organizing it. ⑤ Through this process, people interact with their environment and build knowledge.

03 다음 글에서 전체 흐름과 관계 <u>없는</u> 문장은?

The goal of consumers who purchase luxury items is not simply to provide themselves with the things they need; they are also seeking to upgrade their social status in the eyes of others. ① Marketers are keenly aware of this and therefore use special tactics to emphasize the perception of exclusivity when it comes to such goods. ② One of these strategies is the raising of prices without regard for the usual laws of supply and demand. ③ In times of financial difficulty, many companies contemplate cutting back on the volume of products they manufacture. ④ They do this in order to appeal to wealthy consumers who view their purchases as a symbol of their affluence, seeking out products that the average consumer cannot afford. ⑤ In other words, as the price of luxury goods increases, so does the desire of some consumers to purchase them.

Words

01 genome 게놈, 유전체 (*a.* genomic 유전체의) to date 지금까지 forensic 법의학의, 범죄 과학 수사의 evidence 증거 suspect 용의자 seek out 찾아내다 similarity 유사점 base pair 염기쌍 correspond to ~와 일치하다 identify (신원 등을) 확인하다; *찾다, 발견하다 genetic 유전의

02 cognitive 인식의, 인지의 constructivism 구성주의 (*v.* construct 건설하다; *구성하다) propose 제안하다 via 경유하여; *통하여 transmit 전송하다, 전달하다 schema 개요; *도식 thereby 그렇게 함으로써 assimilate (지식 등을) 자기 것으로 흡수하다, 완전히 이해하다 accommodate 수용하다 be connected to ~와 관련이 있다 existing 기존의 incoming 들어오는 conflict 충돌 dissidence 불일치 adjust 적응하다 irrelevant 상관없는

03 luxury 사치(품) seek 찾다; *추구하다 status 지위 keenly 날카롭게, 예리하게 tactic 전략 emphasize 강조하다 perception 인식 exclusivity 고급스러움 without regard for ~을 무시하고 contemplate 고려하다 cut back on ~을 줄이다 volume 양, 부피 manufacture 제조하다 appeal 호소하다; *관심을 끌다 affluence 풍족, 부유

[04-05] 다음 글을 읽고, 물음에 답하시오.

Each year, hundreds of thousands of car accidents (A) occur / are occurred in Germany alone. ① To protect drivers, automobile manufacturers devote a large portion of their budgets toward efforts to make their vehicles safer, such as upgrading the materials used to build them. ② These companies also place a great deal of importance on making their cars stylish and trendy in order to entice buyers around the world. ③ Recently, researchers developed a new kind of steel that easily bends when an accident occurs, yet remains (B) stable enough / enough stable to protect the people inside the car. ④ This metal spreads the impact's energy across its entire surface, allowing it to be (C) effective / effectively absorbed. ⑤ It is believed that this new steel will soon be put to use in the construction of the bumpers and side door components of German-made vehicles.

04 윗글에서 전체 흐름과 관계 <u>없는</u> 문장은?

①   ②   ③   ④   ⑤

어법⁺

05 (A), (B), (C)의 각 네모 안에서 어법에 맞는 표현으로 가장 적절한 것은?

(A)	(B)	(C)
① occur	stable enough	effective
② occur	stable enough	effectively
③ occur	enough stable	effectively
④ are occurred	stable enough	effectively
⑤ are occurred	enough stable	effective

다음 글에서 전체 흐름과 관계 없는 문장은?

Smelling your surroundings with your tongue instead of your nose may sound silly to you, but that's exactly what a snake does! ① It flicks out its thin tongue to "taste" the air around it in order to find the scent of prey. ② Although most snakes have very poor eyesight, they can see heat waves, which allow them to seek out their prey even at night. ③ The tongue catches tiny moisture particles from the air, transferring them to the Jacobson's organ in the roof of its mouth. ④ The Jacobson's organ, a second olfactory sense organ, contains two holes that perfectly fit the two prongs of the snake's tongue, which makes this transference effective. ⑤ The organ's receptor molecules collect the chemical compounds found in the moisture-borne scent particles and send sensory messages to the snake's brain.

Words ──

04-05 manufacturer 제조업체 devote 바치다 portion 부분 budget 예산, 비용 vehicle 차량 stylish 멋진 trendy 최신 유행의 entice 유인하다 steel 강철 bend 휘다 stable 안정된 impact 영향; *충돌, 충격 absorb 흡수하다 construction 건설 bumper 범퍼 component (구성) 요소, 부품

06 surrounding 《pl.》 주변 환경 flick 잽싸게 움직이다 scent 냄새 prey 먹이 eyesight 시력 moisture 수분 particle 입자 transfer 옮기다 (n. transference 이동) organ 기관 olfactory 후각의 sense organ 감각 기관 prong 갈래 receptor 수용기[감각기] molecule 분자 compound 화합물 borne ~로 전달되는 sensory 감각의

13 이어질 글의 순서

유형 소개

주어진 글 다음에 이어질 글의 순서를 논리적인 흐름에 맞게 배열하는 유형이다.

---

01 주어진 글 다음에 이어질 글의 순서로 가장 적절한 것은? 평가원

> The invention of the mechanical clock was influenced by monks who lived in monasteries ① <u>that</u> were the examples of order and routine.

(A) Time was determined by watching the length of the weighted rope. The discovery of the pendulum in the seventeenth century ② <u>leading</u> to the widespread use of clocks and enormous public clocks. Eventually, keeping time turned into serving time.

(B) They had to keep accurate time so that monastery bells could be rung at regular intervals ③ <u>to announce</u> the seven hours of the day reserved for prayer. Early clocks were nothing more than a weight tied to a rope ④ <u>wrapped</u> around a revolving drum.

(C) People started to follow the mechanical time of clocks rather than their natural body time. They ate at meal time, rather than when they were hungry, and ⑤ <u>went</u> to bed when it was time, rather than when they were sleepy. Even periodicals and fashions became "yearly." The world had become orderly.

*monastery: 수도원   **pendulum: 흔들리는 추

① (A) – (C) – (B)   ② (B) – (A) – (C)
③ (B) – (C) – (A)   ④ (C) – (A) – (B)
⑤ (C) – (B) – (A)

어법⁺

02 윗글의 밑줄 친 부분 중, 어법상 틀린 것은?

①   ②   ③   ④   ⑤

정답 및 해설 p.29

전략 적용

Step 1 주어진 글을 통해 글의 소재를 파악하고 이어질 글의 내용을 추측해 본다.

The invention of the mechanical clock was influenced by monks ....
⇨ 수도승들에 의해 영향을 받은 기계식 시계의 발명에 대한 이야기가 전개될 것임을 알 수 있다.

Step 2 글의 순서를 찾는 데 도움이 될 단서(지시어, 대명사, 연결사, 관사 등)에 주목한다.

1) (B)의 They는 주어진 글의 monks를 가리킨다.

2) (A)의 the weighted rope와 (B)의 a weight tied to a rope를 통해 (B) 다음에 (A)가 이어짐을 알 수 있다.

Step 3 인과, 선후, 대립, 예시 등에 따른 글의 논리적 흐름을 파악하여 글의 순서를 정한다.

1) 기계식 시계의 발명이 수도원 수도승들의 영향을 받았다고 말하는 주어진 글 다음에는 수도원에서 시계가 필요했던 이유와 수도원 초기 시계를 설명하는 (B)가 와야 한다.

2) (B)에서 언급된 초기 시계로 시간을 정하는 방법을 설명한 뒤, 17세기 흔들리는 추의 발견으로 이어지며 시계의 사용이 광범위해졌다고 설명하는 (A)가 (B) 다음에 와야 한다.

3) 시간을 지키는 것이 시간에 복종하는 것으로 변했다고 말하는 (A) 다음에, 사람들이 생체 시간보다는 시계의 기계적인 시간을 따르기 시작했다고 재진술하는 (C)로 이어지는 것이 적절하다.

어법⁺ 풀이

① 관계대명사
② 문장의 동사 vs. 준동사
③ 〈목적〉을 나타내는 부사적 용법의 to부정사
④ 수식 받는 명사와의 관계가 능동이면 현재분사, 수동이면 과거분사
⑤ 병렬 구조

문장의 동사
문장의 동사 자리와 준동사(to부정사, 동명사, 분사) 자리를 구분할 수 있는지 묻는 문제가 자주 출제된다. 문장의 주어와 동사를 정확히 파악하는 것이 중요하다.

• One good way avoids / **to avoid** mistakes is to practice over and over again. (준동사 자리)

• A̶v̶o̶i̶d̶i̶n̶g̶(→ **Avoid**) touching wounded wild animals even if you think it is safe to do so. (동사 자리)

• Research **shows** / s̶h̶o̶w̶i̶n̶g̶ that pesticide use has tripled, while crop losses from pest damage have doubled. (동사 자리)

01 주어진 글 다음에 이어질 글의 순서로 가장 적절한 것은?

> The Green Revolution of the 1960s saw the development of global agricultural production thanks to financial backing from international agencies. The initiative was primarily focused on modernizing the underdeveloped agriculture of some of the poorest countries in the world.

(A) In addition, increased commercialization resulted in a rise in international trade, which left many small local producers unable to compete in this larger market and put them out of business.

(B) However, not all consequences of the Green Revolution were positive. In the countries where it was most effective, it has been criticized for leading to environmental damage and widening the gap between the rich and the poor.

(C) The agencies' funding was directed at introducing mechanization, pesticides, and hybrid seeds to these countries in order to increase their agricultural production rates. The project successfully realized this goal and led to some financial advantages.

① (A) – (C) – (B)　　　② (B) – (A) – (C)　　　③ (B) – (C) – (A)
④ (C) – (A) – (B)　　　⑤ (C) – (B) – (A)

02 주어진 글 다음에 이어질 글의 순서로 가장 적절한 것은?

> "Cloud seeding" is a weather modification technique designed to control either the amount or the type of precipitation that comes from clouds.

(A) That's because we can only estimate the amount of precipitation that would have otherwise occurred. In other words, it's difficult to discern how much precipitation is caused by cloud seeding due to the variability of natural precipitation.

(B) This is attempted through the use of small rockets that contain pellets of silver iodide and dry ice. However, although cloud seeding seems to have an effect on the size and structure of clouds, questions remain as to whether or not it actually increases precipitation.

(C) Also, cloud seeding can be a controversial practice due to the fact that precipitation welcomed by some can cause problems for others. For example, while ski resorts might be pleased with the prospect of increased snowfall, local commuters will likely have an entirely different view.

*silver iodide: 요오드화은

① (A) – (C) – (B)   ② (B) – (A) – (C)   ③ (B) – (C) – (A)

④ (C) – (A) – (B)   ⑤ (C) – (B) – (A)

03 주어진 글 다음에 이어질 글의 순서로 가장 적절한 것은?

Based on the concern that long-term isolation patterns formed during a person's childhood would create persistent difficulties throughout adulthood, psychologist Robert O'Connor conducted an interesting experiment on socially withdrawn preschool children.

(A) What was more surprising was that when he returned to observe them six weeks later, these children had become among the most socially active in their schools. Sadly, the children who were not shown his film remained isolated.

(B) In the interest of disrupting these patterns, he created a short film that showed 11 separate scenes in a nursery school. In each one, a solitary child was featured. The child would observe some type of social activity for a while and then join in to everyone's delight.

(C) Next, he chose a group of severely withdrawn preschool children and showed them his film. The film's effect was powerful, immediately encouraging the children to begin interacting with their classmates at a level that could be considered normal.

① (A) – (C) – (B)   ② (B) – (A) – (C)   ③ (B) – (C) – (A)

④ (C) – (A) – (B)   ⑤ (C) – (B) – (A)

Words ——

01 agricultural 농업의 (*n.* agriculture 농업) financial 재정의 backing 지원 agency 대리점; *기관 initiative 계획 primarily 주로 modernize 현대화하다 commercialization 상업화 direct ~로 향하다 mechanization 기계화 pesticide 농약 hybrid 잡종 realize 깨닫다; *실현[달성]하다

02 modification 수정, 변경 precipitation 강수(량) discern 파악하다 variability 가변성 pellet 알갱이 controversial 논란이 많은 prospect 예상, 전망 commuter 통근자

03 long-term 장기적인 isolation 고립 (*a.* isolated 고립된) persistent 지속되는 conduct 시행하다 withdrawn 내성적인 preschool 취학 전의 in the interest of ~하기 위하여 disrupt 방해하다 nursery school 유치원, 유아원 solitary 홀로 있는 feature 특별히 포함하다 delight (큰) 기쁨 interact 소통[교류]하다

[04-05] 다음 글을 읽고, 물음에 답하시오.

Today we live in an increasingly globalized world, where Eastern and Western cultures are often blended. One example is the Chork, ① which combines Asian chopsticks with a Western fork.

(A) It was Jordan Brown who created this innovative eating tool. One day, while eating sushi with chopsticks, he found ② himself reaching for a fork to pick up small grains of rice. So he decided to create a new tool that makes the transition from fork to chopsticks easier.

(B) After two years of development, his invention was put on the market. Since it came out, many people ③ have shown great interest in this new and unique invention. Experts predict ④ what the Chork will be a breath of fresh air for fusion dining culture.

(C) Based on the knowledge that most Westerners aren't accustomed to using chopsticks, he designed the Chork in a unique way. The two chopsticks can be pinched together to pick up food without ⑤ being held separately. If they are held upside down, they can be used like a fork.

04 주어진 글 다음에 이어질 글의 순서로 가장 적절한 것은?

① (A) – (C) – (B)　　　　② (B) – (A) – (C)
③ (B) – (C) – (A)　　　　④ (C) – (A) – (B)
⑤ (C) – (B) – (A)

어법⁺
05 윗글의 밑줄 친 부분 중, 어법상 틀린 것은?

①　　②　　③　　④　　⑤

06 주어진 글 다음에 이어질 글의 순서로 가장 적절한 것은?

Why are people right-handed or left-handed? And what makes left-handedness so uncommon? While there are no definitive answers, it is clear that having a dominant hand is evolutionarily advantageous. Even chimpanzees favor one hand for certain tasks.

(A) An important clue can be found in Neanderthals, who held meat with their front teeth while cutting it. By examining knife scratches in their teeth, scientists can determine which hand was dominant. Interestingly, their ratio of left-handers was 1 in 10, the same as that of modern humans.

(B) Catching termites, for example, requires physical coordination. Chimpanzees carefully push small sticks into termite mounds. If they pull them out gently enough, they will be covered in termites, which chimps consider delicious. By using their preferred hand to do this, they can perfect the skill.

(C) However, studies of wild chimps have shown that about half of them use their left hands for this sort of task. Only about 10% of humans, on the other hand, are left-handed. So at what point in our evolution did humans begin to acquire a strong tendency toward right-handedness?

*termite: 흰개미

① (A) – (C) – (B)
② (B) – (A) – (C)
③ (B) – (C) – (A)
④ (C) – (A) – (B)
⑤ (C) – (B) – (A)

Words ───

04-05 increasingly 점점 더 globalize 세계화하다 blend 섞다, 혼합하다 combine 결합하다 innovative 획기적인 reach for 손을 뻗다 grain 곡물; *(곡식의) 낟알 transition 변화 breath 숨; *(가벼운) 바람 fusion 융합, 결합 pinch 꼭 집다 separately 따로따로 upside down 거꾸로

06 definitive 최종적인; *명확한 dominant 우세한, 지배적인 favor 선호하다 examine 조사하다 scratch 긁힌 자국[상처] ratio 비율, 비 coordination 조직(화); *(신체 동작의) 조정력 mound 흙더미 gently 부드럽게 chimp 침팬지 perfect 완벽하게 하다 acquire 습득하다[얻다] tendency 경향

유형 소개

글의 논리적인 흐름을 고려하여 주어진 문장의 적절한 위치를 찾는 유형이다.

01 글의 흐름으로 보아, 주어진 문장이 들어가기에 가장 적절한 곳은? 평가원

> In much the same way, an array of technological, political, economic, cultural, and linguistic factors can exist and create a similar kind of pull or drag or friction.

Open international online access is understood using the metaphor "flat earth." It represents a world where information moves across the globe as (A) | easy / easily | as a hockey puck seems to slide across an ice rink's flat surface. (①) This framework, however, can be misleading—especially if we extend the metaphor. (②) As anyone who has crossed an ice rink can confirm, just because the surface of the rink (B) | appears / is appeared | flat and open does not necessarily mean that surface is smooth or even. (③) Rather, such surfaces tend to be covered by a wide array of dips and cracks and bumps that create a certain degree of pull or drag or friction on any object (C) | move / moving | across it. (④) They affect how smoothly or directly information can move from point to point in global cyberspace. (⑤) Thus, while the earth might appear to be increasingly flat from the perspective of international online communication, it is far from frictionless.

어법+

02 (A), (B), (C)의 각 네모 안에서 어법에 맞는 표현으로 가장 적절한 것은?

(A)	(B)	(C)
① easy	appears	move
② easy	is appeared	moving
③ easily	appears	move
④ easily	appears	moving
⑤ easily	is appeared	moving

Step 1 주어진 문장을 읽고 무엇에 관한 내용인지 파악한 후, 단서가 될 수 있는 어휘에 유의한다.

1) In much the same way, an array of technological, political, economic, cultural, and linguistic factors can exist and create a similar kind of pull or drag or friction.

⇨ 이와 매우 유사한 방식으로 기술적, 정치적, 경제적 요소 등이 존재하며 인력, 저항력, 마찰력을 만들어 낸다는 내용이다.

2) the same way, a similar kind 등의 표현이 가리키는 내용에 유의한다.

Step 2 연결사나 지시어, 대명사 등에 유의하여 글을 읽어가면서 흐름이 어색한 부분을 찾는다.

④의 앞에는 아이스 링크의 표면을 이동하는 물체에 가해지는 저항력 등을 만들어 내는 여러 요소들이 있다고 했고, 뒤에서는 정보가 사이버 공간에서 얼마나 잘 이동할 수 있는지에 대해 이야기하고 있으므로, 아이스 링크에서 사이버 공간으로의 전환을 이어줄 문장이 필요함을 알 수 있다.

Step 3 주어진 문장을 넣은 후, 흐름이 자연스러운지 다시 한번 확인한다.

주어진 문장의 the same way와 a similar kind of pull or drag or friction은 ④ 앞의 아이스 링크의 특성을 설명하는 내용과 관련이 있다. 따라서 주어진 문장은 아이스링크에 대한 비유 다음, 사이버 공간상 정보의 이동에 대한 이야기로 전환되기 전인 ④에 들어가는 것이 가장 적절하다.

어법⁺ 풀이

(A) 형용사 vs. 부사
(B) 수동태로 쓸 수 없는 동사
(C) 동사 vs. 준동사(분사)

형용사 vs. 부사
문장에서 형용사의 쓰임과 부사의 쓰임을 구분할 수 있는지를 묻는 문제가 출제된다. (대)명사를 수식하거나 보어 역할을 하는 경우에는 형용사를 쓰고, 동사, 형용사, 부사, 구나 절을 수식하는 경우에는 부사를 쓴다.

• Because of his passion and attitude, the manager considered him **perfect** / ~~perfectly~~ for the task. (목적격 보어로 쓰인 형용사)

• The ability to store fat ~~efficient~~ / **efficiently** is an essential physiological function.
(동사를 수식하는 부사)

01 글의 흐름으로 보아, 주어진 문장이 들어가기에 가장 적절한 곳은?

> It may cause them to become even more emotional, and make them unable to think reasonably or work toward a solution.

We can't always avoid talking to or working with angry people. Sometimes it's difficult to interact with people who are in a furious mood. (①) If a colleague comes to you in an overly emotional state, make sure to act appropriately. (②) Fighting back will only make the situation worse if the person is upset and irrational. (③) However, if you respond to their concerns with understanding and compassion, it can help them calm down. (④) Communicating in this way can be a powerful strategy in handling stressful situations. (⑤) In other words, the more you are able to show the other person that you understand their reality, the faster that person can take control of their emotions and start seeing things clearly.

02 글의 흐름으로 보아, 주어진 문장이 들어가기에 가장 적절한 곳은?

> Upon locating a target, the insect then lands on it and inserts her long, thin needle into the animal's skin.

Female mosquitoes are the only ones that bite, and they use blood protein to lay eggs. The blood of an animal or human is vital for them because most of them can't produce eggs without it. (①) Interestingly, their bodies are loaded with complex sensors that help them locate warm-blooded animals. (②) Using her antenna, a female mosquito can locate an animal up to 30 meters away by sensing the carbon dioxide that the animal exhales. (③) She then injects a special fluid into the bloodstream that keeps the blood from clotting and causes an itchy bump to form. (④) She sucks up about five microliters of blood, storing it in her abdomen. (⑤) After she is stuffed, the female mosquito is ready to lay eggs.

03 글의 흐름으로 보아, 주어진 문장이 들어가기에 가장 적절한 곳은?

> This can shorten our attention span and weaken our ability to concentrate on reading long texts.

Although the Internet allows us to have access to virtually limitless amounts of information at our fingertips, it also has some disadvantages. (①) For one thing, accessing such huge amounts of data leads to us quickly skimming content, instead of taking the time to read it carefully and fully understand it. (②) In addition, gathering knowledge from the Internet has narrowed the resources we use to learn about a topic. (③) Research has shown that when people use an Internet search engine to look up information, they often only click on the top search results. (④) This can result in gaining only a limited perspective on a subject, and may even lead to an inability to process different ideas. (⑤) Finally, the personalization of the content we view online further narrows the scope of what we are likely to read, preventing us from branching out and learning about new things.

Words

01 reasonably 상당히; *합리적으로 furious 몹시 화가 난 mood 기분 overly 너무, 몹시 appropriately 적당하게, 알맞게 fight back (공격에) 강력히 맞서다[반격하다] irrational 비이성적인 concern 걱정; *관심사, 관여할 일 compassion 연민, 동정심 take control of ~을 통제[장악]하다

02 locate 위치를 파악하다 insert 삽입하다 needle 바늘 female 암컷의 mosquito 모기 protein 단백질 lay (알을) 낳다 vital 매우 중요한 load 싣다 warm-blooded 온혈의 antenna 더듬이 carbon dioxide 이산화탄소 exhale 내쉬다 inject 주사하다 fluid 액체 bloodstream 혈류 clot 응고하다 itchy 가렵게 하는 suck 빨다 microliter 마이크로리터 (100만분의 1리터) abdomen 복부 stuffed 잔뜩 먹은

03 span 기간, 시간 weaken 약화시키다 concentrate on ~에 집중하다 virtually 사실상, 거의 fingertip 손끝 disadvantage 약점, 단점 skim 훑어보다, 대강 읽다 gather 모으다, 수집하다 narrow 좁히다; *제한하다 look up 찾아보다 inability 무능, 불능 process 처리하다 scope 범위 branch out 확장하다

[04-05] 다음 글을 읽고, 물음에 답하시오.

In modern society, many people rely on sleeping pills, but few are aware of the fact that taking such pills can cause people (a) <u>to experience</u> a certain type of memory loss. (①) This can leave a person without any recollection of (b) <u>what</u> occurs for a period of several hours after taking the medicine. (②) However, when people take sleep medicine while travelling, they will sometimes (c) <u>force</u> to wake up before the medication's full effects have worn off, which can be potentially problematic. (③) The memory loss caused in such a situation is often referred to as "traveler's amnesia." (④) To avoid this, sleep medicine should only be taken at times (d) <u>when</u> you can be reasonably assured of a full night of uninterrupted sleep. (⑤) If you do find yourself (e) <u>suffering</u> from traveler's amnesia, you should contact your doctor as soon as possible.

04 글의 흐름으로 보아, 주어진 문장이 들어가기에 가장 적절한 곳은?

Generally, this doesn't cause any problems, as most people can be expected to go to bed shortly after taking sleep medicine.

①   ②   ③   ④   ⑤

어법⁺
05 윗글의 밑줄 친 (a)~(e) 중, 어법상 틀린 것은?

① (a)   ② (b)   ③ (c)   ④ (d)   ⑤ (e)

The likelihood of this happening is directly proportional to the amount of radiation the cells have been exposed to.

A special type of spiderwort flower is sometimes planted near nuclear power plants to help monitor the release of radioactive materials. (①) The stamen hairs of this type of spiderwort are made of a single chain of cells, like beads on a necklace. (②) These stamen hairs grow through the addition of new cells onto the chain, which are usually blue. (③) However, occasionally a pink cell appears as a result of a genetic mutation. (④) Therefore, nuclear officials can count the number of pink stamen hairs to estimate how much radiation the nearby area has been exposed to. (⑤) These cells grow in a sequence, so the plants' stamens can also be used as a timeline, showing when this exposure occurred as well.

*spiderwort: 자주달개비

Words

04-05 recollection 기억　medication 약　wear off 사라지다　potentially 잠재적으로　amnesia 기억 상실　assure 보장하다　uninterrupted 방해받지 않는

06 likelihood 가능성　proportional 비례하는　radiation 방사능　expose 드러내다; *노출시키다 (*n.* exposure 노출)　nuclear power plant 핵 발전소　monitor 감시하다　release 방출, 유출　radioactive 방사능의　stamen (꽃의) 수술　occasionally 가끔, 때로　mutation 돌연변이　estimate 추정하다　sequence 순서　timeline 연대표

유형 소개
글의 전체 내용을 한 문장으로 정리한 요약문의 빈칸에 들어갈 적절한 단어를 찾는 유형이다.

01 다음 글의 내용을 한 문장으로 요약하고자 한다. 빈칸 (A)와 (B)에 들어갈 말로 가장 적절한 것은?

평가원

Some researchers at Sheffield University recruited 129 hobbyists to look at how the time spent on their hobbies ① underline{shaped} their work life. To begin with, the team measured the seriousness of each participant's hobby, asking them to rate their agreement with statements like "I regularly train for this activity," and also assessed how similar the demands of their job and hobby ② underline{were}. Then, each month for seven months, participants recorded how many hours they had dedicated to their activity, and completed a scale ③ underline{measuring} their belief in their ability to effectively do their job, or their "self-efficacy." The researchers found that when participants spent longer than normal doing their leisure activity, their belief in their ability to perform their job increased. But this was only the case when they had a serious hobby ④ underline{that} was dissimilar to their job. When their hobby was both serious and similar to their job, then spending more time on ⑤ underline{them} actually decreased their self-efficacy.

↓

Research suggests that spending more time on serious hobbies can boost _____(A)_____ at work if the hobbies and the job are sufficiently _____(B)_____ .

	(A)	(B)		(A)	(B)
①	confidence	different	②	productivity	connected
③	relationships	balanced	④	creativity	separate
⑤	dedication	similar			

어법⁺

02 윗글의 밑줄 친 부분 중, 어법상 틀린 것은?

① ② ③ ④ ⑤

전략 적용

Step 1 요약문을 먼저 읽고 글의 내용을 예측한다.

spending more time on serious hobbies, boost, at work, the job 등의 어구를 통해 진지한 취미에 시간을 쓰는 것과 일의 상관관계에 관한 글이라는 것을 알 수 있다.

Step 2 글의 전체적인 흐름과 반복적으로 사용되는 핵심 어휘를 파악한다.

1) Some researchers at Sheffield University recruited 129 hobbyists to look at <u>how the time spent on their hobbies shaped their work life</u>.
   ⇨ 취미에 쓴 시간이 어떻게 직장 생활에 영향을 미치는지에 대해 연구하였다.

2) The researchers found that <u>when participants spent longer than normal doing their leisure activity, their belief in their ability to perform their job increased</u>.
   ⇨ 참가자들이 보통보다 더 긴 시간을 취미 활동에 썼을 때 그들의 직업 수행 능력에 대한 믿음이 증가했다.

3) But this was only the case when they <u>had a serious hobby that was dissimilar to their job</u>.
   ⇨ 그들이 직업과 다른 진지한 취미를 가지고 있을 때만 자기효능감이 증가했다고 하며 취미와 직업의 상관관계에 관해 설명하고 있다.

Step 3 요약문에 선택지를 넣어 보고 글의 주제와 전체적인 내용을 반영하는지 확인한다.

이 글은 취미와 직업이 충분히 다를 경우 진지한 취미에 더 많은 시간을 할애하는 것이 자신의 업무 수행 능력에 대한 믿음을 높여 줄 수 있다고 설명하는 내용이므로, (A)에는 confidence(자신감), (B)에는 different(다른)가 들어가는 것이 적절하다.

어법⁺ 풀이

① 문장의 동사
② 주어와 동사의 수 일치
③ 수식 받는 명사와 능동의 관계이면 현재분사, 수동의 관계이면 과거분사
④ 관계대명사 that
⑤ 대명사의 수 일치

대명사의 수 일치

대명사의 수가 대명사가 가리키는 명사의 수와 일치하는지 묻는 문제가 출제된다. 대명사가 가리키는 명사를 정확히 파악하고, 그 명사가 단수이면 단수 대명사를, 복수이면 복수 대명사를 쓴다.

• The climate there is much milder than | **that** / ~~those~~ | of New York.
• The number of native speakers of English is smaller | **that** / ~~those~~ | of Spanish.
• Some biological features of chimpanzees are quite similar to | ~~that~~ / **those** | of humans.

01 다음 글의 내용을 한 문장으로 요약하고자 한다. 빈칸 (A)와 (B)에 들어갈 말로 가장 적절한 것은?

The practice of restricting the flow of information to a particular group of people is known as gatekeeping. Gatekeepers possess the power to regulate the public's knowledge of current events by allowing only selected information to pass through the system. In political circles, for instance, government agencies often play the role of gatekeepers that control access to people in power as well as the flow of information. In fact, gatekeepers have an enormous influence on many aspects of our daily lives, shaping our thoughts and opinions on a wide range of issues. They are most clearly evident in the media, where they directly decide which news stories deserve the greatest amount of attention. Although restricting a news story doesn't mean the information has been manipulated, it does imply that it is less important than other stories that get more attention and airtime.

⬇

By permitting people access to only ____(A)____ information, gatekeepers have an effect on the ____(B)____ of public knowledge and opinion.

	(A)	(B)		(A)	(B)
①	limited	······ formation	②	false	······ reflection
③	positive	······ distortion	④	digital	······ development
⑤	unessential	······ support			

02 다음 글의 내용을 한 문장으로 요약하고자 한다. 빈칸 (A)와 (B)에 들어갈 말로 가장 적절한 것은?

Researchers have found a natural hormone that seems to affect muscle tissue in the same way as exercise. It burns calories, improves insulin processing, and could boost muscle strength. Scientists hope to use this hormone as part of obesity and diabetes treatments. The new hormone, called "irisin," helps turn white fat into brown fat. While white fat stores excess calories, brown fat is used to produce heat. In a study, the mice injected with irisin were observed to need more oxygen and burn more calories. Mice that were overweight lost several grams within just ten days of the first injection. This treatment also aided in the regulation of blood sugar levels, which is related to diabetes prevention. Drugs based on irisin may not be ready for years, but they could someday help doctors treat obesity and diabetes.

⬇

> Researchers have discovered a hormone that could be used to treat obesity and diabetes by ____(A)____ the transformation of fat and ____(B)____ blood sugar levels.

	(A)		(B)		(A)		(B)
①	showing	······	affecting	②	facilitating	······	regulating
③	preventing	······	decreasing	④	rushing	······	maintaining
⑤	allowing	······	accelerating				

03 다음 글의 내용을 한 문장으로 요약하고자 한다. 빈칸 (A)와 (B)에 들어갈 말로 가장 적절한 것은?

> Cloud computing is a term used for the provision of online access to both hardware and software. It has many advantages compared to traditional methods of computing, especially when it comes to storing data. For one thing, it requires users to have nothing more than a computer and an internet connection. Users can then access software and data stored on servers at a remote location. In addition, users have the flexibility to make use of as much or as little of the available services as they want. This means that businesses can have instant access to a wide range of the latest applications and cutting edge hardware without making expensive purchases. It also allows them to save on payroll, as they don't need to hire a staff to set up and maintain a computer system. In the end, cloud computing helps business owners manage and maintain their businesses more easily.

↓

> Cloud computing is a useful business solution because it provides users with ____(A)____ access to computer services without requiring a(n) ____(B)____ in expensive applications and hardware.

	(A)		(B)		(A)		(B)
①	restricted	······	education	②	limited	······	upgrade
③	convenient	······	investment	④	personal	······	interest
⑤	easy	······	partnership				

Words

01 restrict 제한하다 regulate 규제하다, 통제하다 agency 대리점; *기관 evident 명백한 manipulate 조종하다; *조작하다 imply 함축하다; *암시하다 airtime 방송 시간 [문제] reflection (거울에 비친) 상, 모습; *반영 distortion 왜곡 unessential 본질적이지 않은

02 muscle tissue 근육 조직 insulin 인슐린 processing 가공; *처리 obesity 비만 diabetes 당뇨병 treatment 치료(법) excess 초과한 inject 주사하다 (n. injection 주사) overweight 과체중의 aid 돕다 regulation 규정; *조절 blood sugar 혈당 [문제] transformation 변형 facilitate 가능하게[용이하게] 하다 rush 서두르다 accelerate 가속화하다

03 flexibility 유연성 instant 즉각적인 application 지원; *응용 프로그램 cutting edge 최첨단 payroll 급여 지불 총액 [문제] partnership 제휴

Although they may sound like superstitious nonsense from the past, tales of paranormal activity remain ① fairly commonplace today. It may be easy to dismiss them as foolishness, but there are some scientists who ② are not—instead, they seek to understand why our brains seem to prefer supernatural explanations to natural ones. It is believed that ③ what causes people to mistake unusual events as paranormal experiences evolved to help us survive and is now hardwired into our brains. According to these researchers, human beings have two modes of thinking—the first is rapid and decisive but flawed, while the second is slower but more reasonable. Because our quick, reactionary thinking tends to view anything ④ unknown as a potential danger, it provided our ancestors with a survival advantage during a time when predators were a significant threat. We continue to rely on it today, ⑤ coming up with tales of ghosts and spirits to explain away strange noises and events.

04

윗글의 내용을 한 문장으로 요약하고자 한다. 빈칸 (A)와 (B)에 들어갈 말로 가장 적절한 것은?

The type of fast but inaccurate thinking that causes us to ___(A)___ simple occurrences as supernatural events is actually an ___(B)___ development that once protected us.

(A)	(B)	(A)	(B)
① entertain	immature	② reject	inexplicable
③ disguise	intentional	④ misinterpret	evolutionary
⑤ fictionalize	educational		

어법⁺
05

윗글의 밑줄 친 부분 중, 어법상 **틀린** 것은?

① ② ③ ④ ⑤

06 다음 글의 내용을 한 문장으로 요약하고자 한다. 빈칸 (A)와 (B)에 들어갈 말로 가장 적절한 것은?

According to an economist, the language we speak has an influence on our likelihood to engage in some habits, such as overspending or overeating. He claims that the fact that people from the UK accumulate more debt than Mandarin Chinese speakers, for example, is due to English grammar. Unlike Mandarin, in which the distinction between present and future tense is vague and generally implied by context, English uses separate words to make the tense clear. His conclusion is that languages like English cause people to view the present and the future as two completely separate things. This makes it easier for them to push aside their worries and engage in behavior that may have negative effects in the future, such as delaying the payment of debts. The economist backs up this theory with some hard statistics: people who speak languages with a weak distinction between present and future tenses, such as Mandarin, are 24% less likely to be smokers and 29% more likely to exercise regularly.

↓

An economist claims that the language we speak can cause us to feel detached from the ___(A)___ , increasing our chances of developing ___(B)___ habits.

	(A)		(B)
①	past	······	useless
②	world	······	healthy
③	future	······	harmful
④	present	······	regular
⑤	results	······	desirable

Words

04-05 superstitious 미신적인 paranormal 과학으로 설명할 수 없는, 초자연적인 commonplace 흔한 dismiss (고려할 가치가 없다고) 묵살하다 seek 찾다; *~하려고 (시도)하다 supernatural 초자연적인 evolve 발달하다 (a. evolutionary 진화의) hardwired 내장된, 내재된 decisive 결정적인; *결단력 있는 flawed 결함이 있는 reasonable 합리적인, 사리에 맞는 reactionary 반동의, 반작용의 predator 포식자, 포식 동물 significant 중대한, 커다란 [문제] immature 미숙한 inexplicable 설명할 수 없는 disguise 변장하다 intentional 의도적인 misinterpret 잘못 해석[이해]하다 fictionalize 각색하다

06 economist 경제학자 likelihood 가능성 engage in ~에 관여[참여]하다 accumulate 모으다, 축적하다 debt 빚 Mandarin 표준 중국어 distinction 구별; 차이 tense 시제 vague 모호한 context 문맥, 맥락 push aside ~에 대한 생각을 피하다 payment 지불, 납입 back up ~을 뒷받침하다 hard 단단한; *명백한 statistics 통계 [문제] detached 분리된 desirable 바람직한

유형 소개

긴 글을 읽고 2문항(제목, 어휘/빈칸 추론)에 답하는 유형이다.

[01-02] 다음 글을 읽고, 물음에 답하시오. 평가원

An organization imported new machinery with the capacity to produce quality products at a lesser price. A manager was responsible for large quantities in a relatively short span of time. He started with the (a) <u>full</u> utilization of the new machinery. He operated it 24/7 at maximum capacity. He paid the least attention to downtime, recovery breaks or the general maintenance of the machinery. As the machinery was new, it continued to produce results and, therefore, the organization's profitability (b) <u>soared</u> and the manager was appreciated for his performance. Now after some time, this manager was promoted and transferred to a different location. A new manager came in his place to be in charge of running the manufacturing location. But this manager realized that with heavy utilization and without any downtime for maintenance, a lot of the parts of the machinery were significantly (c) <u>worn</u> and needed to be replaced or repaired. The new manager had to put significant time and effort into repair and maintenance of the machines, which resulted in lower production and thus a loss of profits. The earlier manager had only taken care of the goal of production and (d) <u>ignored</u> the machinery although he had short-term good results. But ultimately not giving attention to recovery and maintenance resulted in long-term (e) <u>positive</u> consequences.

01 윗글의 제목으로 가장 적절한 것은?

① Why Are Quality Products Important?
② Give Machines a Break to Avoid Overuse
③ Providing Incentives to Maximize Workers' Abilities
④ Tip for Managers: The Right Man in the Right Place
⑤ Wars for High Productivity in a World of Competition

02 밑줄 친 (a)~(e) 중에서 문맥상 낱말의 쓰임이 적절하지 <u>않은</u> 것은?

① (a)   ② (b)   ③ (c)   ④ (d)   ⑤ (e)

전략 적용

Step 1 글을 읽기 전에 문제 유형을 먼저 파악한다.

제시된 장문을 읽기 전에 문제 유형을 확인하고 어떤 내용을 중점적으로 파악해야 하는지를 살펴본다. 최근에는 제목을 찾는 문제와 어휘 또는 빈칸 추론 문제가 출제된다.

Step 2 제목 문제는 중심 소재를 바탕으로 글의 전체적인 내용을 파악한다.

이 글은 한 관리자가 새 기계에 휴지 기간을 주지 않은 채 최대한으로 사용하여 장기적으로 부정적인 결과를 초래했다는 내용이므로, 글의 제목으로는 ② '과도한 사용을 피하기 위해 기계에 휴지 기간을 주어라'가 가장 적절하다.

Step 3 어휘 문제는 밑줄 친 어휘가 문맥에 어울리는지 확인한다.

(a) He started with the <u>full</u> utilization of the new machinery. ⇨ 다음 문장에서 새로운 기계를 최대 능력치로 계속 작동시켰다고 했으므로 그가 기계를 '최대한' 이용하기 시작했다는 내용은 적절하다.

(b) As the machinery was new, it continued to produce results and, therefore, the organization's profitability <u>soared</u> and .... ⇨ 기계가 지속적으로 결과물을 계속 생산했다고 했으므로 수익성이 '치솟았다'는 내용은 적절하다.

(c) ... with heavy utilization and without any downtime for maintenance, a lot of the parts of the machinery were significantly <u>worn</u> .... ⇨ 과도한 사용과 비가동 시간의 부재로 기계의 많은 부품들이 상당히 '닳았다'는 내용은 적절하다.

(d) The earlier manager ... <u>ignored</u> the machinery although he had short-term good results. ⇨ 앞에서 이전의 관리자는 기계를 과도하게 사용하고 유지 보수를 거의 하지 않았다고 했으므로 기계를 '무시했다(돌보지 않았다)'는 것은 적절하다.

(e) But ultimately not giving attention to recovery and maintenance resulted in long-term <u>positive</u> consequences. ⇨ 앞에서 새 관리자가 기계의 수리에 상당한 시간과 노력을 들여야 했고 이익의 손실을 초래했다고 했으므로, 장기적으로는 '부정적인(negative)' 결과를 초래했다는 내용이 문맥상 자연스럽다.

[01-02] 다음 글을 읽고, 물음에 답하시오.

Five monkeys were locked in a cage with a banana hanging from the ceiling. Then a ladder was placed underneath the banana. One monkey climbed the ladder to reach the banana. However, as soon as the monkey started to climb the ladder, researchers sprayed it with cold water. When another monkey tried to climb the ladder, the researchers sprayed it with cold water again. Thus, the monkeys learned not to climb the ladder.

Then the researchers removed one of the monkeys from the cage, and put in a different monkey. The (a) <u>new</u> one tried to climb the ladder to reach the banana. Then the others ran towards the new one and hit him. The new monkey learned that climbing the ladder was (b) <u>prohibited</u>.

The researchers continued to replace the monkeys in the cage. The same situation happened again every time. The new monkey moved towards the banana, the others (c) <u>stopped</u> him, and the new monkey learned the lesson. Eventually, all the monkeys had been replaced. They didn't know why they shouldn't climb the ladder; they just knew that it was not allowed. They continued to follow this "rule," even after the water spray was gone!

The exact same thing happens in many companies. At the beginning, rules of behavior are created in response to external factors. However, over time, the original situations are usually (d) <u>forgotten</u>. All that is left is our understanding of what is and isn't acceptable. If the company or group exists for a long time, all the original members may eventually be replaced. Everyone left in the group knows that a given behavior isn't allowed, but they may not know why. Nevertheless, all group members continue to (e) <u>change</u> the standards of the existing group's culture.

01 윗글의 제목으로 가장 적절한 것은?

① Why Making a New Tradition Is Difficult
② How to Deal with a Dangerous Situation
③ Why Animal Experiments Should Be Banned
④ How the Culture of an Organization Is Formed
⑤ Thinking Outside the Box: Is It Really Good?

02 밑줄 친 (a)~(e) 중에서 문맥상 낱말의 쓰임이 적절하지 <u>않은</u> 것은?

① (a)　　　② (b)　　　③ (c)　　　④ (d)　　　⑤ (e)

Words ────────────────────────────────────

01-02 lock 잠그다; *가두어 넣다　cage 우리　hang 매달리다　ceiling 천장　ladder 사다리　underneath ~의 밑에　spray (스프레이·분무기로) 뿌리다; 분무기　prohibit 금지하다　in response to ~에 대응하여　external 외부의　acceptable (사회적으로) 용인되는[받아들여지는]　exist 존재하다　given 정해진; *특정한　standard 표준, 기준　[문제] deal with ~을 다루다　ban 금지하다

유형 16　**103**

Historically, coffee was grown under the shade of tall trees, since traditional coffee species were (a) intolerant of direct sunlight. However, coffee farming changed dramatically in 1972, when a new sun-resistant coffee plant variety was developed. Many farmers switched over to this sun-grown method because it produced 2 to 3 times more coffee beans and was thus much (b) more profitable for them.

Consequently, since 1972, 60% of the world's coffee plantations have been cleared of shade trees. This has caused problems for migratory birds—particularly those that migrate south from North America in the winter to Mexico, Central America, and the Caribbean. These birds would spend their winters living in the canopies of the trees that provided shade for the coffee plants. Since many of these trees have been cut down, the migratory birds have lost an important habitat and their populations have (c) decreased over the last 25 years.

Thus, the Smithsonian Migratory Bird Center began a project to protect these birds by encouraging consumers to (d) boycott shade-grown coffee farms. These farms do not provide exactly the same natural habitat as a rainforest, but unlike clear-cut sun coffee farms, they do provide migratory birds with food, water, and shelter. Consumers are encouraged to buy coffee grown on such farms to conserve the biodiversity of bird species. In order to help consumers (e) identify which coffee comes from these kinds of bird-friendly farms, the Smithsonian Migratory Bird Center has created a special logo to be placed on coffee packaging. To help the migratory birds, all consumers need to do is buy coffee with this logo on the package.

03 윗글의 제목으로 가장 적절한 것은?

① A Long Journey Taken by Migratory Birds

② The Most Expensive Coffee in the World

③ The Effects of Deforestation on Farming

④ An Easy Way of Helping Migratory Birds

⑤ Sun Coffee Farming: The Best Way to Grow Coffee

04 밑줄 친 (a)~(e) 중에서 문맥상 낱말의 쓰임이 적절하지 <u>않은</u> 것은?

① (a)   ② (b)   ③ (c)   ④ (d)   ⑤ (e)

Words

03-04 shade 그늘   intolerant 견딜 수 없는   direct sunlight 직사광선   dramatically 극적으로   resistant ~에 잘 견디는   variety 다양성; *품종   switch over 바꾸다   profitable 수익성이 있는   plantation (대규모) 농장   migratory 이주하는, 이동하는 (v. migrate 이동하다)   canopy 덮개; *지붕 모양으로 우거진 것   habitat 서식지   boycott (항의의 표시로) 구매를 거부하다, 보이콧하다   rainforest (열대) 우림   clear-cut 명백한; *개벌(皆伐)된   shelter 피난처, 은신처   conserve 보존하다   biodiversity 생물 다양성   identify 확인하다   [문제] deforestation 삼림 벌채

For over 30 years, Sintayehu Tishale has been recognized as one of the best carpenters in Addis Ababa, the capital city of Ethiopia. He is as skilled and works just as (A) | handy / handily | as any fine craftsmen. However, the unique feature of the furniture he produces (B) | is / are | that, instead of being made by hand, it's made with Sintayehu's feet!

At a young age, Sintayehu became sick with polio and lost both of his arms to the disease. He was then forced to adapt to his disability by learning how to use his legs instead of his hands to do everything from simple everyday tasks to making crafts. Sadly, his parents didn't recognize his talents and thought the only way he could make money was by begging. Obeying his parents' orders, Sintayehu began begging in order to make a living. However, he strongly believed that he was capable of more and was always looking for something better to do. So when Sintayehu met his wife about 30 years ago, he followed her advice to change his life. With her encouragement and support, he taught himself how to read and write and developed his carpentry skills.

Today, in his early 50s, Sintayehu is known for his incredible carpentry and his _____ is barely noticed by the members of his community. His story proves (C) | which / that | anything is possible when there is a strong determination to succeed. So next time you're faced with something that seems impossible, remember his example. Then stop complaining and just do it!

*polio: 소아마비

윗글의 제목으로 가장 적절한 것은?

① One Blind Man's Amazing Talent
② The Amazing Healing Power of Love
③ Proof That Parents Always Know Best
④ Where There Is a Will, There Is a Way
⑤ Traditional Wood Working in Ethiopia

06 윗글의 빈칸에 들어갈 말로 가장 적절한 것은?

① work   ② effort   ③ talent
④ failure   ⑤ disability

07 (A), (B), (C)의 각 네모 안에서 어법에 맞는 표현으로 가장 적절한 것은?

(A)	(B)	(C)
① handy	is	which
② handy	are	that
③ handily	is	which
④ handily	is	that
⑤ handily	are	which

Words

05-07 recognize 알아보다; 인정하다   carpenter 목수   skilled 숙련된   handy 유용한, 편리한 (*ad.* handily 손쉽게)   craftsman (수)공예가 adapt 조정하다; *적응하다   disability 장애   craft 공예   beg 간청하다; *구걸하다   obey 순종하다   make a living 생계를 꾸리다 be capable of ~을 할 수 있다   encouragement 격려   carpentry 목수 일   incredible 놀랄 만한   determination 결의   [문제] proof 증거   wood working 목공(木工)

유형 16   **107**

유형 소개

네 개의 문단으로 구성된 긴 글을 읽고 3문항(글의 순서, 지칭 추론, 내용 일치)에 답하는 유형이다.

[01-03] 다음 글을 읽고, 물음에 답하시오. 평가원

(A)

Victor applied for the position of office cleaner at a very big company. The manager interviewed him, then gave him a test: cleaning, stocking, and supplying designated facility areas. After observing what (a) he was doing, the manager said, "You are hired. Give me your email address, and I'll send you some documents to fill out."

(B)

(b) He then sold the tomatoes in a door to door round. In two hours, he succeeded to double his capital. He repeated the operation three times and returned home with 60 dollars. Victor realized that he could survive by this way, and started to go every day earlier, and returned late. Thus, (c) his money doubled or tripled each day. Shortly later, he bought a cart, then a truck, and then he had his own fleet of delivery vehicles.

(C)

Victor replied, "I don't have a computer, nor an email." "I'm sorry," said the manager. And he added, "If you don't have an email, how do you intend to do this job? This job requires you to have an email address. I can't hire you." Victor left with no hope at all. (d) He didn't know what to do, with only 10 dollars in his pocket. He then decided to go to the supermarket and bought a 10kg box of tomatoes.

(D)

Several years later, Victor's company became the biggest food company in his city. He started to plan his family's future, and decided to get a life insurance. He called an insurance broker. When the conversation was concluded, (e) he asked him his email. Victor replied: "I don't have an email." The broker replied curiously, "You don't have an email, and yet have succeeded to build an empire. Do you imagine what you could have been if you had an email?" He thought for a while, and replied, "An office cleaner!"

01 주어진 글 (A)에 이어질 내용을 순서에 맞게 배열한 것으로 가장 적절한 것은?

① (B) – (D) – (C)   ② (C) – (B) – (D)
③ (C) – (D) – (B)   ④ (D) – (B) – (C)
⑤ (D) – (C) – (B)

02 밑줄 친 (a)~(e) 중에서 가리키는 대상이 나머지 넷과 <u>다른</u> 것은?

① (a)   ② (b)   ③ (c)   ④ (d)   ⑤ (e)

03 윗글의 Victor에 관한 내용으로 적절하지 <u>않은</u> 것은?

① 사무실 청소부 자리에 지원하였다.
② 2시간 만에 자본금을 두 배로 만들었다.
③ 슈퍼마켓에 가서 토마토를 샀다.
④ 그의 회사는 도시에서 가장 큰 식품 회사가 되었다.
⑤ 이메일이 있다고 보험 중개인에게 답했다.

전략 적용

Step 1 각 문제의 유형과 문제에서 묻는 내용을 먼저 파악한다.

글의 순서 배열, 지칭 추론, 내용 일치에 해당하는 각 유형의 특징을 유념하고 글을 읽는다. 특히, 내용 일치 문제는 선택지를 보고 글의 내용을 미리 추측할 수 있다.

Step 2 연결사, 지시어, 대명사 등에 유의하며 글의 순서를 배열한다.

(A)는 Victor가 사무실 청소부 자리에 지원 후 합격하자 매니저는 그에게 이메일 주소를 알려 달라고 했다는 내용이다. 그다음으로 이메일 주소가 없다는 이유로 매니저가 Victor를 고용하지 않자, Victor가 10달러를 가지고 슈퍼마켓에서 토마토 한 상자를 샀다는 (C)가 이어지고, 그가 집집마다 돌아다니며 그 토마토를 팔아 자본금을 늘려 갔다는 (B)가 이어진 뒤, 몇 년 후 그의 회사가 그의 도시에서 가장 큰 식품 회사가 되었다는 (D)가 오는 것이 적절하다.

Step 3 새로 등장하는 인물에 주의하여 각 대명사가 가리키는 대상을 확인한다.

(e)의 he는 보험 중개인을 가리키고, 나머지는 모두 Victor를 가리킨다.

Step 4 내용 일치 문제의 각 선택지는 본문에 제시된 순서대로 대조하여 확인한다.

⑤ Victor replied: "I don't have an email."
⇨ Victor는 보험 중개인에게 이메일이 없다고 대답했다.

[01-03] 다음 글을 읽고, 물음에 답하시오.

(A)

As far back as I can remember, my dad kept a big pickle jar on the floor beside the dresser in his room. At the end of the day, (a) he would empty coins from his pockets and toss them into the jar. When I was a small boy, I loved hearing the sounds of the coins falling into the jar. I liked to squat on the floor in front of it, watching the coins as they glinted in the sunlight.

(B)

Eventually I grew up and went away to college. It was then that I realized how powerful those coins were; my tuition was paid by the money from the old pickle jar. Then I finished school, got a job and moved away to another town. I forgot all about the old jar. One day, while visiting my parents, I noticed that the old pickle jar had disappeared. I felt sadness looking at the spot where it had sat so long. That pickle jar had taught me so much about determination and perseverance.

(C)

No matter how little money (b) he had, my dad always added coins to the jar. Even when he lost his job one summer, and we had to eat beans for dinner several times a week, he didn't take a single coin from the jar. Whenever the jar filled up, my dad and I would take the coins to the bank, and the sum of coins was always larger than I expected. Then he would look at me hopefully and say, "These coins are going to keep you from working in a mill like (c) me. You're going to have a better life."

(D)

Then I got married and had a son, Jack. On the first Christmas after Jack was born, we went to my parents' house to spend time with them. After dinner Jack suddenly began to cry, so I carried (d) him into my parents' bedroom to change his diaper. There I saw it: the old pickle jar had reappeared and it was almost full of coins. I added a few coins from my own pocket feeling a rush of emotions. Just then, my dad slipped into the room. Though neither of us spoke, I could see that (e) he felt the same emotions that I did.

01 주어진 글 (A)에 이어질 내용을 순서에 맞게 배열한 것으로 가장 적절한 것은?

① (B) – (D) – (C)　　　　　　　② (C) – (B) – (D)

③ (C) – (D) – (B)　　　　　　　④ (D) – (B) – (C)

⑤ (D) – (C) – (B)

02 밑줄 친 (a)~(e) 중에서 가리키는 대상이 나머지 넷과 다른 것은?

① (a)　　　② (b)　　　③ (c)　　　④ (d)　　　⑤ (e)

03 윗글의 내용과 일치하지 않는 것은?

① 아버지는 서랍장 옆에 큰 피클 병을 두었다.

② 피클 병에 모은 돈으로 글쓴이의 대학 등록금을 지불했다.

③ 글쓴이는 대학 졸업 후 다른 도시로 이사를 갔다.

④ 아버지는 실직했을 때 유일하게 피클 병에서 동전을 꺼냈다.

⑤ 글쓴이는 결혼을 해서 아들을 한 명 낳았다.

Words ─────────────────────────────────────

01-03 jar 병　dresser 서랍장, 화장대　empty 비우다; *꺼내다　toss 던지다　squat 쪼그리고 앉다　glint 반짝거리다　tuition 수업료　spot 장소　determination 결심, 결단력　perseverance 인내　sum 합계　mill 방앗간; *공장　diaper 기저귀　reappear 다시 나타나다　rush 돌진; *(강한 감정이) 북받침　slip 미끄러지다; *살짝 들어서다

[04-06] 다음 글을 읽고, 물음에 답하시오.

(A)

John Plummer was an American pilot during the Vietnam War, who helped coordinate a raid on a village called Trang Bang in 1972. The next day, (a) he saw a photo of the raid in a newspaper and was horrified. In that picture, a young girl is running naked from a burning village along a dirt road. Her arms are high in the air and her body has been burned by explosives.

(B)

She introduced herself as the girl from the photograph. John was stunned. (b) He had wanted to meet this person for so long. The woman continued, "I'm not bitter, though the burns I got still cause me pain. I long ago forgave the men who bombed our village." John pushed through the crowd. A security guard tried to stop John, but (c) he couldn't. "It was me!" John shouted, "I am the man who did this to you!" The woman came down from the stage, approached John, and embraced him. He sobbed, "I am so sorry." She told him over and over, "It's okay. I have forgiven you."

(C)

And then a miracle happened for John on Veterans Day, 1996. (d) He went to the Vietnam War Memorial in Washington DC with some old friends who were also pilots in the war. They went there to honor their friends who were killed in the war. However, each man also hoped that they could find some relief for their guilt over the terrible things that they had been involved in. They joined a crowd at the Vietnam War Memorial to hear a speech. A small woman took the stage and began speaking.

*Veterans Day: 재향 군인의 날

(D)

He spent the next twenty-four years looking for the girl in the photo. He wanted desperately to tell her that he had not meant to hurt her so terribly. However, (e) he was never able to find her. The longing to apologize slowly destroyed him until he lost his health and his hope. His friends tried to help him, reminding him that he had tried to evacuate innocent people from the area before the attack. However, none of this made him feel less guilty.

04 주어진 글 (A)에 이어질 내용을 순서에 맞게 배열한 것으로 가장 적절한 것은?

① (B) – (D) – (C)　　　　　② (C) – (B) – (D)

③ (C) – (D) – (B)　　　　　④ (D) – (B) – (C)

⑤ (D) – (C) – (B)

05 밑줄 친 (a)~(e) 중에서 가리키는 대상이 나머지 넷과 다른 것은?

① (a)　　　② (b)　　　③ (c)　　　④ (d)　　　⑤ (e)

06 윗글의 John Plummer에 관한 내용과 일치하지 않는 것은?

① 베트남전에 참전했던 미국인 조종사였다.

② 폭격으로 피해를 입은 소녀의 용서를 받았다.

③ 동료들과 워싱턴 DC에 있는 베트남 전쟁 기념관을 방문했다.

④ 24년 동안 사진 속 소녀를 찾아 헤맸다.

⑤ 마을을 폭격하기 전에 사람들을 대피시키지 못했다는 비난을 받았다.

Words ─────────────────────────────────────

04-06 coordinate 조직화하다　raid 습격, 공습　horrified 겁에 질린, 충격받은　naked 벌거벗은　burn 불에 타다; 화상을 입히다[입다]; 화상
explosive 폭발물　stun 기절시키다; *깜짝 놀라게 하다　bitter 쓴; *고통스러운　bomb 폭격하다　crowd 군중　security guard 보안 요원
embrace 껴안다, 포옹하다　sob 흐느껴 울다　memorial 기념관　honor 존경하다; *경의를 표하다　relief 안도, 안심; *(고통·불안 등의) 경감
guilt 죄책감 (a. guilty 죄책감이 드는)　desperately 필사적으로　terribly 몹시　longing 갈망, 열망　apologize 사과하다　remind 상기시키
다　evacuate 대피시키다　innocent 결백한; *무고한

PART
02

MINI TEST

01 다음 글의 제목으로 가장 적절한 것은?

If you heard about a friend's success, how would you feel? You might feel happy for your friend, but you also might feel jealous. Emotions that come with jealousy often make us feel uncomfortable. A new study has found that emotions like jealousy actually involve the part of your brain that processes physical pain. This explains why people work so hard to avoid such feelings. However, jealousy is not always a bad thing. According to psychologists, there are two separate forms of jealousy: positive and negative. Negative jealousy is bitter. It can lead us to criticize others or look for their flaws. Positive jealousy, on the other hand, is different; it can be a source of inspiration, which can make you aim higher. We can look at someone else's achievement and dream of accomplishing the same thing ourselves. If you see a friend doing something that makes you feel jealous, you can choose how to react. Would you rather be angry at your friend or try to prove you can do it too?

① Why Do Humans Feel Jealousy?
② Too Much Jealousy Destroys Relationships
③ Psychological Reasons for Our Negative Emotions
④ Jealousy: Control It or Be Controlled by It
⑤ Jealousy: A Feeling That Involves Physical Pain

02 다음 글의 밑줄 친 부분 중, 어법상 틀린 것은?

"Aquaponics" is a new method of growing fish and plants such as lettuce together in a system ① where the water and fish waste are both recycled. The waste from the fish is used to fertilize the plants, and the plants purify the water for the fish. Aquaponics is actually one of the greenest ways of producing food. The fish and plants can be raised indoors, so no dangerous chemicals or pesticides ② are needed. The water is reused and re-circulated in this system, so very little ③ is used. Additionally, an aquaponics system is incredibly simple to put together and maintain. No pulling weeds, digging holes, or dirtying hands is required. ④ Not only it is easy to operate, but this system can also save you money. After you ⑤ set it up, an aquaponics system doesn't cost much money to run. You can save on the cost of food and save time on trips to the market.

03 다음 빈칸에 들어갈 말로 가장 적절한 것은?

Although there are more than 7,000 different languages, they are not distributed evenly across the world. Interestingly, the number of languages found in a particular area seems to be related to _____. One possible explanation for this is known as the ecological risk hypothesis. It is based on the idea that language diversity is reduced in harsh areas where collaboration is required for survival. Conversely, regions with relatively favorable conditions, where food is plentiful, are more likely to produce large numbers of languages. This hypothesis is reinforced by the fact that warm areas near the equator tend to have higher language diversity than colder areas to the north and south. This is most likely due to the fact that people struggling to survive have a greater need to collaborate and communicate with one another, an act that is considerably more difficult if they don't share a common language.

① the ancient roots of language groups
② the localized effects of climate change
③ population size and cultural differences
④ geographical and environmental factors
⑤ the length and temperature of the seasons

Words

01 jealous 질투하는 (*n.* jealousy 질투) process 처리하다 physical 육체의, 신체의 psychologist 심리학자 separate 분리된; *서로 다른, 별개의 flaw 결함 inspiration 영감 achievement 성취 accomplish 성취하다 react 반응하다 [문제] destroy 파괴하다 psychological 심리의, 심리적인

02 lettuce 상추, 양상추 waste 쓰레기, 폐기물 fertilize 수정시키다; *비료를 주다 purify 정화하다 green 녹색의; *환경친화적인 indoors 실내에서 pesticide 살충제, 농약 re-circulate 재순환시키다 incredibly 믿을 수 없을 정도로, 엄청나게 put together 조립하다, 만들다 maintain 유지하다 weed 잡초 dig 파다 operate 가동하다, 운용하다 set up 설치하다

03 distribute 분배하다; *분포시키다 evenly 고르게 ecological 생태학의 risk 위험 hypothesis 가설 diversity 다양성 harsh 가혹한 collaboration 협력 (*v.* collaborate 협력하다) conversely 역으로 region 지역 relatively 비교적, 상대적으로 favorable 호의적인; *유리한, 좋은 condition 상태; *환경 plentiful 풍부한 reinforce 강화[보강]하다 equator 적도 struggle 고군분투하다 considerably 상당히, 많이 [문제] localized 국부[국지]적인 geographical 지리(학)적인

04 다음 글에 드러난 Timothy의 심경 변화로 가장 적절한 것은?

Timothy was wiping the sweat off his brow during baseball practice when his coach indicated that the principal wanted to see him. Entering the principal's office, Timothy saw Ms. Baldwin flipping through a document. "Have a seat, Timothy." Timothy stood frozen in place, trying to catch a glimpse of the document's contents. "Am I in trouble?" he asked. "Sorry, I'll be with you in a second," the principal replied, with her eyes fixed on the paper. 'Did I fail a final exam?' he wondered. Finally, Ms. Baldwin looked up and said, "Timothy, I have some news for you. You should be very proud." Timothy suddenly realized that he had misinterpreted the situation. "You've just been offered a baseball scholarship by one of the colleges you applied to!" Timothy's eyes opened wide, and he gasped aloud.

① anxious → pleased
② shocked → relieved
③ indifferent → upset
④ amazed → disappointed
⑤ relaxed → embarrassed

05 글의 흐름으로 보아, 주어진 문장이 들어가기에 가장 적절한 곳은?

> Setting goals, in contrast, encourages people to work gradually at changing their behavior.

People often rely on resolutions to try to change their behavior. (①) However, setting goals is a much more effective strategy than making resolutions. (②) This is because resolutions are usually approached as an absolute. (③) People say "I will never," or "I will always," which causes them to feel like they have failed if they make a single mistake and to give up on the resolution instead of trying again. (④) Since they realize that a big change will not happen suddenly, they tend to be pleased about making progress rather than disappointed by setbacks. (⑤) This is powerfully motivating and much better than being a disappointed perfectionist.

Have you ever thought about why some city names are abbreviated when spoken but others are not? Take for example the two largest cities in the United States: Los Angeles and New York. The former is often abbreviated as LA, but the latter is never said as NY. The reason is that people will naturally shorten words only when it is more efficient in terms of phonetics. "LA" is two syllables shorter than saying "Los An-ge-les." However, both "NY" and "New York" have two syllables, so it takes the same amount of time to pronounce. That's why the initials NY are often written but barely spoken. Then, why would a long name like "San Fran-cis-co" never be said as "SF?" It's because people say "Fris-co" instead, which is a comfortable two-syllable word. This is also the reason why people say "Jer-sey" for "New Jer-sey."

↓

People tend to use abbreviations if there is a phonetic ___(A)___ , but they use the full ___(B)___ if both have an equal amount of syllables.

	(A)		(B)
①	alphabet	……	noun
②	advantage	……	name
③	variation	……	pronunciation
④	sound	……	nickname
⑤	disadvantage	……	vowel

Words

04 wipe off 닦아 내다 indicate 보여 주다, 알려 주다 flip through ~을 훑어보다 catch a glimpse of 힐끗 보다 misinterpret 잘못 이해하다 apply 신청하다, 지원하다 gasp 헉하는 숨을 쉬다

05 set a goal 목표를 세우다 gradually 서서히 resolution 결심 approach 다가가다; *(문제에) 접근하다 absolute 절대적인 것 progress 진전 setback 차질, 실패 motivate 동기를 부여하다 perfectionist 완벽주의자

06 abbreviate 줄여 쓰다, 축약하다 (*n.* abbreviation 약어, 축약형) shorten 짧게 하다 efficient 효율적인 in terms of ~의 측면에서 phonetics 음성학 (*a.* phonetic 음성의) syllable 음절 pronounce 발음하다 (*n.* pronunciation 발음) initial 머리글자 barely 간신히; *거의 ~아니게[없이] [문제] variation 변화 vowel 모음

01 다음 글의 제목으로 가장 적절한 것은?

At times, it may seem that your attention is like a spotlight shining powerfully and continuously in a single direction. Scientific research, however, has shown that this is not the case—your attention is constantly fading away and then suddenly intensifying again. This suggests that the human brain is designed to concentrate on one single thing only in short bursts. You may, for example, think that all of your attention is currently focused on reading this passage. In reality, however, your brain is most likely zooming in and out of attention two to three times per second. Between these bursts of focus, your brain is being distracted by your surroundings, which it quickly scans to make sure there is nothing going on that is more worthy of your attention. If there is not, your attention refocuses on the task at hand. The fact that your attention seems to continue uninterrupted is simply an illusion created by your brain.

① Disproving the Myth of Multitasking
② The Human Brain: Distracted by Design
③ Teaching Your Brain Concentration Skills
④ Mental Diversity Keeps the Brain Healthy
⑤ Uninterrupted Focus: The Key to Success

02 다음 글의 밑줄 친 부분 중, 문맥상 낱말의 쓰임이 적절하지 <u>않은</u> 것은?

When the cold months of winter arrive, keeping warm becomes the primary focus of all animals. To do so, they must find ways to ① <u>limit</u> the amount of heat their bodies lose. The amount of heat transferred from a living creature to the outside environment is directly ② <u>proportional</u> to its amount of exposed body surface. This means that the greater an animal's exposed body surface is, the more heat it will lose. For this reason, animals that are smaller in size have a ③ <u>tougher</u> time than larger ones. This is due to the fact that small animals possess a ④ <u>greater</u> surface area-to-volume ratio and a higher metabolic rate than large ones. However, if a group of small animals are collectively able to ⑤ <u>increase</u> their surface area-to-volume ratio, they will be able to retain greater amounts of heat. To do this, they rely on a behavior known as huddling.

03 주어진 글 다음에 이어질 글의 순서로 가장 적절한 것은?

> When a powerful typhoon slammed into East Asia, it knocked several cargo containers into the sea. These containers held millions of tiny plastic pellets, which have since begun to wash up on the beaches of Hong Kong.

(A) To help solve the problem of plastic entering the food chain, hundreds of volunteers were quickly mobilized, but it soon proved to be a nearly impossible task. Armed with nothing more than brushes and dustpans, the volunteers have found themselves making little progress.

(B) Beyond the ugly mess, however, there is a larger concern that these pellets could become toxic by absorbing pollutants in the water. These toxins would then be passed along to fish that eat the pellets, and then to humans that eat the fish.

(C) To aid their efforts, the government has begun hiring workers to join in the cleanup. With an estimated 21 tons of these pellets having washed ashore, protecting Hong Kong's marine environment will be a serious task that could last for months.

① (A) – (C) – (B)
② (B) – (A) – (C)
③ (B) – (C) – (A)
④ (C) – (A) – (B)
⑤ (C) – (B) – (A)

Words

01 continuously 지속적으로, 계속 direction 방향 constantly 끊임없이 fade away 사라지다, 꺼지다 intensify 강화하다 burst 격발; *(짧은) 간격 zoom in[out] 확대[축소]하다 distract (마음·주의를) 흐트러뜨리다, 딴 데로 돌리다 surrounding 《pl.》 주위, 환경 scan 살피다 refocus 다시 초점을 맞추다 at hand 가까이에 있는, 당면한 uninterrupted 중단[차단]되지 않는, 연속된 illusion 착각 [문제] disprove 틀렸음을 입증하다, 논박하다

02 primary 주된, 주요한 transfer 옮기다; *이동시키다 creature 생물 directly 곧장; *정비례하여 proportional 비례하는 expose 드러내다; *노출시키다 possess 소유하다, 보유하다 volume 용량, 용적 ratio 비율 metabolic 신진대사의 rate 속도; *비율 collectively 집합적으로 retain 보유[유지]하다 huddle 떼 지어 모이다

03 typhoon 태풍 slam (문 등을) 쾅 닫다; *치다 knock 두드리다; *(타격을 가해) ~한 상태가 되게 만들다 cargo 화물 container (화물 수송용) 컨테이너 pellet 알갱이 wash 씻다; *밀려오다 food chain 먹이 사슬 mobilize 동원하다 arm 무장시키다; *(필수품을) 몸에 갖추다 nothing more than ~에 불과한 dustpan 쓰레받기 mess 엉망진창 concern 우려, 걱정 toxic 유독한 (n. toxin 독소) absorb 흡수하다 pollutant 오염 물질 pass along 나아가다; *~을 다음으로 전달하다 aid 돕다 cleanup 청소 estimate 추정하다 ashore 해안으로 marine 해양의

04 다음 글에서 전체 흐름과 관계 없는 문장은?

The surface of Mars is covered with soil and rocks, which contain a fine red dust that got its color from oxygen reacting with its iron content. ① Wind eroded the soil and rocks, and ancient volcanoes blew the dust across the planet. ② The recent discovery of channels on Mars has led scientists to believe that the dust may have also been spread by water. ③ The atmosphere of Mars is quite different from that of Earth because it contains very little oxygen and is mainly made up of carbon dioxide. ④ The dust covers a hardened lava crust and can be from only a few millimeters to two meters in depth. ⑤ The crust is mostly composed of basalt that contains a high concentration of iron, which is another reason behind Mars' red appearance.

*basalt: 현무암

05 밑줄 친 we inevitably find ourselves empty-handed가 다음 글에서 의미하는 바로 가장 적절한 것은?

"What is philosophy?" This seemingly straightforward question is actually deceptively complex. If it is left unasked, we can be fairly confident of its answer. But when we seek to answer it, we inevitably find ourselves empty-handed. This is due to the intentionally vague nature of philosophy—once a philosophical question has been wholly answered, it immediately transfers to the appropriate field of knowledge. This certainly doesn't mean philosophy lacks worth; people without a philosophical perspective are doomed to go through life trapped by the rigid boundaries of common sense, cultural beliefs, and opinions not formed by reason. This causes the world to appear finite and obvious, without any mysteries to be questioned or possibilities to be pursued. Looking at life through a philosophical lens, on the other hand, causes us to confront the great uncertainty that keeps our sense of wonder alive.

① not having a philosophy in one's life implies a lack of principles
② thinking philosophically is a waste of time for the average person
③ philosophy aims to question the assumptions we carelessly make
④ fusing philosophy and science helps us fight the uncertainty of life
⑤ philosophy is not designed to provide definitive answers to questions

06 다음 도표의 내용과 일치하지 <u>않는</u> 것은?

The Composition of Waste Generated by Low- and High-Income Countries

Low-Income Countries

Composition	Percentage
Food Waste	51.5
Paper	9.7
Plastics	8.7
Textiles	2.9
Glass	3.5
Debris and Construction	18.5
Metals	2.6
Total	100

High-Income Countries

Composition	Percentage
Food Waste	29.9
Paper	23.5
Plastics	11.2
Textiles	13.9
Glass	8.9
Debris and Construction	6.8
Metals	4.8
Total	100

*Note: Percentages may not add up to 100 due to rounding.

The above charts compare the composition of waste generated by low- and high-income countries. ① More than half of the waste of low-income countries was made up of food waste, with debris and construction waste making up the next highest percentage. ② Food waste was also the predominant form of waste in high-income countries, accounting for nearly 30% of the total composition. ③ Low-income countries dumped more debris and construction waste than paper, but the opposite was true in high-income countries. ④ In high-income countries, there was a gap of less than three percentage points between plastics and textiles, while the percentage of plastics was three times larger than that of textiles in low-income countries. ⑤ Finally, metal accounted for the lowest percentage of waste in both types of countries, although this percentage was significantly larger in low-income countries.

Words

04 Mars 화성 fine 좋은; *미세한 dust 먼지 iron 철, 철분 content 내용물; *함유량 erode 침식시키다 planet 행성 channel 수로 be made up of ~로 구성되다 hardened 굳어진, 단단해진 lava 용암 crust 껍질; *딱딱한 층 concentration 집중; *농도

05 seemingly 겉보기에는 straightforward 간단한 deceptively 믿을 수 없게 fairly 상당히, 꽤 confident 자신감 있는; *확신하는 seek 찾다; *~하려고 (시도)하다 inevitably 필연적으로 intentionally 의도적으로, 고의로 vague 모호한 wholly 완전히 appropriate 적절한 perspective 시각, 견지 doom 불행한 운명을 맞게 하다 trap 가두다 rigid 엄격한, 견고한 common sense 상식 reason 이성 finite 유한한 obvious 분명한, 명백한 pursue 추구하다 confront 직면하다, 맞서다 wonder 경이(감) [문제] imply 나타내다 principle 원칙 assumption 가정 definitive 명확한, 정확한 fuse 융합하다

06 composition 구성 요소 generate 발생시키다 income 소득, 수입 textile 직물 debris 잔해 predominant 주된, 두드러진 account for (부분·비율을) 차지하다 dump 버리다 significantly 상당히

01 다음 글에서 필자가 주장하는 바로 가장 적절한 것은?

The burka is a piece of clothing worn by some Muslim women, which covers their bodies completely from head to toe. In recent years, some European countries have tried to ban the wearing of the burka in public places due to security concerns. They argue that not being able to identify a person moving around a public place can be very dangerous. This is especially true when it comes to going through passport control, or traveling by airplane or bus. Of course, the main concern is the fear of a terrorist attack being carried out by a person whose body is completely covered. However, a burka ban is not a fair solution because it would violate personal freedoms. Some women choose to wear the burka because of their religious beliefs, and this choice should be respected. A burka ban would isolate them from society by forcing them to stay at home.

① 공공장소에서 부르카를 입는 것은 규제되어야 한다.
② 테러리스트 공격에 대한 대비책이 강화되어야 한다.
③ 부르카 금지 법안은 보안상의 이유로 적용되어야 한다.
④ 부르카 금지로 개인의 자유를 침해하지 않아야 한다.
⑤ 이슬람교도 여성들이 부르카를 입지 않을 권리가 보장되어야 한다.

02 다음 글의 밑줄 친 부분 중, 어법상 틀린 것은?

Historically, women ① have been paid less than men, even for the exact same job. Until recently, men were assumed to be the heads of their households, and therefore needed to earn money ② to support their families. Of course, this was not always so. In many homes, women were the sole earner and the head of the household, such as widows with children or women who were single. In the 1960s, women began to challenge this ingrained idea and ③ demand change. In 1963, the US Congress passed the Equal Pay Act to put a stop to wage inequality. The law keeps an employer from paying one employee a lower wage based ④ solely on gender. The act has had a positive effect on women's earnings. Although inequality still remains, with a woman in 2000 ⑤ received about 75% of what men earn, the gap has narrowed since the 1950s, when women earned only about 50% of what men did.

03 다음 빈칸에 들어갈 말로 가장 적절한 것은?

The Natural History Museum in London has hired some unusual new staff members—beetles! The museum has over a million animal skeletons in its collection, which are studied by scientists around the world. However, many animal specimens that have been stored in freezers at the museum are still whole. It is the beetles' job to eat the flesh off their bones, so only the skeletons remain. The beetles' larvae are especially well-suited for this job, since they can eat as much as two to four kilos of flesh a week. The best thing about cleaning the skeletons using these natural cleaners is that _____. In the past, scientists took the flesh off using chemicals. However, those chemicals would damage the bones and take away certain useful information they contained. With these well-preserved samples, scientists can gather much more information about the animal, such as its age, habitat, and diet.

① you don't have to feed them
② the process replaces human labor
③ the bones are perfectly preserved
④ scientists can easily study the flesh
⑤ it has little impact on the environment

Words

01 Muslim 이슬람교도(의) ban 금하다; 금지(령) security 보안 concern 우려, 걱정 argue 언쟁을 하다; *주장하다 identify (신원 등을) 확인하다 go through ~을 겪다; *(절차를) 거치다 passport control 출국 수속, 출입국 관리 carry out 수행하다 fair 타당한, 온당한 violate 위반하다; *침해하다 religious 종교의 isolate 고립시키다

02 historically 역사적으로 assume 추정하다 head of a household 가장 support 지지하다; *부양하다 sole 유일한 (adv. solely 오로지) widow 미망인, 과부 ingrained 뿌리 깊은 Congress 의회, 국회 act 행동; *법률 put a stop to ~을 중지시키다 wage 임금 inequality 불평등 gender 성별 narrow 좁아지다

03 beetle 딱정벌레 skeleton 뼈대 specimen 표본 freezer 냉동실 flesh 살, 고기 larva 애벌레 ((pl.)) larvae well-suited 적합한 damage 손상을 주다, 훼손하다 take away 없애다, 제거하다 well-preserved 잘 보존된 gather 모으다 [문제] feed 먹이를 주다 labor 노동

Herring gull chicks are small, brown, and cannot fly. Since they are totally dependent on their mothers for survival, they have a powerful instinct to ask for food. Whenever they see their mother's beak, they peck at it to say they want to be fed.

However, the strength of this reaction can be deliberately increased. If the chicks are shown a wooden stick with a red dot that resembles the beak of a mother herring gull, they also peck at the fake beak. If the chicks see a wooden stick with three red dots, they peck much faster. In other words, when the characteristics of the mother's beak are simplified and exaggerated, it creates a more dramatic response. This is called the peak shift effect, since the peak reaction is triggered by a shifted stimulus. According to this concept, the stronger a stimulus is, the stronger its effect is as well.

Based on this idea, a famous neuroscientist explained the core principles of visual art. He argued that a wide variety of art uses "deliberate exaggeration." Artists use exaggerated colors and figures in their work to trigger stronger reactions from viewers. One relevant example is Munch's famous painting *The Scream*. When viewers see the image, it gives them an indelible impression because it depicts a very exaggerated expression of fear. In contrast, if we look at an ordinary landscape painting of a realistic natural scene, we quickly forget about the feeling it gives us. Based on this premise, we could argue that an artist's job is taking ordinary forms and making them more _____.

*herring gull: 재갈매기

04 윗글의 제목으로 가장 적절한 것은?

① An Unsolved Modern Art Mystery
② Why Abstract Art Is Hard to Understand
③ How to Use Art to Understand Neuroscience
④ How Artists Use Exaggeration to Stimulate Viewers
⑤ The Peak Shift Effect: Why Our Eyes Misperceive Color

05 윗글의 빈칸에 들어갈 말로 가장 적절한 것은?

① fearful　　　　② realistic　　　　③ abstract
④ confusing　　　⑤ stimulating

06 다음 글의 내용을 한 문장으로 요약하고자 한다. 빈칸 (A)와 (B)에 들어갈 말로 가장 적절한 것은?

Working part time as a waiter or waitress is a popular way for students to earn some extra cash. If you choose to follow this path, here's a secret that will help you become more successful. Whenever a customer inquires about a specific dish, reply in a hushed and confidential voice, "To be honest, that dish isn't as good as it usually is tonight." You should then go on to recommend one or two less expensive options. In doing so, you will establish two invaluable beliefs. The first is that you are a trustworthy authority on the food the restaurant serves. And the second is that you put the satisfaction of your customers before your own financial gain. This is because servers generally push diners toward more expensive dishes, as a larger bill means a larger tip. But in reality, guests who are impressed by your considerate advice are likely to leave behind the biggest tip.

↓

By recommending ___(A)___ menu items, servers can gain not only customers' trust but also more ___(B)___ .

	(A)		(B)
①	famous	......	respect
②	cheaper	......	profit
③	expensive	......	promotions
④	unpopular	......	confidence
⑤	customized	......	professionality

Words

04-05 chick 새끼 새 dependent 의존하는 instinct 본능 beak 부리 peck 쪼다 deliberately 의도적으로 (*a.* deliberate 의도적인) dot 점 fake 가짜의 characteristic 특징 simplify 단순화하다 exaggerate 과장하다 (*n.* exaggeration 과장) shift 이동, 변화; 이동하다; *바꾸다 trigger 촉발시키다 stimulus 자극 neuroscientist 신경 과학자 core 핵심 figure 숫자; *형태 indelible 지울 수 없는 depict 묘사하다 premise 전제 [문제] neuroscience 신경 과학 misperceive 잘못 인식하다

06 inquire 질문을 하다 hushed 소리를 낮춘 confidential 비밀의; *은밀한 establish 확립하다 invaluable 매우 귀중한 trustworthy 신뢰할 수 있는 authority 권위; *권위자 satisfaction 만족 financial 재정(상)의 bill 청구서, 계산서 considerate 사려 깊은, 배려하는 leave behind 두고 가다 [문제] promotion 진급 customized 개개인의 요구에 맞춘 professionality 전문성

01 다음 글의 요지로 가장 적절한 것은?

Travel websites can be a great way to compare prices for hotel rooms. However, one popular site has been showing Mac users and other PC users different search results. Orbitz Worldwide, Inc. has been reported to show Mac users more expensive hotel rooms. After analyzing customers' online choices, the company found that people who use Mac computers spend about $30 more per night on hotels than non-Mac users. This is a significant amount, since the hotel rooms that Orbitz sells cost about $100 per night. Mac users are 40% more likely to stay in a luxurious hotel than other PC users. Also, when they book the same hotel, Mac users tend to stay in more expensive rooms. These findings are quite useful for online retailers who struggle to identify new ways to boost their online sales. They expect, by recording their customers' behavior and predicting consumers' habits and tastes, they can offer products and services which can help retain lifetime customers.

① 구매 경로에 따라 제품에 대한 만족도가 달라진다.
② 가격 비교 사이트를 활용하여 합리적인 소비를 할 수 있다.
③ 기업은 소비자의 온라인 구매 기록을 활용하여 이윤을 높일 수 있다.
④ 가격 결정 과정의 투명성 확보로 소비자의 권리를 보호할 수 있다.
⑤ 최신 소비자 동향을 파악하는 것이 마케팅의 효과를 높인다.

02 Rubik's cube에 관한 다음 글의 내용과 일치하지 <u>않는</u> 것은?

Have you ever heard of a Rubik's cube? It's a type of 3D puzzle and one of the best-selling toys ever. The Rubik's cube was invented in 1974 by Erno Rubik, a professor of architecture. To solve the puzzle of a Rubik's cube, people must twist rows of small colored cubes to match all the colors together. When Rubik invented the toy, he realized it was quite difficult to line up all the colors. Rubik actually worried he wouldn't be able to solve the puzzle in his lifetime, so he developed a strategy. By matching the corners first, he was able to rearrange a few cubes at a time. Then Rubik discovered a specific sequence of moves that organized sections of the puzzle. A month later, Rubik had solved the puzzle of his invention and was applying for a patent. The Rubik's cube was patented in 1975, and the first ones were sold as toys in 1977.

① 한 건축학 교수에 의해 1974년에 발명되었다.

② 각 열을 비틀어 같은 색끼리 모두 맞추어야 한다.

③ 발명가는 퍼즐을 푸는 것이 어렵다고 생각했다.

④ 모서리부터 색을 맞추는 것이 전략이 될 수 있다.

⑤ 발명이 된 다음 해부터 판매되기 시작했다.

03 다음 글의 목적으로 가장 적절한 것은?

Dear Ms. Lawrence,

When I moved into your property last summer, everything appeared to be in satisfactory condition. Unfortunately, with the advent of winter, numerous concerns have arisen. As an asthma sufferer, I could not help but notice the humid air and damp walls. Upon further investigation, I found not only mold growing in every room but also floorboards rotting beneath the carpet. I've also detected leakages in the roof, as wet patches have appeared on the ceiling of my bedroom. Considering the amount of money I am paying in rent, the run-down state of the property is unacceptable. Please contact me at your earliest convenience so that we may arrange for the necessary repairs and maintenance. I look forward to your prompt reply.

Sincerely,
Diana Smith

① 집세 인하를 요구하려고

② 천장 수리비를 청구하려고

③ 이사를 나갈 것임을 알리려고

④ 집의 하자 수리를 요청하려고

⑤ 임대 계약을 취소할 것임을 통보하려고

Words ——————————————————————————

01 analyze 분석하다   significant 중요한; *상당한   retailer 소매업자   identify 확인하다; *찾다   boost 신장시키다   sale ((pl.)) 매출(량)
predict 예측하다   retain 유지하다, 보유하다   lifetime 평생

02 cube 정육면체   architecture 건축학   row 줄, 열   match 조화시키다, 맞추다   line up 줄을 세우다   strategy 전략   rearrange 재배
열하다   specific 특정한   sequence 순서   section 부문, 구획   apply for ~을 신청하다   patent 특허권; 특허를 주다

03 property 부동산; *건물   advent 도래, 출현   numerous 많은   arise 생기다, 발생하다   asthma 천식   sufferer 환자   humid 습한
damp 축축한, 눅눅한   investigation 조사   mold 곰팡이   floorboard 마루   rot 썩다   detect 발견하다   leakage 누출, 새는 곳
patch (구멍을 덧대는) 조각; *부분   run-down 황폐한   unacceptable 받아들일 수 없는   arrange (일을) 처리[주선]하다   maintenance
보수   prompt 신속한

04 다음 빈칸에 들어갈 말로 가장 적절한 것은?

The English rock band Radiohead has millions of fans around the world. In 2007, they tried something new: they sold their album *In Rainbows* online for whatever fans wanted to pay. It was even possible to pay nothing. Many critics thought that this idea would be a disappointment and that most people would just download the album for free. However, the "pay what you want" experiment proved them wrong. Some people got the album for free, but overall the fans paid an average of $6. Radiohead also made more money on concert tickets and merchandise than they had on earlier albums. And since they sold the album themselves rather than through a traditional record company, they got to keep more of the profits. Radiohead seemed to be showing by example that musicians all over the world could make money _____.

① by creating new types of music
② with the help of online music stores
③ by cooperating with professional music critics
④ without hiring professional music producers
⑤ based just on the generosity of their listeners

05 밑줄 친 a biological hunger signal이 다음 글에서 의미하는 바로 가장 적절한 것은?

Loneliness doesn't merely cause emotional pain — it also degrades the body's physical well-being, making us more susceptible to a wide range of illnesses. So what evolutionary purpose does it serve? Our emotional mechanisms developed hand-in-hand with our social structure, serving as a driving force that encouraged us to survive and reproduce. The pain of loneliness pushed our ancestors to seek out other humans and form groups, which in turn made them safer from predators and the elements. Living in groups did have its downsides, including more competition for resources and an increased spread of pathogens, but the positives far outweighed the negatives. Over time, our avoidance of loneliness promoted the development of trust and cooperation. Rather than simply a negative emotion, loneliness is a guardian of the social group the same way other forms of pain, like hunger and thirst, are guardians of an individual's body — it is a biological hunger signal.

① a motivator to connect with others
② an obstacle to our collective goals
③ a consequence of physical ailments
④ an adverse reaction to social behavior
⑤ a cause of our desire for individualism

06 주어진 글 다음에 이어질 글의 순서로 가장 적절한 것은?

> According to a survey, 84% of college students are frequently overwhelmed by the work required of them. Then, what is the source of their distress?

(A) It is for this reason that classes on how to study have to be mandatory for all college students. Although the subject may sound silly, these classes can be as intellectually challenging and academically rewarding as any other college course. Ultimately, providing students with this essential know-how benefits us all.

(B) The primary cause of unhappiness in college students today is academic struggles. And the main reason for these struggles is that many of them never properly learned how to study.

(C) Students who haven't been taught how to study are often too ashamed to seek out assistance. They tend to think that they are the only ones with this kind of problem or perhaps believe they can handle the situation on their own. However, help is exactly what they need to deal with their problem.

① (A) – (C) – (B)　　　　　　② (B) – (A) – (C)
③ (B) – (C) – (A)　　　　　　④ (C) – (A) – (B)
⑤ (C) – (B) – (A)

Words ───────────────────────────────

04 critic 비평가 overall 전반적으로 merchandise 상품 [문제] cooperate 협력하다 generosity 너그러움

05 merely 단지 degrade 저하시키다 susceptible to ~에 영향받기[감염되기] 쉬운 evolutionary 진화의 serve as ~의 역할을 하다 hand-in-hand 서로 손을 잡고; *밀접히 연관된 driving force 원동력 reproduce 복제하다; *번식하다 ancestor 조상 seek out 찾아내다 in turn 결국 predator 포식자 element 요소, 성분; *(pl.) 악천후 downside 불리한 면 pathogen 병원균 outweigh ~보다 더 크다 cooperation 협력 guardian 수호자 hunger 배고픔 biological 생물학적인 [문제] motivator 동기 요인 obstacle 장애물 collective 집단의 consequence 결과 ailment 질병 adverse 부정적인, 불리한 desire 욕구, 갈망 individualism 개인주의

06 frequently 자주 overwhelm 압도하다 distress 고통, 괴로움 mandatory 의무적인; *필수의 intellectually 지적으로 challenging 도전 의식을 북돋우는 academically 학문적으로 rewarding 보람 있는 ultimately 궁극적으로 essential 필수적인 primary 주요한 struggle 투쟁; *힘든 일 properly 제대로, 적절히 ashamed 창피한 assistance 도움

01 다음 글의 밑줄 친 부분 중, 어법상 틀린 것은?

It is a great idea for parents to ask questions in order to connect with their teenage son or daughter. ① What matters is that parents ask the right questions, such as "What's your opinion on this?" instead of "What did you do?" These types of questions can be very effective in conveying value and respect to a teenager when ② asking in a way that's not prying or condemning. Asking teenagers what they think about something lets them know that their parents are interested in their thoughts and feelings, and consider their point of view ③ important. Also, it is good for parents to discuss controversial issues with their teenage children in the same way they would with an adult ④ for whom they have great respect. By doing this, parents can make them ⑤ think deeply about various important subjects. Most significantly, however, it can help parents develop stronger relationships with their teens.

02 다음 글의 제목으로 가장 적절한 것은?

At the end of the 17th century, an anonymous letter criticizing the English government was written by the writer Daniel Defoe, who is most famous for his novel *Robinson Crusoe*. Although he tried to hide his identity, the government eventually found and jailed him. While being punished for what he wrote, Defoe thought about how writers should also be rewarded for their writings. When he regained his freedom, Defoe petitioned the English parliament to protect the work of writers. Initially, the idea was dismissed. However, over time the parliament realized that they could easily trace those who dared to criticize them if all writers had an incentive to write under their real names. By 1710, Defoe's hard work had finally paid off with England's first copyright law, which now covers a variety of fields.

① How to Protect Creative Ideas
② How Copyright Law Was Born
③ The Most Ridiculous Law in England
④ Why We Should Not Copy Others' Work
⑤ The Relationship Between Government And Writers

03 Victor Papanek에 관한 다음 글의 내용과 일치하지 <u>않는</u> 것은?

When a volcano erupted in Bali in the 1960s, many people died because they weren't able to hear the warnings to evacuate over the radio. With these poor people in mind, Victor Papanek, a designer and educator, invented a radio that would be affordable for even the world's poorest people to own. The radio is simply made out of recycled tin cans and can be powered by burning any kind of material, such as cow dung or wood. The whole unit, which costs less than 9 cents, is packed inside one can. Since Papanek didn't pay any attention to aesthetics, his tin-can radio was criticized by some people for its unattractive appearance. However, it proved to be a huge success. For years, it was used by poor people in Indonesia and India, and it won Papanek an award from UNESCO for design contribution. Papanek, who argued in favor of environmentally and socially responsible design, believed that designers should strive to fulfill people's "real needs."

① 화산 대피 경보를 목적으로 라디오를 만들었다.
② 깡통을 재활용하여 저렴한 라디오를 만들었다.
③ 미학적으로 뛰어난 깡통 라디오를 선보였다.
④ 유네스코로부터 디자인과 관련된 상을 받았다.
⑤ 사회적인 책임을 지닌 디자인에 대해 역설하였다.

Words ──

01 convey 전달하다 pry 꼬치꼬치 캐다 condemn 비난하다 point of view 관점, 견해 controversial 논란이 많은 significantly 상당히; *중요하게

02 anonymous 익명의 criticize 비판하다 identity 신분, 정체 jail 투옥하다 reward 보상하다 regain 되찾다 petition 탄원하다 parliament 의회 initially 처음에 dismiss 묵살하다 trace 추적하다, (추적하여) 찾아내다 dare 감히 ~하다 incentive 격려, 자극, 동기 pay off 성과를 거두다 copyright 저작권 [문제] ridiculous 웃기는, 터무니없는

03 erupt 분출하다 warning 경고 evacuate 대피시키다; *피난하다 affordable (가격이) 알맞은 tin 깡통 power 작동시키다 dung 배설물 pack (짐을) 싸다; *꽉 채워 넣다 aesthetics 미학 contribution 기여 in favor of ~에 찬성[지지]하여 strive 노력하다, 애쓰다 fulfill 수행하다; *만족시키다

04 다음 글의 밑줄 친 부분 중, 문맥상 낱말의 쓰임이 적절하지 <u>않은</u> 것은?

Any insect sting can be ① <u>agonizing</u>, but a researcher recently rated the degree of pain on a scale from one to four. One of the few bugs to receive the ② <u>maximum</u> four-star pain rating is the bullet ant, which inhabits the tropical rainforests of Central and South America. These large ants are ③ <u>unable</u> to fly or leap from danger; instead, they rely on an extremely painful toxic sting that lingers for an extended period as a defense mechanism. Along with this, they possess several other methods of warning potential predators that it would be ④ <u>wise</u> to attack them. These include a squeaking sound that acts much like the rattle of a rattlesnake and an ⑤ <u>unpleasant</u> odor similar to burnt garlic. Releasing the latter sends a clear signal that the bullet ant will not make a tasty meal.

*squeak: 찍찍[끽끽] 하는 소리를 내다 **rattlesnake: 방울뱀

05 다음 빈칸에 들어갈 말로 가장 적절한 것은?

Once, I watched a tiny ant carrying a huge feather. On its way home, it confronted a crack in the concrete about one centimeter wide. After stopping momentarily, the ant laid the feather over the crack, used it as a bridge, and then picked it up again. A few minutes later, the ant finally reached its home. But the ant had to go into a small hole, and the feather was too large. What could it do? After several attempts, the ant finally abandoned the feather and went into the hole without it. The ant probably had not properly thought this idea through before it started its journey. In the end, the big feather had just become an impossible burden. Sometimes we also worry too much about our burdens, such as jobs, regret, or money. These are all burdens that can weigh us down. We carry them along life's path with great difficulty, only to find at the end that _____.

① they are useless, and we can't take them with us
② they are not the things that come with a great reward
③ our efforts to keep them come with a great reward
④ they deserve to be considered valuable and priceless
⑤ they became considerably lighter during the course of our lives

다음 도표의 내용과 일치하지 <u>않는</u> 것은?

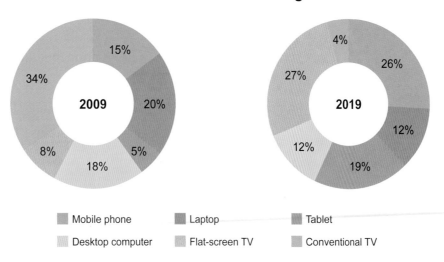

Devices Used to Watch Television Programs in Canada

- Mobile phone
- Laptop
- Tablet
- Desktop computer
- Flat-screen TV
- Conventional TV

The two charts above show the devices used by Canadians aged 18 to 25 to watch television programs in 2009 and 2019. ① Over the decade between the two years, a significant shift from conventional TVs toward flat-screen TVs took place, with the latter rising 19 percentage points to become the most widely used device in 2019. ② The popularity of tablets also grew rapidly, showing a nearly four-fold increase between the two years. ③ The device showing the least change was the desktop computer, which was tied as the second least commonly used device in 2019. ④ Laptops were the second most popular viewing devices in 2009, with a percentage that was more than those of mobile phones and flat-screen TVs combined. ⑤ Finally, the usage of both desktop and laptop computers dropped significantly between the two years, with decreases of about one third.

Words

04 sting (벌 등의) (독)침; *(벌 등에) 쏘인[찔린] 상처, 찌르기 agonizing 고통스러운 rate 평가하다; *등급[순위]를 매기다 degree (각도의 단위인) 도; *정도 scale 규모; *(측정용) 등급 maximum 최대(량) inhabit 살다, 서식하다 rainforest (열대) 우림 leap 뛰다 extremely 극도로 linger (예상보다 오래) 남다[계속되다] defense 방어 mechanism 기계 장치; *기제 potential 잠재적인 predator 포식자 rattle 방울 odor 냄새, 악취 release 풀어 주다; *방출하다

05 feather 깃털 confront 닥치다, 직면하다 crack 갈라진 틈 momentarily 잠깐 (동안) lay 놓다, 두다 (lay-laid-laid) attempt 시도 abandon 버리다 think through 충분히 생각하다 impossible 불가능한; *난감한 burden 부담, 짐 weigh down ~을 짓누르다 [문제] deserve ~받을 만하다 priceless 대단히 귀중한 considerably 많이, 상당히

06 device 장치[기구] conventional 관습적인; *전통적인 shift 변화 take place 일어나다 rapidly 빠르게 four-fold 네 배의 tie 묶다; *비기다

01 다음 글의 요지로 가장 적절한 것은?

Antarctica is a very expensive place to travel to for vacation, but the number of tourists heading there has grown rapidly over the past decade. This increase in tourism could help raise public awareness over problems affecting Antarctica. Tourism, however, could also potentially damage Antarctica's delicate ecosystems. Trash produced by tourist vessels not only pollutes the environment but also causes physical injuries to wild animals in Antarctica. Also, oil spills caused by accidents could become a severe environmental problem. For example, in 2007, a tourist ship struck some rocks near the Antarctic Peninsula and spilled 57,000 gallons of diesel fuel into the sea. Such pollution can be fatal to marine life. If this kind of environmental destruction continues, we may not be able to travel to Antarctica in the near future.

① 남극 관광 산업의 발전 가능성은 무한하다.
② 남극을 보호하기 위한 국제 조약 체결이 필요하다.
③ 해양 오염이 수중 생물들에게 심각한 위협을 가한다.
④ 관광객 증가로 인한 남극 환경오염의 위험성이 커지고 있다.
⑤ 남극 관광 제한에 따라 여행업계가 막대한 손실을 겪고 있다.

02 다음 글에서 전체 흐름과 관계 <u>없는</u> 문장은?

The way that you walk is just as unique as your voice, your fingerprints, and the patterns of your irises. ① It is the distinct manner in which you move from one place to the next that makes you easily identifiable — this includes your posture, the position of your limbs, and the speed and distance of your steps. ② A wide range of physical ailments, along with shoes that don't fit properly, can be the cause of a sudden change in the way a person walks. ③ This process of identification, known as gait analysis, is now being programmed into electronic devices, allowing them to track people even when their faces are hidden from sight. ④ Applying facial recognition software to low-quality CCTV footage inevitably yields poor results; gait analysis programs, on the other hand, function perfectly well with unclear images. ⑤ In fact, they can even determine the subject's mood, as angry people place more pressure on their legs when they walk, while people who feel sad or depressed tend to drag their feet.

*iris: 홍채   **gait: 걸음걸이

03 다음 글의 제목으로 가장 적절한 것은?

When the world was going through the Great Depression, women stopped wearing the low-heeled shoes that were in style in the 1920s and turned to platform and high-heeled shoes instead. Similarly, during the 1970's oil crisis, high heels came back into fashion, replacing the low-heeled sandals of the previous decade. Were these occurrences just a coincidence? Consumer product expert Trevor Davis believes that these are two examples of a trend related to the psychological state of consumers. He argues that when an economy is doing poorly, people want to take their minds off of it by turning to fancy fashions like high-heeled shoes. In accordance with this trend, the popularity of high heels soared at the beginning of the economic crisis in 2008 and 2009. If fashion experts predict a return to low heels and flats, perhaps this can be seen as a hopeful sign of an improving economy.

① Fashion's Influence on the Economy
② Comfortable Footwear: Heels vs. Flats
③ The Science of Predicting Fashion Trends
④ Changing Shoe Fashions in the 20th Century
⑤ Women's Heel Height: An Economic Indicator

Words ───────────────────────────────────────

01 Antarctica 남극 대륙 head 향하다 awareness 의식, 관심 potentially 잠재적으로 delicate 연약한, 부서지기 쉬운 ecosystem 생태계 vessel 선박 injury 부상 spill 유출; 흘리다 strike 부딪치다 peninsula 반도 fatal 치명적인

02 fingerprint 지문 distinct 뚜렷한; *독특한 manner 방식 identifiable 알아볼 수 있는 posture (사람이 앉거나 서 있는) 자세 limb (하나의) 팔[다리] ailment 질병 identification 신원 확인 analysis 분석 recognition 인식 footage (특정한 사건을 담은) 장면[화면] inevitably 불가피하게 yield (결과·수익 등을) 낳다 subject 주제; *연구[실험] 대상, 피험자 drag (힘들여) 끌다

03 the Great Depression 대공황 platform 승강장; *(구두의 높은) 통굽 crisis 위기 occurrence 사건, 발생하는 것 coincidence 우연의 일치 trend 동향, 추세 psychological 심리의 state 상태 take one's mind off ~을 잊다 fancy 화려한 in accordance with ~에 부합되게, ~에 따라 soar 급증하다, 치솟다 flat (pl.) 굽이 없는 여자 구두 sign 징후, 조짐 [문제] footwear 신발(류) indicator 지표

04 Iditarod Trail Sled Dog Race에 관한 다음 글의 내용과 일치하지 <u>않는</u> 것은?

Every year since 1973, several teams consisting of one person and 12 to 16 dogs have competed in the Iditarod Trail Sled Dog Race. The world-renowned race, which is sometimes referred to as "The Last Great Race on Earth," takes place annually at the beginning of March. It involves sledding 976 miles across Alaska while checking in at 25 specified locations along the way. Traveling through the Alaskan wilderness, the teams must battle severe freezing weather conditions and physical obstacles like frozen rivers and jagged mountains. Choosing the right dogs is the key to creating a winning team. Most participants prefer purebreds like Siberian Huskies and Alaskan Malamutes due to their speed, dependability, and endurance. Just like on other sports teams, the dogs play different roles. Some have the task of pulling the sled, while the lead dogs are in charge of setting the pace and guiding the rest of the team.

① 매년 3월에 개최되는 개 썰매 경주 대회이다.
② 25개의 지정된 장소를 거쳐 976마일을 달려야 한다.
③ 얼어붙은 강과 험난한 산 등의 장애물을 극복해야 한다.
④ 시베리안 허스키의 교배종이 경주용 개로서 인기가 있다.
⑤ 개들은 경주를 위해 팀에서 서로 다른 역할을 분담한다.

05 글의 흐름으로 보아, 주어진 문장이 들어가기에 가장 적절한 곳은?

These unique signals are reflected off nearby objects and send back echoes.

Have you ever heard the expression "blind as a bat"? The old belief that bats are blind is completely untrue because they actually have excellent eyesight, even at night. (①) However, many species of bats hunt small insects in the dark, which means that they need more than just great vision. (②) Thus they can "see" things with their ears, using a special ability. (③) Bats create streams of very high-pitched sounds that are emitted through their mouth and nose. (④) By listening for the echoes using their highly sensitive ears, bats are able to perceive the size, shape, texture, and location of objects around them. (⑤) Surprisingly, some bats can even use echoes to distinguish edible insects from other insects that aren't edible.

다음 글의 내용을 한 문장으로 요약하고자 한다. 빈칸 (A)와 (B)에 들어갈 말로 가장 적절한 것은?

In today's modern world, practically all men wear pants instead of skirts. Have you ever wondered why that is? Some historians suggest that horses are the reason why today's men wear pants. When Roman soldiers started to ride horses into battle, they found that riding on horseback with their legs protected was more comfortable than doing so in a tunic, which was the traditional garment worn by Roman men at the time. Later, knights of the Middle Ages also wore pants for the same reason. Over time, wearing pants became associated with European males of high social status, such as knights and nobility, and eventually this idea spread to other cultures. Nowadays, even though horses are no longer used as a common mode of transportation, wearing pants is still common practice for most men in the world.

⬇

The custom of men wearing pants has a(n) ____(A)____ background and has become a ___(B)___ norm.

	(A)		(B)
①	economic	······	fixed
②	mysterious	······	social
③	military	······	hidden
④	historical	······	universal
⑤	controversial	······	cultural

Words

04 trail (지나간) 자국; *오솔길 sled 썰매; 썰매로 가다 world-renowned 세계적으로 유명한 take place 개최되다, 일어나다 specified 명시된 wilderness 황야, 황무지 battle 싸우다 severe 엄한; *(태풍·병 등이) 심한, 맹렬한 obstacle 장애물 jagged 삐쭉삐쭉한, 들쭉날쭉한 purebred 순혈종 dependability 신뢰성 endurance 참을성 in charge of ~을 담당하고 있는

05 reflect 반사하다 echo 메아리 blind 눈먼 eyesight 시력 vision 시력 stream 개울; *흐름 high-pitched 고음의 emit 방출하다 sensitive 민감한 perceive 인식하다 texture 질감 distinguish A from B A와 B를 구별하다 edible 먹을 수 있는

06 practically 사실상, 거의 horseback 말 등 garment 의복 associate 연관 짓다 status (사회적) 지위 nobility 귀족 mode 방법, 방식 transportation 수송 practice 실행, 실천; *관행 [문제] custom 관습, 풍습 norm 표준, 일반적인 것 mysterious 불가사의한 universal 일반적인, 보편적인 controversial 논란이 많은

01 다음 글의 요지로 가장 적절한 것은?

For decades, the US agriculture industry has relied on illegal labor to plant and harvest crops. The US Department of Labor says that about 60% of workers on American farms are undocumented immigrants. These days, however, illegal immigration to the US is falling. There are several reasons for this trend. Some states have harsh new laws designed to stop illegal immigration, and officials in the US have increased border patrols. Also, the economy in Mexico has been growing, while the US economy has struggled. The decrease in illegal immigration caused by these reasons has directly affected US agriculture. According to the American Farm Bureau Federation, losses caused by labor shortages were expected to amount to between $5 billion and $9 billion in 2012. And this, in turn, forced American consumers to pay higher prices at supermarkets.

① 미국 농업이 재정 지원 부족으로 어려움을 겪고 있다.
② 불법 이민 감소로 미국 농업의 노동력 부족 문제가 발생하고 있다.
③ 불법 이민이 미국 경제에 지속적인 문제를 초래하고 있다.
④ 식품 가격 안정을 위해 해외 농산물의 수입이 필요하다.
⑤ 합법적 서류를 갖춘 일꾼을 채용하는 것이 바람직하다.

02 다음 글에서 전체 흐름과 관계 없는 문장은?

The Turkish language was traditionally written in an alphabet based on Arabic. In 1928, however, the country decided to switch to a new system based on the Roman alphabet. ① Although the government hoped that Romanizing their language would standardize spelling and increase literacy, they forbade the use of the letters Q, W, and X. ② This was because of a secondary goal behind the switch, which was to force the country's minority populations to assimilate into mainstream Turkish culture. ③ Restricting their language was an effective way to oppress these minorities, and the main target of this effort was the Kurds, who constitute about 20% of the Turkish population. ④ Ethnic Greeks and Armenians represent the second- and third-largest minorities in Turkey respectively, with the Greeks residing in the west and the Armenians in the east. ⑤ As the outlawed letters were crucial to writing Kurdish, they found their language effectively banned until 2013, when this unusual form of oppression was finally ended.

03 mangrove killifish에 관한 다음 글의 내용과 일치하지 <u>않는</u> 것은?

At about three inches long, mangrove killifish live in the muddy water of mangrove swamps. Since the swamps dry up for several months of the year, these fish must live outside the water. During that period of time, the mangrove killifish live in trees. They move into hollow logs, where they line up end to end. The cracks in the logs become quite crowded, so the fish must suppress their normally aggressive behavior. Mangrove killifish can also change the basic functions of their bodies, allowing them to breathe air like a land animal. The fish alter their gills to store water and nutrients, and their bodies shed waste through their skin. When they return to the water, their bodies regain their natural properties.

① 습지의 흙탕물에서 살지만 물 밖에서도 살 수 있다.
② 습지가 마르면 빈 통나무 속에서 줄을 지어 산다.
③ 비좁은 공간에서 지내는 동안 공격성이 크게 증가한다.
④ 호흡하기 위해 신체의 기능을 바꿀 수 있다.
⑤ 피부를 통해 노폐물을 배출한다.

Words

01 **illegal** 불법적인　**undocumented** 자료가 없는; *증명서를 가지지 않은　**immigrant** 이민자 (*n.* **immigration** 이민)　**harsh** 가혹한, 냉혹한　**border** 국경　**patrol** 순찰(대)　**shortage** 부족　**amount to** 총계가 ~에 이르다　**in turn** 차례차례; *결국

02 **switch** 전환하다, 바꾸다; 전환, 변경　**Romanize** 로마자(체)로 쓰다　**standardize** 표준화하다　**literacy** 글을 읽고 쓸 줄 아는 능력　**forbid** 금(지)하다　**letter** 편지; *글자, 문자　**minority** 소수; *소수 집단　**assimilate** 완전히 이해하다; *동화되다　**mainstream** 주류　**restrict** 제한하다　**oppress** 억압하다 (*n.* **oppression** 억압)　**constitute** ~을 구성하다　**ethnic** 민족[종족]의; *소수 민족[인종]의　**respectively** 각각　**reside** 거주하다　**outlawed** 불법으로 된　**crucial** 중대한　**effectively** 효과적으로; *사실상

03 **muddy** 흙탕물의　**swamp** 늪, 습지　**hollow** (속이) 빈　**log** 통나무　**end to end** 한 줄로　**crack** 갈라진 금; *(좁은) 틈　**suppress** 진압하다; *억누르다　**aggressive** 공격적인　**alter** 바꾸다　**gill** 《*pl.*》 아가미　**shed** 없애다, 버리다　**regain** 되찾다　**natural** 자연의; *타고난　**property** 재산; *《*pl.*》 특성

04 다음 빈칸에 들어갈 말로 가장 적절한 것은?

Many people dislike and even fear getting needle injections. In addition to being painful for patients, hypodermic needles also have other drawbacks, such as carrying a risk of infection and requiring trained professionals to administer them. Thankfully, a newly-developed medical technique may make these needle injections _____. Researchers at the Georgia Institute of Technology have designed tiny microneedles that can deliver medication into the body just as effectively as a hypodermic needle. These microneedles, which only measure five micrometers in width at the tip, are filled with medication and inserted directly into a patient's skin. A few minutes after the injection, the microneedles dissolve in the patient's body, harmlessly releasing the drugs. These tiny, yet effective, needles have the potential to make future hospital visits much less frightening.

*hypodermic needle: 피하 주사기

① popular
② hygienic
③ unnecessary
④ tolerable
⑤ inexpensive

05 다음 빈칸에 들어갈 말로 가장 적절한 것은?

It is a well-known fact that praise is necessary for boosting a child's self-esteem. The problem with many parents who hope to boost their child's self-esteem is not that they praise but that they praise too much. It's important not to overdo it. When parents and teachers praise children for everything they do, regardless of whether they truly deserve it or not, children can develop an inflated sense of self-worth. In fact, they can become overconfident to the point of thinking that they are nearly perfect. This can cause problems later in life when they are faced with criticism or failure and don't know how to deal with it. _____ will help them see themselves and those around them in a more mindful and realistic way. Additionally, psychologists recommend encouraging self-evaluation and humility in children.

① Acknowledging children's capabilities
② Teaching children how to accept praise
③ Avoiding giving children too much praise
④ Assisting children in overcoming their fears
⑤ Constantly telling children how imperfect they are

06 다음 글의 밑줄 친 부분 중, 어법상 틀린 것은?

Slime molds are a type of amoeba often found in forests. You'll likely see these amazing organisms, which look like brightly colored lumps of ooze, ① attached to a rock or a log. They can live as single-celled organisms or in colonies ② that act like a single organism, and they feed on microorganisms in dead plants. Even though slime molds don't have a brain or nervous system, researchers have discovered that they can still successfully navigate laboratory mazes to find food. They do this by using a network of tubes in their bodies. When part of a slime mold's body finds food, it produces a chemical that softens the tubes in that area, which then causes the rest of its body ③ to move toward the food. These tubes also store a memory of the food that ④ was found. The food memories imprinted in the tube network ⑤ allows the slime mold to find and identify food in the future.

*slime mold: 점균류　**ooze: (호수 강바닥의) 부드러운 진흙

Words ───

04 injection 주사　drawback 결점　infection 감염　administer 관리하다; *(약을) 투여하다　medication 약　measure 측정하다; *(치수·길이 등이) ~이다　insert 삽입하다　dissolve 녹다, 용해되다　potential 가능성　[문제] hygienic 위생적인　tolerable 참을 수 있는

05 boost 신장시키다, 북돋우다　self-esteem 자부심　overdo 지나치게 하다　inflated 부풀린, 과장된　self-worth 자아 존중감, 자부심　overconfident 지나치게 자신만만한　mindful 염두에 두는, 주의하는　self-evaluation 자기 평가　humility 겸손　[문제] acknowledge 인정하다　capability 능력, 역량　assist 돕다　imperfect 불완전한

06 amoeba 아메바　organism 유기체, 생물　brightly 밝게; *선명하게　lump (보통 특정한 형태가 없는) 덩어리　attach 붙이다　colony 식민지; *군집　navigate 길을 찾다, 방향을 읽다　maze 미로　tube (기체·액체를 실어 나르는) 관　imprint 각인시키다　identify 확인하다[알아보다]

MINI TEST 08

01 다음 글의 제목으로 가장 적절한 것은?

We all need peace and quiet sometimes. But if your surroundings were quieter, would it feel more peaceful? Scientists conducted a study to find the answer. They placed volunteers in an ultra-quiet room and observed their reaction. While a typically quiet room has a sound level of 30 decibels, this room had a sound level of -9. This total silence was possible because the walls, floor, and ceiling of the room absorbed sound, unlike most ordinary surfaces. You could even hear your own heart beating. What did the scientists find? Interestingly, the volunteers did not enjoy the soundless room, especially in the dark. The longest anyone ever stayed in the chamber was just 45 minutes. From this experiment we can learn that we actually need a certain level of noise to feel comfortable.

*decibel: 데시벨(음의 세기를 나타내는 단위)

① The Quieter It Is, the More Peaceful It Is
② Find Relaxing Moments Every Day
③ Extreme Quiet: Would It Be Pleasant?
④ The Positive and Negative Impacts of Noise
⑤ How Does Noise Affect Our Mental State?

02 다음 빈칸에 들어갈 말로 가장 적절한 것은?

The streets of Colombia's capital city, Bogota, are full of cars every Monday to Saturday. On Sundays, however, people take over the streets by foot and on bikes. This is because of a government traffic-free program called *Ciclovía*. The initiative, which has been run since the mid-1970s, aims to combat the city's traffic problems. Today, almost 100 km of central Bogota's roads become no-traffic zones on Sundays and public holidays. Not only does this ban on cars make the city a more peaceful place, but it also gives its residents additional _____. According to a survey, about one-fifth of the million residents who spend their Sundays walking around the city said they would not be active if vehicles weren't banned. Therefore, by forcing people to get out of their cars and get more exercise, Bogota's traffic-free initiative is encouraging its residents to live more active lifestyles.

① leisure time   ② health benefits   ③ parking spaces
④ economic benefits   ⑤ eco-friendly advantages

03 다음 빈칸에 들어갈 말로 가장 적절한 것은?

In a test on creativity, participants were given a table placed against a wall, a candle, some matches, and a box of thumbtacks. They were asked to secure the candle to the wall, light it, and prevent any wax from dripping from the candle onto the table. Many of the participants' solutions failed. People tried to tack the candle to the wall or melt the candle to use as an adhesive. The actual solution was to use the box from the thumbtacks as a candle holder. It could be tacked to the wall, and then the candle could be placed neatly in the box. The box would secure the candle to the wall and catch all the melting candle wax. However, since the box was given to the participants filled with thumbtacks, everyone assumed that it had no other possible purpose. In short, the biggest obstacle to overcome in order to think creatively is _____.

① the fear of failure
② the lack of resources
③ functional fixedness
④ one's negative assumptions
⑤ giving up prematurely

Words

01 surrounding 《pl.》 주변, 환경 conduct (특정한 활동을) 하다 reaction 반응 typically 일반적으로 sound level 소음 수준 absorb 흡수하다 ordinary 보통의 chamber 회의실; *공간, 방 [문제] pleasant 유쾌한, 즐거운 impact (강력한) 영향 state 상태

02 take over 인계받다; *장악하다 initiative 계획 aim 목표하다 combat 방지하다 ban 금지; 금지하다 resident 주민 vehicle 차량 [문제] leisure 여가

03 match 성냥 thumbtack 압정 secure 확보하다; *고정시키다 drip 뚝뚝 떨어지다 tack 압정으로 고정하다 melt 녹다, 녹이다 adhesive 접착제 neatly 깔끔하게, 단정하게 assume 추정하다, 가정하다 (n. assumption 추정, 가정) obstacle 장애(물) [문제] resource 자원 functional 기능적인 fixedness 정착, 고착 prematurely 시기상조로, 너무 이르게

[04-06] 다음 글을 읽고, 물음에 답하시오.

(A)

After World War II, the countries that won the war divided Germany into pieces. The western half of Germany was controlled by the UK, the US, and France, while the east was controlled by the Soviet Union. In June of 1948, the Soviets built blockades around Berlin to gain control over the entire city. Because of this, millions of German people faced hunger and hardship. The US and other Allied countries organized plans for pilots to fly huge amounts of food and supplies into Berlin.

(B)

His commanding officer was angry when he saw the story in the news, but later (a) he approved of a plan based on Halvorsen's idea. Then it was expanded into "Operation Little Vittles," and many other pilots participated. Children all over the US sent candy to help out, and so did candy manufacturers. Over 23 tons of candy were dropped on Berlin, and the project was a great success for Allied propaganda. In May of 1949, the blockade ended and the airlift of supplies was ended that September. However, Uncle Wiggly Wings is still remembered as a generous hero because of his love and concern for children.

*vittle: 식량

(C)

(b) He was amazed how happy the gum made the German children and promised to drop candy for them from his plane. One child asked how they could know it was him flying over. Halvorsen replied, "I'll wiggle the wings of my plane." (c) He flew over Berlin the next day, wiggling his plane's wings. Then he dropped small packages of candy attached to tiny parachutes made from handkerchiefs. Soon, other children began writing letters to "Uncle Wiggly Wings" asking him to drop candy in other parts of Berlin.

(D)

One of those pilots was Gail Halvorsen, a young American. One day while (d) he was in Berlin, he saw some children standing near a runway, watching planes take off and land. Halvorsen knew the kids were hungry, but they were not complaining or begging. (e) He reached in his pocket and found only two sticks of gum. Halvorsen gave them to the children and was surprised to see them tear the gum in small pieces to share equally. They did not argue, and each child smiled at having a small treat.

04 주어진 글 (A)에 이어질 내용을 순서에 맞게 배열한 것으로 가장 적절한 것은?

① (B) – (D) – (C)   ② (C) – (B) – (D)

③ (C) – (D) – (B)   ④ (D) – (B) – (C)

⑤ (D) – (C) – (B)

05 밑줄 친 (a)~(e) 중에서 가리키는 대상이 나머지 넷과 다른 것은?

① (a)   ② (b)   ③ (c)   ④ (d)   ⑤ (e)

06 윗글의 내용과 일치하지 않는 것은?

① 제2차 세계대전 후 소련은 베를린 봉쇄령을 내렸다.

② 베를린의 아이들에게 23톤이 넘는 사탕이 투하되었다.

③ Halvorsen은 사탕을 투하하기 전에 비행기 날개를 흔들었다.

④ 베를린의 아이들이 사탕 투하를 요청하는 편지를 썼다.

⑤ Halvorsen은 거리에서 구걸하는 아이들에게 껌을 나누어 주었다.

Words

04-06 divide A into B A를 B로 나누다   blockade 봉쇄; 장애물   hardship 고난   ally 동맹[결연]을 맺게 하다   fly 날다; (비행기로) 실어 나르다, 운송하다   supply 《pl.》 보급품[물자]   commanding officer 부대장   approve of ~을 승인하다   expand 확대시키다   operation 수술; *작전   propaganda 선전, 선동   airlift 공수, 항공 보급   generous 후한, 관대한   concern 관심, 배려   wiggle 흔들다, 움직이다   parachute 낙하산   handkerchief 손수건   runway 활주로   take off 이륙하다   land 착륙하다   beg 구걸하다   tear 찢다   equally 똑같이, 동등하게   argue 다투다   treat 대접; *선물

MEMO

MEMO

MEMO

MEMO

지은이

NE능률 영어교육연구소

NE능률 영어교육연구소는 혁신적이며 효율적인 영어 교재를 개발하고
영어 학습의 질을 한 단계 높이고자 노력하는 NE능률의 연구 조직입니다.

수능유형 PICK 〈독해 실력〉

펴 낸 이	주민홍
펴 낸 곳	서울특별시 마포구 월드컵북로 396(상암동) 누리꿈스퀘어 비즈니스타워 10층
	㈜NE능률 (우편번호 03925)
펴 낸 날	2023년 1월 5일 개정판 제1쇄 발행
전　　화	02 2014 7114
팩　　스	02 3142 0356
홈페이지	www.neungyule.com
등록번호	제1-68호
I S B N	979-11-253-4035-5 53740
정　　가	15,500원

NE 능률

고객센터

교재 내용 문의 : contact.nebooks.co.kr (별도의 가입 절차 없이 작성 가능)
제품 구매, 교환, 불량, 반품 문의 : 02-2014-7114
☎ 전화문의는 본사 업무시간 중에만 가능합니다.

NE능률 교재 MAP

수능

아래 교재 MAP을 참고하여 본인의 현재 혹은 목표 수준에 따라 교재를 선택하세요.
NE능률 교재들과 함께 영어실력을 쑥쑥~ 올려보세요!
MP3 등 교재 부가 학습 서비스 및 자세한 교재 정보는 www.nebooks.co.kr 에서 확인하세요.

| 초1-2 | 초3 | 초3-4 | 초4-5 | 초5-6 |

| 초6-예비중 | 중1 | 중1-2 | 중2-3 | 중3 |

중2-3
첫 번째 수능 영어 기초편

중3
첫 번째 수능 영어 유형편
첫 번째 수능 영어 실전편

| 예비고-고1 | 고1 | 고1-2 | 고2-3, 수능 실전 | 수능, 학평 기출 |

예비고-고1
기강잡고 독해 잡는 필수 문법
기강잡고 기초 잡는 유형 독해
The 상승 직독직해편
올클 수능 어법 start
얇고 빠른 미니 모의고사
10+2회 입문

고1
빠바 기초세우기
능률기본영어
The 상승 문법독해편
수능만만 기본 영어듣기 20회
수능만만 기본 영어듣기 35+5회
수능만만 기본 문법·어법·어휘 150제
수능만만 기본 영어독해 10+1회
맞수 수능듣기 기본편
맞수 수능문법어법 기본편
맞수 구문독해 기본편
맞수 수능유형 기본편
수능유형 PICK 독해 기본
수능유형 PICK 듣기 기본
수능 구문 빅데이터 기본편
얇고 빠른 미니 모의고사
10+2회 기본

고1-2
빠바 구문독해
The 상승 구문편
맞수 수능듣기 실전편
맞수 수능문법어법 실전편
맞수 구문독해 실전편
맞수 수능유형 실전편
맞수 빈칸추론
특급 독해 유형별 모의고사
수능유형 PICK 독해 실력
수능 구문 빅데이터 수능빈출편
얇고 빠른 미니 모의고사
10+2회 실전

고2-3, 수능 실전
빠바 유형독해
빠바 종합실전편
The 상승 수능유형편
수능만만 어법어휘 228제
수능만만 영어듣기 20회
수능만만 영어듣기 35회
수능만만 영어독해 20회
특급 듣기 실전 모의고사
특급 빈칸추론
특급 어법
특급 수능·EBS 기출 VOCA
올클 수능 어법 완성
능률 EBS 수능특강 변형 문제
영어(상), (하)
능률 EBS 수능특강 변형 문제
영어독해연습(상), (하)

수능, 학평 기출
다빈출코드 영어영역 고1독해
다빈출코드 영어영역 고2독해
다빈출코드 영어영역 듣기
다빈출코드 영어영역 어법·어휘

수능 이상/
토플 80-89·
텝스 600-699점

수능 이상/
토플 90-99·
텝스 700-799점

수능 이상/
토플 100·
텝스 800점 이상

PICK 수능유형

독해 실력

PICK

수능유형

독해 실력

PART 01 유형

p.8

기출 예제 01 ① **02** ④

Stanton 씨께:

저희 Future Music School에서는 십 년 동안 재능 있는 아이들에게 음악 교육을 제공해 오고 있습니다. 저희는 학생들에게 그들의 음악을 지역 사회와 나눌 기회를 주기 위해 매년 축제를 개최하며, 개막 행사에서 연주할 유명한 음악가를 항상 초청합니다. 세계적인 바이올린 연주자로서의 당신의 명성이 자자하고 학생들은 당신을 그들에게 가장 큰 영향을 준 음악가로 생각합니다. 그것이 저희가 당신에게 축제의 개막 행사에서 공연해 주시기를 요청하는 이유입니다. 공연에서 역대 가장 유명한 바이올린 연주자 중 한 분이 연주하는 것을 보는 것은 그들에게 큰 영광일 것입니다. 당신의 연주는 축제를 더 다채롭고 훌륭하게 만들어 줄 것입니다. 긍정적인 답변을 받기를 기대하겠습니다.

Steven Forman 드림

어휘

provide 제공하다 talented 재능 있는 annual 매년의 community 지역 사회 reputation 명성 precede ~에 앞서다; *우선하다 consider 사려[고려]하다; (~을 …로) 여기다 of all time 역대, 지금껏 colorful 다채로운 splendid 정말 좋은, 훌륭한 reply 대답, 답장

유형 연습

pp.10~13

01 ②   **02** ③   **03** ②   **04** ⑤   **05** ①   **06** ③

01 ②

직원분들께,

아시다시피 최근의 경기 침체로 인해, 신규 고객을 유치하는 것이 더 어려워지고 회사의 총매출은 감소해 왔습니다. 지금까지, 서비스 대리인들에게 지불되는 연간 수수료는 오로지 그들의 총매출액에만 근거해 왔습니다. 하지만, 대리인들이 총매출량 하락에 따른 그들의 줄어든 보수에 대해 불만을 제기했기 때문에, 경영진은 이 정책을 수정하기로 결정했습니다. 내년부터 시작해서, 새로운 연간 수수료 정책이 시행될 것입니다. 매년 연말에, 전년보다 그 해에 더 많은 고객들에게 서비스를 제공한 대리인들은 자동적으로 5%의 급여 인상을 받을 것입니다. 경영진은 이 새로운 정책이 서비스 대리인들에게 새로운 고객들을 유치할 추가적인 동기를 부여하기를 바랍니다. 이 정책에 관

해 궁금하신 사항이 있으시면, 저에게 편하게 연락주시기 바랍니다.

인사부 Bill Henderson 드림

구문해설

8행 ..., agents [who serviced a greater number of clients that year than the previous year] will automatically receive a 5% pay increase. ⇨ [ ]는 agents를 수식하는 주격 관계대명사절이다.

10행 ... this new policy will **provide** service agents **with** extra incentive *to attract* new clients. ⇨ 「provide A with B」는 'A에게 B를 제공하다'라는 의미이다. to attract는 extra incentive를 수식하는 형용사적 용법의 to부정사이다.

문제해설

새로운 연간 수수료 정책 시행에 대해 안내하는 내용이므로, 글의 목적으로는 ②가 가장 적절하다.

02 ③

New Dawn 주민 여러분께:

매년 수천 명의 아이들이 방사선 치료, 화학 요법, 그리고 기타 전염병을 포함한 다양한 의학적 원인으로 탈모를 겪습니다. 탈모는 자존감에 영향을 주기 때문에 어린이들에게 매우 힘든 일입니다. 하지만 여러분의 기부는 이런 많은 어린이들이 스스로에 대해 다시 만족감을 느끼도록 해 주었습니다. 올해, 여러분은 저희가 비영리 단체인 Hope Wigs를 위해 5,836달러를 모으는 데 도움을 주셨습니다. 여러분의 기부금 대부분은 새로운 가발을 제작하는 데 쓰였지만, 일부는 또한 의학적인 치료 비용을 지불하기 위해 쓰이기도 했습니다. 상세 내용은 첨부된 영수증을 참조하시면 됩니다. 그리고 기부에 관해 질문이 있으시면, 저희에게 편하게 연락해 주시기 바랍니다. 저희 직원과 경영진, 그리고 특히 Hope Wigs의 지원을 받은 어린이들을 대표해서 여러분의 너그러움에 감사드립니다.

Jeremy Lindon 드림

구문해설

4행 But your donations have **allowed** many of these children **to feel** good about themselves again. ⇨ 「allow+목적어+to-v」는 '(목적어) ~하게 해 주다'의 의미이다.

5행 This year, you **helped** us **raise** $5,836 for Hope Wigs, [a non-profit organization]. ⇨ help는 목적격 보어로 동사원형이나 to부정사를 취한다. [ ]는 Hope Wigs와 동격이다.

문제해설

기부금 총액과 사용 내역을 공지하는 내용이므로, 글의 목적으로는 ③이 가장 적절하다.

03 ②

Fisk 씨께,

지난 4년간 귀하의 회사에서 일할 기회를 주심에 감사드립니다. 이 직책은 제게 많은 귀중한 경험을 주었습니다. 저는 이곳 Arrowstar Insurance에서 아주 많은 것을 배웠습니다. 아쉽게도, 저는 이곳에서 계속해서 커리어를 이어가지 못하게 되었습니다. 최근의 개인적인 문제로 인해 제 시간이 더 많이 요구되어 저는 이러한 마지못한 결정을 내릴 수밖에 없었습니다. 이곳에서 남은 시간 동안, 저는 파일을 업데이트하고 새로운 직원을 교육함으로써 인수인계가 가능한 한 매끄럽게 이루어지도록 확실히 하겠습니다. 이 편지를 Arrowstar Insurance의 회계 관리자 직책으로부터 사임하는 저의 공식적인 통보로 받아들여 주시기 바랍니다. 저의 최종 근무일은 2023년 6월 22일이 되겠습니다. 이곳에서 보낸 제 시간을 진심으로 감사히 여기며, 미래에 귀하의 지속적인 성공을 기원합니다.

Janet Price 드림

구문해설

6행 ..., I will make sure [(that) the transition is **as** smooth **as possible** *by updating* my files and training new staff]. ⇨ [ ]는 make sure의 목적어로 쓰인 명사절로, 접속사 that이 생략되었다. 「as+형용사/부사의 원급+as possible」은 '가능한 ~한[하게]'의 의미이다. 「by v-ing」는 '~함으로써'의 의미이다.

문제해설

퇴사를 통보하며 퇴사 사유와 마지막 근무일을 알리는 내용이므로, 글의 목적으로는 ②가 가장 적절하다.

04 ⑤ 05 ①

직원 여러분께,

최근에 많은 불만이 제기되었습니다. 그것들은 모두 우리 사무실 내 공기의 질과 관련된 것인데, 그것은 환경을 불쾌하게 만들어 왔습니다. 여러분 중 몇 분은 안구 염증을 호소했고, 다른 분들은 호흡 곤란을 보고하셨습니다. 물론, 우리는 직원들의 건강에 대해서 진지하게 생각하며, 조사를 위해 관리팀을 파견하였습니다. 그들은 그 문제의 근원이 우리 사무실 옆의 새 공장이라고 보고했습니다. 그 공장에서 발생되는 연기가 바람에 실려 우리 사무실 건물로, 특히 6층과 7층의 열린 창문을 통해 들어오는 것으로 보입니다. 우리는 이 문제에 대한 불만을 제기하기 위해 지방 정부에 연락했고, 그들은 조사를 하겠다고 약속했습니다. 그러나, 행정 절차로 인해 그들이 이 문제를 완전히 처리하는 데는 며칠이 걸릴 수도 있습니다. 그때까지는 모든 층의 창문을 닫아둘 것을 권합니다. 날씨가 너무 더워지면, 건물의 에어컨을 이용해 주실 것을 권장드립니다. 협조해 주셔서 감사합니다.

총무부서 Henry Martin 드림

구문해설

2행 They are all related to the air quality in our offices, [which has made the environment very unpleasant]. ⇨ [ ]는 the air quality in our offices를 부연 설명하는 계속적 용법의 주격 관계대명사절이다.

11행 ..., it may **take** them several days **to** fully **address** this problem. ⇨ 「it takes+사람+시간+to-v」는 '(사람)이 ~하는 데 (시간)이 걸리다'의 의미이다.

문제해설

04 옆 공장에 의해 발생하는 회사 건물 내의 공기 질 문제에 대한 회사의 대응 방침을 안내하는 내용이므로, 글의 목적으로는 ⑤가 가장 적절하다.

05 ① 동사 make의 목적격 보어 자리에는 부사가 아니라 형용사가 오므로, unpleasantly를 unpleasant로 고쳐야 한다.

〈오답노트〉

② reported의 목적절을 이끄는 접속사 that이다.

③ that절의 주어는 과거분사구의 수식을 받는 smoke이므로 단수형 동사 is는 적절하다.

④ 주장, 명령, 요구, 제안 등을 나타내는 동사 뒤에 당위성을 나타내는 that절이 오면 that절의 동사는 「(should)+동사원형」으로 쓴다.

⑤ advise의 목적격 보어로 쓰인 to부정사는 어법상 알맞다.

06 ③

Rock Hill 마을 주민 여러분께,

Rock Hill 주민센터는 우리 이웃들에게 봉사하게 되어 영광입니다. 또한 여러분의 지속적인 지지 덕분에, 우리는 낡고 버려진 구두 공장을 개조하는 일을 최근에 완료했습니다. 2년간의 공사 끝에, 그곳은 이제 우리의 새 역사 박물관으로 다시 문을 열 준비가 되었습니다. 이 노력의 기간 동안 여러분이 베풀어주신 아량과 이해에 대해 진심으로 감사드립니다. 박물관의 전시품이 지역 사회 어린이들의 영감과 교육에 대한 중요한 원천이 될 것이라고 분명히 말씀드립니다. 이제, 우리는 박물관의 이름을 짓기 위해 여러분의 도움이 필요할 뿐입니다! 참여하시려면, 우리 웹사이트에 여러분의 아이디어를 제출해 주십시오. 또한 웹사이트에서 여러분은 다른 사람들의 아이디어에 투표하실 수도 있습니다. 가장 많은 표를 받은 이름은 10월 13일 개관식에서 발표될 예정입니다. 우리 지역 사회를 자랑스럽게 만드는 데 일조해 주시기 바랍니다!

Julia Goldin 드림

구문해설

3행 ..., we **have** recently **completed** *renovating* the old, abandoned shoe factory. ⇨ have completed는 〈완료〉를 나타내는 현재완료이다. renovating 이하는 completed의 목적어로 쓰인 동명사구이다.

11행 **Help** us *make* our community *proud*! ⇨ help의

목적격 보어로 동사원형 make가 왔다. make의 목적격
보어로 형용사 proud가 왔다.

문제해설
지역 폐공장을 개조해 만든 박물관 이름을 지역 주민들에게 공모
한다는 내용이므로, 글의 목적으로는 ③이 가장 적절하다.

기출 예제 01 ⑤　　**02** ②

캐나다 전역에서 그곳의 수많은 공룡 화석으로 유명한 앨버타
주의 Badlands를 탐험하는 것이 Evelyn에게는 처음이었다.
젊은 아마추어 (공룡) 뼈 발굴자로서, 그녀는 기대감으로 가득
차 있었다. 그녀는 흔한 공룡 종의 뼈를 위해서 이렇게 멀리까
지 이동하지는 않았다. 진귀한 공룡 화석을 발견하고자 하는 그
녀의 평생에 걸친 꿈이 막 실현되려고 하고 있었다. 그녀는 열
심히 그것들을 찾기 시작했다. 하지만 황량한 그 땅을 오랜 시
간 구석구석 헤매고 다닌 후에도 그녀는 성과를 얻지 못했다.
이제 해가 지기 시작하고 있었고, 그녀의 목표는 여전히 멀리
그녀의 손이 닿지 않는 곳에 있었다. 천천히 어두워지는 그녀
앞의 지면을 바라보면서 그녀는 혼자 한숨을 쉬며 말했다. "이
렇게 먼 길을 와서 아무것도 얻지 못하다니 믿을 수가 없어. 무
슨 시간 낭비란 말인가!"

어휘

explore 탐험하다　numerous 수많은　fossil 화석　bone-
hunter 뼈 발굴자　overflow 가득 차다　anticipation 기대감
life-long 평생 동안의　rare 드문; *진귀한　eagerly 열심히
wander 헤매다　deserted 황량한, 버려진　set 놓다; *(해·달·
별 등이) 지다　sigh 한숨을 쉬다

유형 연습　　pp.16~19

01 ①　**02** ③　**03** ②　**04** ③　**05** ④　**06** ④

01 ①

자동차 창문을 통해 어둠 속을 응시하며, Isabella는 모든 문이
잠겨져 있는지 확인했다. 그녀는 시골길에서 (자동차의) 연료
가 다 떨어진 상태였고, 집이나 건물은 하나도 보이지 않았다.
그녀는 휴대전화로 남편에게 전화해서 자신이 어디에 있는지
설명하려고 했다. 유감스럽게도, 연결 상태가 좋지 않았다. 그
녀는 그가 알아들었는지 확신하지 못했다. 오른쪽을 봤을 때,
그녀는 나무들 사이로 무엇인가가 움직이는 것을 보았다고 생
각했다. 동물치고는 너무 커 보였으나, 이런 곳에서 사람이 손
전등도 없이 무엇을 하고 있겠는가? 바로 그때, 그녀는 으르렁
거리는 소리가 점점 더 가까이 다가오는 것을 들었다. 갑자기

한 쌍의 전조등이 보였고, 그녀는 곧 남편의 차를 알아볼 수 있
었다.

구문해설

1행 [Peering out into the darkness through the
windows of her car], Isabella made sure [(that) all
of the doors were locked]. ⇨ 첫 번째 [ ]는 〈부대상황〉
을 나타내는 분사구문이다. 두 번째 [ ]는 made sure의 목
적어로 쓰인 명사절로, 접속사 that이 생략되었다.

3행 [Calling her husband on her cell phone], she had
tried to explain [where she was]. ⇨ 첫 번째 [ ]는 〈부
대상황〉을 나타내는 분사구문이다. 두 번째 [ ]는 explain
의 목적어인 의문사절이다.

5행 [Looking to her right], she thought she **saw**
something **moving** through the trees. ⇨ [ ]는 〈때〉
를 나타내는 분사구문이다. 지각동사 see의 목적격 보어로
현재분사 moving이 왔다.

문제해설
한밤중에 차 연료가 떨어져서 시골길에 고립된 여자가 어둠 속에
서 움직이는 물체와 으르렁거리는 소리를 듣다가 남편의 차를 보
게 되었으므로, 심경 변화로는 ① '무서워하는 → 안도한'이 가장
적절하다.

02 ③

나는 매일 한 어린 소녀가 지하철역 앞에서 꽃을 파는 것을 보
았다. 그녀는 집으로 가는 나를 발견하고 꽃을 사 달라고 애원
하곤 했다. 하지만 나는 한 번도 사 주지 않았다. 나는 많은 사
람들이 거리에서 물건을 파는 것을 보았지만, 이 소녀는 특히
나에게 성가시게 굴었다. 그러다가 그 아이는 사라졌고, 나는
그녀를 몇 달 동안 보지 못했다. 내가 그녀를 다시 보았을 때,
그녀는 내게 어떤 꽃도 사 달라고 부탁하지 않았다. 내가 왜 부
탁하지 않느냐고 묻자 그 소녀는 내게 말했다. "이젠 상관없어
요. 아프신 엄마에게 약을 사 드릴 돈이 필요했는데, 엄마가 지
난달에 돌아가셨거든요." 나는 마음이 너무 아파서 아무 소용
이 없다는 것을 알면서도 그날 그 아이의 꽃을 전부 사 주었다.

구문해설

1행 She **would** spot me on my way home and (**would**)
beg me *to buy* some flowers. ⇨ 조동사 would는 과
거의 습관을 나타낸다. 「beg + 목적어 + to-v」는 '(목적어)에
게 ~해 달라고 애원하다'의 뜻이다.

7행 I felt **so** terrible **that** I bought all her flowers that
day, *even though* I knew [it made no difference].
⇨ 「so + 형용사/부사 + that ~」은 '너무 …해서 ~하다'의 뜻
이다. even though는 양보절을 이끄는 접속사로 '비록 ~일
지라도'의 의미이다. [ ]는 knew의 목적어로 쓰인 명사절이
다.

문제해설
글쓴이는 꽃 파는 소녀를 처음에는 성가시게 생각했지만 소녀의

사연을 듣고는 소용이 없는 것을 알면서도 꽃을 사 주었다고 했으므로, 심경 변화로는 ③ '짜증이 난 → 후회하는'이 가장 적절하다.

03 ②

한여름철의 열기 속에서, 수그러들지 않는 더위와 바쁜 일정의 조합에 압도될 때마다, 나는 이 호숫가에 온다. 항상 햇살에 일렁거리는 수면으로부터 불어오는 시원한 산들바람이 불어 건너편 들판으로부터 야생화의 향기를 싣고 온다. 해가 지면 그 색이 물 위에 반사되고, 어둠이 서서히 깔리면 귀뚜라미 우는 소리가 시작된다. 이곳에는 오직 가끔 혼자 오는 낚시꾼과 저녁 산책을 나온 젊은 연인들만 있을 뿐, 사람이 많은 일은 드물다. 모두가 마치 박물관이나 교회에 있는 것처럼 낮은 목소리로 이야기한다. 달이 구름 사이로 보일 때, 하늘은 말로 표현할 수 없을 만큼 아름답다.

구문해설

2행 There is always a cool breeze [coming off its shimmering surface], **carrying** with it .... ⇨ [ ]는 a cool breeze를 수식하는 현재분사구이다. carrying 이하는 〈동시동작〉을 나타내는 분사구문이다.

7행 Everyone talks in hushed tones, **as if** they **were** in a museum or a church. ⇨ 「as if＋가정법 과거」는 '마치 ~인 것처럼'의 의미로, 주절과 같은 시제의 반대 사실을 가정한다.

문제해설

반짝이는 강물 너머로 꽃향기가 실린 산들바람이 불어오고, 한적한 호숫가에 달빛이 반사되는 장면이 말로 표현할 수 없을 만큼 아름답다고 했으므로, 글의 분위기로는 ② '고요하고 평화로운'이 가장 적절하다.

04 ③ 05 ④

나는 사람들로 가득한 방 안에 혼자 서 있었다. 다른 사람들이 둥글게 모여 수다를 떨며 서 있는 동안, 나는 나 자신에게 계속해서 똑같은 세 단어를 반복해 말하며 구석에 혼자 있었다. "넌 합격할 거야." 하지만 그 단어들이 내 입을 떠났을 때에도, 나는 그것을 믿지 못했다. 물론, 나는 지난달의 거의 모든 시간을 시험공부를 하는 데 보냈지만, 내 마음속 깊은 곳에서는 벗어날 수 없는 부정적인 느낌이 있었다. 수학이 내가 가장 잘하는 과목이라는 것이나 내가 지난 시험을 잘 봤다는 것은 중요하지 않았다. 내가 떨어질 것이라는 점점 커져가는 확신이 내 몸 전체로 퍼지고 있었다. 그리고 그것이 사실이라면, 다음엔 무슨 일이 일어날까? 나는 대학에 들어갈 수 없을 것이고 아마 여생을 패스트푸드점에서 일하는 데 보낼 것이다. 분명히, 이 시험에 합격하는 것은 미래의 행복과 재정적 성공에 대한 열쇠였다.

구문해설

4행 Sure, I **had spent** nearly every hour of the past month **studying** for the exam, ... ⇨ 「spend＋시간＋v-ing」는 '~하느라 (시간)을 보내다'의 의미이다.

5행 **It** didn't matter [**that** math was my best subject] or [**that** I had done well on the last exam]. ⇨ It은 가주어이고, that이 이끄는 두 개의 명사절 [ ]가 진주어이다. 두 개의 명사절 [ ]는 접속사 or로 병렬 연결되었다.

문제해설

04 필자는 시험에 떨어질까 봐 부정적인 생각을 하며 초조해하고 있으므로, 심경으로는 ③ '초조한'이 가장 적절하다.

05 ④ 문장의 주어 A growing certainty에 대한 동사가 필요한 자리이므로 to be는 was가 되어야 한다. that I would fail은 주어의 내용을 설명하는 동격절이다.

〈오답노트〉

① filled는 앞의 명사 a room을 수식하는 과거분사구이다.

② 〈동시동작〉을 나타내는 분사구문으로, 분사와 의미상 주어의 관계가 능동이므로 현재분사는 옳다.

③ a feeling of negativity를 수식하는 목적격 관계대명사이다.

⑤ 가정법 과거구문으로 가정법 과거에서 if절의 be동사는 인칭과 수에 관계없이 주로 were를 쓴다.

06 ④

방에 들어간 후에, 나는 전등 스위치를 켜고 방에 하얀 천으로 덮인 가구가 가득한 것을 보았다. 비록 전에 여기 와 본 적은 없었지만, 이곳은 매우 낯익은 것 같았다. 서성이다가 나는 바닥에 놓여 있는 낡은 공책을 우연히 발견했다. 그 표지에서 두꺼운 먼지를 치우자마자, 나는 TSM이라는 글자를 볼 수 있었다. 나는 그것이 내 이름의 머리글자라는 것을 알아차리고, 재빨리 그 공책을 펼쳐 책장을 획획 넘겼다. 그것들은 모두 비어 있었다. 하지만 내가 그것을 바닥에 다시 내려놓으려고 했을 때, 페이지 중 한 장에서 빛의 깜박거림이 내 눈을 사로잡았다. 내가 주시하자 작은 이미지가 그 페이지에 나타났다. 그것은 어떤 호수 옆에서 개와 함께 놀고 있는 두 소녀의 사진이었다. 그 소녀들 중 한 명은 나였고, 다른 한 명은 내 여동생이었다. 하지만 나는 평생 그 호수를 본 적이 없었고, 내 여동생과 나는 한 번도 개를 키운 적이 없었다.

구문해설

3행 [Walking around], I came upon an old notebook [lying on the floor]. ⇨ 첫 번째 [ ]는 〈때〉를 나타내는 분사구문이다. 두 번째 [ ]는 an old notebook을 수식하는 현재분사구이다.

3행 **On clearing** a thick layer of dust from its cover, I could see the letters TSM. ⇨ 「on v-ing」는 '~하자마자'의 의미로 「as soon as＋주어＋동사」로 바꾸어 쓸 수 있다.

문제해설

와 본 적 없지만 낯익은 장소에서 우연히 발견한 사진에 한 번도 본 적이 없는 호수에서 키워 본 적도 없는 개와 함께 있는 자신과 여동생의 모습이 담겨 있는 상황이므로, 글의 분위기로는 ④ '신비한'이 가장 적절하다.

기출 예제 01 ④　02 ④

성공을 위한 규칙들 중 하나는 당신이 어디로부터 오고 있는가는 중요하지 않다는 것이다. 중요한 것은 당신이 어디로 가고 있는가이다. 거의 모든 사람은 그들의 시간과 그들의 잠재력을 과거에 많이 낭비했다는 불안한 감정을 가지고 있다. 불행하게도, 많은 사람들은 이런 후회의 감정을 자신의 삶에 작동시키는 제동 장치로 사용한다. 앞으로의 흥미진진한 여러 달과 여러 해에 자신을 다시 전념시키는 대신에, 그들은 과거에 자신이 한 실수에 스스로가 압도되게 한다. 이러한 일이 당신에게 일어나지 않도록 하라. 대신에, 미래와 당신이 가고 있는 곳에 대해서 생각하라. 자기가 상상하는 종류의 미래를 만들어 내기 위해 당신이 할 수 있는 것을 생각하라. 미래지향적이 되겠다는 당신의 결심이 당신에게 힘과 열정을 줄 것이다. 그리고 당신의 미래는 당신의 상상력에 의해서만 한정된다.

어휘

matter 중요하다　uneasy 불안한　potential 잠재력　regret 유감; *후회　brake 브레이크, 제동 장치　rededicate 다시 바치다　overwhelm 압도하다　resolve 결심　future-oriented 미래지향적인　enthusiasm 열광; *열정

유형 연습
pp.22~25

01 ③　02 ⑤　03 ②　04 ③　05 ②　06 ④

01 ③

공장식 축산은 고기를 위해 동물들을 매우 협소한 환경에서 키우는 현대의 관행을 가리킨다. 이 관행은 수익을 증가시키지만 여러 형태의 학대와 연관되어 있다. 이런 식으로 사육된 동물들은 평생을 아주 좁은 공간에 갇혀 지내며, 그 후 고기를 얻기 위해 도축된다. 이는 공장식 농장의 소유주들이 자신들이 키우는 동물들을 보살피는 것보다 돈을 버는 데 더 관심을 기울이기 때문이다. 게다가, 공장식 농장들은 사람들의 건강에 좋지 않은 식품을 생산한다. 계속 좁은 공간에서 지내기 때문에, 동물들은 질병의 발생을 방지하기 위해 다량의 항생제를 맞아야 한다. 그 동물들은 또한 더 빨리 성장하기 위해 많은 호르몬을 투여받는다. 이는 농장들이 더 많은 우유, 계란, 고기를 생산할 수 있게 하지만, 그 화학 물질들은 그것들을 먹는 사람들에게 전달된다. 또한, 이러한 약품의 남용은 항생제에 내성이 있는 박테리아를 생성한다. 이는 사람들에게 위험한 신종 질병을 일으킬 수 있다.

구문해설

4행 **This is because** the owners of factory farms are more interested in *making* money than *taking* care of the animals [(which/that) they raise].

⇨ 「This is because ~」는 '이것은 ~이기 때문이다'의 의미이다. making과 taking은 전치사 in의 목적어로 쓰인 동명사로 병렬 구조를 취하고 있다. [　]는 the animals를 수식하는 목적격 관계대명사절로, 목적격 관계대명사 which 또는 that이 생략되었다.

7행 [(Being) Kept in small spaces], the animals must be given lots of antibiotics **to avoid** outbreaks of disease. ⇨ [　]는 〈이유〉를 나타내는 분사구문으로, 앞에 Being이 생략된 형태이다. to avoid 이하는 〈목적〉을 나타내는 부사적 용법의 to부정사구이다.

8행 This **allows** the farms **to produce** more milk, eggs, and meat, but those chemicals are passed on to the people [that eat them]. ⇨ 「allow + 목적어 + to-v」는 '(목적어)가 ~할 수 있게 하다'의 의미이다. [　]는 the people을 수식하는 주격 관계대명사절이다.

문제해설

공장식 축산으로 사육되는 동물의 체내에 화학 물질이 쌓이고, 이 화학 물질은 결과적으로 이렇게 생산된 고기를 섭취하는 사람에게도 전달되어 해가 된다는 내용이므로, 글의 요지로는 ③이 가장 적절하다.

02 ⑤

사람들은 걸음마를 배우는 아기가 말을 많이 하지 못하기 때문에 주변에서 이야기되는 것을 이해하지 못한다고 생각하는 경향이 있다. 그러나, 당신은 그들이 실제로 얼마나 많이 이해하는지에 대해 놀랄 것이다. 아기는 말로 유창하게 의사소통을 할 수는 없지만, 상당히 복잡한 대화도 이해할 수 있다. 4개월 반의 이른 나이부터 시작해서, 아기는 자신의 이름을 알아듣고 사람들이 자기에 대해 말하고 있을 때 관심을 보이기 시작한다. 그러다가, 아기가 한 살 반에서 두 살 정도 되면, 소위 '언어 폭발'을 거치면서 이야기되는 거의 모든 것을 이해하기 시작한다. 전문가들에 따르면, 아기는 부모가 자신에 대해 긍정적으로 말하는 것을 듣기를 즐긴다고 한다. 그러나, 마치 아기가 그 자리에 없는 것처럼 말하지 않는 것이 중요하다. 아기를 대화에 포함시키는 것이 훨씬 좋은데, 이것이 아기의 언어 능력과 상호작용 능력을 발달시키는 데 도움을 줄 것이다.

구문해설

2행 However, you would be surprised by [how much they actually understand]. ⇨ [　]는 전치사 by의 목적어로 쓰인 의문사절이다.

9행 However, **it**'s important **not to talk** *as if* the toddler isn't there. ⇨ it은 가주어이고 not to talk 이하의 to부정사구가 진주어이다. 「as if ~」는 '마치 ~하는 것처럼'의 뜻을 나타내는 접속사이다.

10행 It's much better to include them in the conversation, [which will help develop their linguistic and interaction abilities]. ⇨ [　]는 앞 절의 to부정사구를 선행사로 하는 계속적 용법의 관계대명사절

이다.

문제해설

글의 마지막에서 부모들이 아기를 대화에 포함시키면 아기의 언어 능력과 상호작용 능력 발달에 도움이 된다고 했으므로, 필자의 주장으로 가장 적절한 것은 ⑤이다.

03 ②

체육관에서 운동을 하면서, 많은 사람들은 내적 대화를 하는 자신을 발견한다. 그들은 'Patrick, 넌 이걸 할 수 있어.' 또는 'Patrick, 거의 끝났어!'라고 생각할 수도 있다. 이런 유형의 '3인칭 자기 대화'는 격려나 정서적 지지를 주기 위해 흔히 사용된다. 흥미롭게도 과학 연구는 이것이 효과적임을 시사한다. 스트레스를 주는 상황에 놓인 사람들의 수행 능력을 측정하기 위해 한 실험이 실시되었다. 어떤 참가자는 '나' 진술로 스스로에게 동기부여를 하라는 말을 들은 반면, 나머지 사람들은 대명사 '너'와 본인의 이름을 사용하라는 지시를 받았다. 이후, 각각은 한 무리의 낯선 사람들 앞에서 발표를 하게 되었다. '너' 진술로 스스로 동기부여를 했던 사람들이 (발표를) 더 잘했고, 태도가 더 좋았고, 자기비판을 더 적게 드러냈다. 뇌 스캔을 포함하는 후기 연구는 '나'의 측면에서 사고하는 것이 부정적인 자기 지시적 과정과 연관된 뇌의 한 부분을 활성화하는 경향이 있음을 보여주었다. 반대로, '너' 진술은 이 부위를 활성화하지 않고, 인지적인 노력이 거의 없이 긍정적인 정신적 지지를 제공한다.

구문해설

1행 [Working out at the gym], many people **find** themselves **engaged** in an internal dialogue. ⇨ [ ]는 〈때〉를 나타내는 분사구문이다. find의 목적어와 목적격 보어가 수동의 관계이므로 과거분사 engaged를 썼다.

8행 Afterward, each **was made to give** a speech in front of a group of strangers. ⇨ make는 사역동사로, 능동태에서 사역동사의 목적격 보어로 쓰인 동사원형은 수동태 문장에서 to부정사로 쓴다.

10행 A later study [involving brain scans] revealed [that {thinking in terms of "I"} tends to activate an area of the brain {associated with negative self-referential processes}]. ⇨ 첫 번째 [ ]는 A later study를 수식하는 현재분사구이다. 두 번째 [ ]는 revealed의 목적어로 쓰인 명사절이다. 첫 번째 { }는 that절의 주어로 쓰인 동명사구이다. 두 번째 { }는 an area of the brain을 수식하는 과거분사구이다.

문제해설

자신을 '너' 또는 본인의 이름으로 부르며 3인칭으로 지칭하는 말하기가 동기부여의 효과가 있다는 내용의 글이므로, 글의 요지로는 ②가 가장 적절하다.

04 ③ 05 ②

직원들을 고용하는 데 있어서, 많은 고용주들은 내성적인 사람들을 고용하는 것을 피하는 경향이 있다. 그들은 내성적인 사람들이 사회적 기술이 부족하다고 여겨지므로 때문에 판매직 같은 특정 직업에 적합하지 않다고 추정한다. 그러나 이는 완전히 사실이 아니고 그러한 고용주들은 인재를 놓치고 있는 것이다. 내성적인 사람들은 보통 판매직이나 고객 서비스 같은 직책에서 매우 유리한 기술을 가지고 있다. 일반적으로, 내성적인 사람들은 매우 사려가 깊고 세부적인 것에 많은 주의를 기울인다. 내 친구들 중 하나가 훌륭한 예이다. 그녀는 내성적인 사람인데도 불구하고 소매 영업직에서 일한다. 그녀는 제품에 대해 많이 알고 있고 고객들의 질문에 명확하게 답변해 줌으로써 고객들을 도울 수 있다. 그녀는 또한 사람들이 사려고 하는 것에 대한 진실을 알려주며, 그들이 좋은 결정을 내리도록 돕는다. 고객들은 이러한 태도를 높이 평가한다. 그들 중 많은 이들이 그녀가 제품에 대해 추천할 때 그녀를 신뢰한다. 내성적인 사람들은 흔히 부끄럼을 많이 타고 소심하다는 고정관념이 있지만, 그들은 일부 사람들이 생각하는 것보다 훨씬 더 많은 것을 할 수 있다.

구문해설

9행 She also tells people the truth about [what they are buying] and **helps** them **make** good decisions. ⇨ [ ]는 전치사 about의 목적어로 쓰인 관계대명사절이다. 준사역동사 help는 목적격 보어로 동사원형이나 to부정사를 취한다.

문제해설

04 일반적인 고정관념과는 달리 내성적인 사람이 판매직에서 업무 능력을 잘 발휘한다고 했으므로, 필자의 주장으로 가장 적절한 것은 ③이다.

05 ② 앞에 선행사 skills가 있으므로 주격 관계대명사 which 또는 that이 알맞다. what은 선행사를 포함하는 관계대명사이다.

〈오답노트〉

① When it comes to에서 to는 전치사이므로 동명사 hiring은 적절하다.

③ 뒤에 동명사구가 오므로 전치사 despite는 적절하다.

④ 전치사 by의 목적어로 쓰인 동명사 being과 등위접속사 and로 병렬 연결된 구조이므로 동명사 answering은 옳다.

⑤ customers를 선행사로 하는 목적격 관계대명사 whom은 적절하다.

06 ④

옛날에는 파란색이 희귀하고 구하기 어려웠다. 짙은 파란색은 청금석으로만 만들 수 있었는데, 대부분의 화가들이 구할 엄두를 못 냈던 비싼 광물이었다. 그러다가 100여 년 전에 합성 색소가 만들어졌다. 그러한 색소가 개발된 덕택에, 화가들은 작품에 훨씬 더 많은 파란색을 쓸 수 있었고, 색은 더 선명해지고 더 다양해졌다. 21세기 초에는, 기술이 화가들에게 작업할 수 있는 훨씬 더 많은 새로운 도구와 선택권을 제공했다. 예를 들어, 2010년에 뉴욕 현대 미술관의 한 전시회는 증강 현실에 관한 전시를 개최했다. 미술관 관람객들은 스마트폰 응용 프로그램을 이용하여 준가상 현실의 미술품들을 감상했는데, 이것들은 3D 이미지와 애니메이션을 포함하고 있었다. 육안으로만 보았다면, 그 전시는 완전히 텅 빈 것처럼 보였을 것이다! 이런 식으로, 현대의 예술가들은 창의성의 범위를 계속 넓혀 가기 위해 새로운 기술을 놀랍고 혁신적인 방식으로 이용하고 있다.

구문해설

1행 Dark blue could only be made from **lapis lazuli, an expensive type of stone** [that most artists could not afford]. ⇨ lapis lazuli와 an expensive type of stone은 동격이다. [ ]는 an expensive type of stone을 수식하는 목적격 관계대명사절이다.

9행 **Had it been** viewed with only the naked eye, the exhibit **would have looked** completely empty! ⇨ 「if + 주어 + had p.p., 주어 + 조동사의 과거형 + have p.p.」는 과거 사실의 반대를 가정하는 가정법 과거완료 구문으로, 여기서는 부사절에서 if가 생략되어 주어와 동사가 도치된 형태이다.

문제해설

과거 합성 색소의 발달과 현재의 증강 현실 전시회의 사례를 통해 기술이 예술가들에게 훨씬 더 많은 작업 도구와 선택권을 제공하고 있다는 내용의 글이므로, 글의 요지로는 ④가 가장 적절하다.

기출 예제 01 ① 02 ③

작가 Elizabeth Gilbert는 자신의 신도들을 명상으로 이끌곤 했던 위대한 성자의 우화에 대해 이야기한다. 신도들은 그들의 선의 순간에 막 빠져들고 있을 때, 야옹 하고 울고 모든 사람들을 귀찮게 하며 사원을 돌아다니는 고양이에 의해 방해를 받곤 했다. 성자는 간단한 해결책을 생각해 냈다. 그는 명상 시간 동안 고양이를 기둥에 묶기 시작했다. 이 해결책은 빠르게 하나의 의식으로 발전했다. 먼저 고양이를 기둥에 묶고, 그다음에 명상하라. 고양이가 결국 자연사했을 때, 종교적 위기가 뒤따랐다. 신도들이 무엇을 해야 하는 것인가? 어떻게 고양이를 기둥에 묶지 않고 그들이 명상을 할 수 있을 것인가? 이 이야기는 내가 보이지 않는 규칙이라고 부르는 것을 분명히 보여 준다. 이것들은 불필요하게 규칙으로 굳어진 습관과 행동들이다. 비록 쓰여진 규칙들이 변화에 저항할 수 있지만, 보이지 않는 것들은 더 완고하다. 그것들은 조용한 살인자이다.

어휘

fable 우화 saint 성인, 성자 meditation 명상 (v. meditate 명상하다) meditate 명상하다 drop into ~에 들르다; *~에 빠지다 disrupt 방해하다 temple 사원 meow 야옹 하고 울다 come up with ~을 생각해 내다 tie 묶다 pole 기둥 session 시간, 기간 ritual 의식 절차, 의례 religious 종교의 crisis 위기 illustrate 분명히 보여주다 invisible 보이지 않는 unnecessarily 불필요하게 resistant 저항[반대]하는 stubborn 완고한 [문제] govern 통치하다; *지배[통제]하다 unconsciously 무의식적으로 restrict 제한하다 surrounding 환경 internal 내부의 force 힘 lower 낮추다 self-esteem 자부심

<table>
<tr><td colspan="6">유형 연습   pp.28~31</td></tr>
<tr><td>01 ②</td><td>02 ②</td><td>03 ①</td><td>04 ⑤</td><td>05 ④</td><td>06 ①</td></tr>
</table>

01 ②

호주 토착의 작은 민물고기인 사막 망둥이 수컷들은 그들의 짝이 낳은 알을 보살피면서 보호자 역할을 한다. 연구원들은 자신의 보금자리를 가장 공격적으로 보호하는 것은 수컷 중 가장 작은 것들이라는 데 주목했다. 이는 그들에게 '나폴레옹 콤플렉스'가 있음을 시사하는데, 이는 열등의식으로 인해 자신보다 더 큰 상대에게 공격적으로 싸움을 거는 키가 작은 남성들에게 일반적으로 적용되는, 전설적인 프랑스 장군에게서 유래한 용어이다. 흥미롭게도, 나폴레옹은 사실 평균 키였는데, 순전히 그가 자주 그의 가장 키가 큰 병사들에게 둘러싸여 있었다는 사실로 인해 작아 보였다. 이 사실에도 불구하고, '나폴레옹 콤플렉스'라는 개념은 동물의 왕국에 관한 한 유효한 것으로 보이는데, 특히 생존하고 유전자를 전달하기 위해 짝과 음식을 두고 경쟁해야만 하는 종의 수컷들에게 그렇다. 그런 상황에서는, 모든 판돈이 작은 녀석에게 걸려야 한다.

구문해설

2행 Researchers have noted [that {**it is** the smallest of the males **that** defend their nests the most aggressively}]. ⇨ [ ]는 noted의 목적어로 쓰인 명사절이다. { }는 「it is ~ that ...」 강조구문으로, '...한 것은 바로 ~이다'의 의미이다.

3행 This suggests that they have a "**Napoleon complex**," [a term {derived from the legendary French general} {that is usually applied to short men who aggressively pick fights with their taller peers due to an inferiority complex}]. ⇨ [ ]는 a "Napoleon complex"와 동격이다. 두 개의 { }는 각각 a term을 수식하는 과거분사구, 주격 관계대명사절이다.

8행 Despite this, the idea of a "Napoleon complex" appears to be a valid one **when it comes to** the animal kingdom, especially in the males of species [that must compete for mates and food

in order to survive and *pass on* their genes].
⇨「when it comes to」는 '~에 관한 한'이라는 의미이다.
[ ]는 the males of species를 수식하는 주격 관계대명사절이다.「in order to-v」는 '~하기 위해서'라는 뜻이다.

문제해설
나폴레옹 콤플렉스로 인해 가장 작은 사막 망둥이 수컷이 가장 공격적으로 보금자리를 보호하는 습성이 있다는 내용이므로, 밑줄 친 부분이 의미하는 바로는 ② '더 작은 동물이 더 큰 경쟁 상대에게 겁을 주어 쫓아내기 위해 대담하게 행동한다'가 가장 적절하다.
① 더 작게 보이는 것이 때로는 이득이 될 수 있다
③ 과도하게 공격적인 행동은 위험한 상황을 만들 수 있다
④ 동물의 왕국에서 크기는 거의 생존 요인이 되지 않는다
⑤ 작은 동물들은 더 큰 상대방보다 지능이 더 높다

02 ②

동네 커피숍에서 당신이 평소 마시는 카페인 음료를 포기하기로 선택하고 뭔가 다른 것을 주문하는 것은 의식적인 결정처럼 보일 수 있지만, 정말 그럴까? 한 연구원 집단의 실험은 무의식적인 의사 결정이 우리 일상에서 하는 거의 알려지지 않은 역할을 새롭게 조명했다. 참가자들은 왼손이나 오른손으로 버튼을 누르라는 요청을 받았다. 선택은 그들의 몫이었지만, 그들은 결정을 하는 순간 연구원들에게 알려 달라는 요청을 받았다. 그 동안에 연구원들은 참가자들의 뇌 활동을 추적하며 발생하는 모든 미세패턴에 주목하고 있었다. 이것은 그들로 하여금 참가자들이 의식적인 결정을 하기 전에 어떤 손을 사용할지 정확하게 예측할 수 있게 했다. 우리가 자신의 선택을 통제하고 있다고 생각할지도 모르지만, 이 실험은 우리가 실제로 쇼를 운영하는 사람이 아니라는 것을 시사한다.

구문해설
2행 An experiment by a group of researchers has shed new light on the little understood role [that unconscious decision-making plays in our daily lives]. ⇨ [ ]는 the little understood role을 수식하는 목적격 관계대명사절이다.
8행 This **allowed** them **to** accurately **predict** [which hand the participants would use] before they had made a conscious decision. ⇨「allow+목적어+to-v」는 '(목적어)가 ~하게 허락하다'의 의미이다. [ ]는 predict의 목적어 역할을 하는 의문사절이다.

문제해설
일상 속 우리의 선택은 의식적인 것이 아니라 무의식적인 것이라는 내용이므로, 밑줄 친 부분이 의미하는 바로는 ② '우리의 뇌는 우리가 알아차리기 전에 결정을 한다'가 가장 적절하다.
① 우리의 일상 패턴은 바꾸는 것이 거의 불가능하다
③ 우리는 효율을 위해 자동 의사 결정 시스템을 이용한다
④ 연구원들은 우리의 의식이 작용하는 방식에 영향을 미칠 수 있다

⑤ 주변 환경이 우리의 의사 결정 과정에 큰 영향을 미친다

03 ①

전자기기에 전화번호를 저장하는 것은 이들을 보관하는 가장 편리한 방법처럼 보일 수 있지만, 만약 그 기기에 어떤 일이 발생하면, 그것들을 하나도 기억해 내지 못할 가능성이 있다. 흥미롭게도, 같은 종류의 문제가 사진을 찍을 때도 발생할 수 있다. 많은 사람들이 사진이 인생의 특별한 순간들을 기억하는 이상적인 방법이라고 생각하지만, 과도한 양의 사진을 찍는 것은 사실상 이 기억을 간직하는 당신의 능력을 감소시킬 수 있다. 이것이 일어날 수 있는 두 가지 이유가 있다. 이는 때로는 보통 당신의 기억력이 수행할 역할을 사진이 맡도록 하기 때문이고, 어떤 때는 단순히 당신이 사진을 찍느라 너무 바빠서 애초에 특별한 순간에 주의를 기울이지 못하기 때문이다. 당신은 무슨 일이 있었는지 당신에게 상기시켜 줄 수 있는 인상적인 사진 몇 장을 갖게 될 수도 있지만, 당신의 뇌는 사실 그것을 기억하지 못할 것이다. 결국, 사진 촬영은 본질적으로 당신의 기억을 외부에 위탁하는 것과 같다.

구문해설
2행 ..., **chances are that** you would be incapable of [remembering any of them]. ⇨「chances are that」은 '~할 가능성이 있다'라는 의미이다. [ ]는 전치사 of의 목적어로 쓰인 동명사구이다.
10행 You may end up with some impressive photos [that can **remind** you **of** {what happened}], ... ⇨ [ ]는 some impressive photos를 수식하는 주격 관계대명사절이며,「remind A of B」는 'A에게 B를 상기시키다'의 의미이다. { }는 전치사 of의 목적어로 쓰인 의문사절이다.

문제해설
사진을 너무 많이 찍으면 기억이 담당하는 역할을 사진이 하게 됨으로써 오히려 뇌가 기억을 못하게 될 수 있다는 내용이므로, 밑줄 친 부분이 의미하는 바로는 ① '소중한 순간을 기억하는 책임을 넘겨주는 것'이 가장 적절하다.
② 기억이 확실히 잊혀지지 않도록 그것을 보존하는 것
③ 과거 사건들이 특별한 이유를 더 잘 이해하기 위해 이를 분석하는 것
④ 당신의 뇌보다 더 믿을 만한 공간에 정보를 저장하는 것
⑤ 뇌의 기억하는 능력을 강화하기 위해 추가적인 도구를 사용하는 것

04 ⑤ 05 ④

특정 감정은 그것을 겪는 개인의 자아 가치 하락을 유발할 수 있다. 이 가치를 떨어뜨리는 감정이 타인에 의해 발생하는지, 상황에 의해 발생하는지, 또는 스스로에 의해 발생하는지는 그 결과가 같기 때문에 중요하지 않다. 그것들은 우리를 덜 인간적으로 느끼게 만들고 우리가 과도하게 먹거나 일하게 할 수 있

다. 반대로, 가치 있다고 생각하는 감정들은 우리를 더욱 인간적으로 느끼게 만들면서 우리의 자아 존중감을 강화한다. 이 긍정적인 감정들은 우리가 인식하는 것보다 더 자주 일어난다. 인간의 기억력은 부정적인 사건 쪽으로 치우치는 진화적 성향이 있는데, 이는 그것들을 기억하는 것이 우리의 생존에 도움이 될 가능성이 더 크기 때문이다. 그러므로, 우리가 건강한 균형을 유지하고 낮은 자존감의 해로운 영향을 피하기 위해 한 번의 부정적인 것마다 다섯 번의 긍정적인 것이 필요하다. 쉽지 않을지도 모르지만, 이 마법의 비율을 달성하는 것을 해내는 사람들은 만족과 자신감의 감정으로 보상받는다.

구문해설

2행 [Whether these devaluing emotions are generated by others, a situation, or ourselves] doesn't matter, **as** the consequences are the same .... ⇨ [ ]는 문장의 주어로 쓰인 명사절이다. as는 〈이유〉를 나타내는 접속사이다.

9행 **It** may not be easy, but *those who* manage to achieve this magical ratio are rewarded with feelings of satisfaction and confidence. ⇨ It은 앞 문장의 내용을 가리킨다. those who는 '~하는 사람들'이라는 의미이다.

문제해설

04 한 번의 부정적인 감정마다 다섯 번의 긍정적인 감정이 필요하다고 했으므로, 밑줄 친 부분이 의미하는 바로는 ⑤ '가치가 있다고 생각하는 감정들을 가치를 떨어뜨리는 감정들보다 더 자주 느끼다'가 가장 적절하다.
① 그들이 기억하는 것보다 더 많은 수의 부정적인 사건을 잊다
② 그들의 일상에서의 1/5보다 더 적게 과로하거나 과식하다
③ 그들 주변의 사람들보다 가치를 부여하는 감정을 더 많이 만들어 내다
④ 긍정적인 방식으로 생각함으로써 가치 있다고 느끼는 감정을 활성화하다

05 ④ 앞의 복수명사 negative events를 가리키므로 복수형 대명사 them으로 고쳐야 한다.
〈오답노트〉
① 앞의 명사 an individual을 수식하는 분사로, 명사와의 관계가 능동이므로 현재분사는 적절하다.
② 사역동사 make의 목적격 보어 역할을 하는 동사원형 feel은 적절하다.
③ 〈부대상황〉을 나타내는 분사구문을 이끄는 causing은 적절하다.
⑤ those를 선행사로 하는 주격 관계대명사 who는 적절하다.

06 ①

자신이 같은 단어를 계속해서 반복하여 말하고 있음을 인지할 때, 그것은 때로 이상하게 들리기 시작할 것이다. 우리가 그것을 계속해서 말하면, 그것은 결국 의미를 상실하게 되고 추상적

인 소리에 지나지 않게 된다. 이것은 뇌의 작은 문제의 결과처럼 보일지도 모르지만, 몇몇 과학자들은 이것이 우리가 주변에 대한 많은 양의 정보를 받아들일 때 일어나는 중요한 과정과 관련이 있다고 생각한다. 우리가 반복적으로 경험해 온 것들은 인지 노력을 아끼고 새로운 감각에 집중하기 위해 뇌에 의해 없어진다. 개별 단어와 관해서라면, 이것은 의미 포화로 알려져 있다. 이 상황은 도덕성에 대한 유명한 이야기인 '양치기 소년' 속의 상황과 아주 비슷하다. 당신은 '늑대다!'를 반복해서 외치는 어린 소년이고 당신의 뇌는 당신을 결국 무시하게 되는 마을 사람들의 역할을 한다.

구문해설

2행 If we continue to say it, it will eventually lose its meaning, [becoming **little more than** an abstract sound]. ⇨ [ ]는 〈결과〉를 나타내는 분사구문이다. 「little more than」은 '~에 지나지 않는'의 의미이다.

4행 ..., some scientists suspect [that it is related to an important process {that occurs **as** we take in large volumes of information about our surroundings}] .... ⇨ [ ]는 suspect의 목적어로 쓰인 명사절이다. { }는 an important process를 수식하는 주격 관계대명사절이다. as는 〈때〉를 나타내는 접속사이다.

문제해설

같은 단어를 반복해서 말하면 인지 노력을 아끼기 위해 뇌가 반복되는 정보를 무시한다는 내용이므로, 밑줄 친 부분이 의미하는 바로는 ① '반복되는 정보에 집중하지 않는'이 가장 적절하다.
② 정신적 오류를 속이기 위해 속임수를 이용하는
③ 가까운 정보를 처리하는 것에 반복적으로 실패하는
④ 실제로 일어나고 있는 일을 인지하지 않는
⑤ 위협의 심각성을 이해하지 못하는

유형 **05** 주제·제목   p·32

기출 예제 01 ①   **02** ⑤

국립 공원 관리청은 2000년 이래로 1,825마리의 버마 비단뱀이 플로리다주 에버글레이즈 습지와 그 인근에서 잡혔다고 말한다. 길이가 16피트가 넘고 무게가 156파운드가 나가는 가장 커다란 것 중의 하나가 바로 1월에 잡혔다. 버마 비단뱀은 이 습지에서 아프리카 비단뱀과 다른 종류의 뱀과 같은 다른 버려진 반려동물들과 만난다. 그것들은 에버글레이즈 습지를 빠르게 진공청소기처럼 빨아들여 토종 야생 동물을 없애고 있다. 한 비단뱀은 심지어 살아 있는 악어를 먹으려고 했다. 국립 공원 관리청은 이 뱀들이 활동하는 것으로 알려진 지역에서는 중간 크기 포유류의 목격 사례가 99%만큼이나 감소했다고 말한다.

그다음에 무슨 일이 발생할지 상상하는 것은 어렵지 않다. 그들의 먹잇감이 고갈되면, 뱀들은 예를 들면 반려동물과 같은 먹이를 찾아서 에버글레이즈 습지 밖으로 이동하기 시작할 것이다. 플로리다주 상원 의원인 Bill Nelson은 뱀은 애초에 에버글레이즈 습지에 속하지 않으며 "그것들은 분명 사람들의 뒷마당에도 속하지 않는다"고 말한다.

어휘

swamp 늪, 습지   discard 버리다   vacuum 진공청소기로 청소하다   wildlife 야생 동물   active 활동 중인   sighting 목격   mammal 포유동물   envision 상상하다   exhaust 기진맥진하게 만들다; *고갈시키다   senator 상원 의원   backyard 뒷마당   [문제] alert 경계 태세   transplantation 이식

01 ⑤

신용 등급은 개인의 재무 기록에 대한 광범위한 정보를 기반으로 한다. 그것은 신용카드 사용, 대출금 상환, 현재의 부채와 관련된 수치들을 포함한다. 그러나, 그것들 중 가장 중요한 요소는 신용카드 사용이다. 예를 들어, 너무 많은 신용카드를 소지하는 것은 신용 등급에 타격을 줄 수 있다. 또한 매달 카드의 잔금 전액을 갚거나, 아니면 적어도 가능한 한 많이 갚는 것이 언제나 좋은 생각이다. 그렇지 않으면, 이자가 계속 불어나서 결국에는 원래 빚진 금액보다 훨씬 더 많은 금액을 내게 될 것이다. 또한 신용카드 사용을 비상시에만으로 한정하려고 노력하라. 신용카드를 쓸 때마다 당신이 기본적으로 소액의 대출을 받고 있는 것임을 명심하라. 신용카드를 잘 활용하기만 해도, 당신은 당신의 신용 등급을 지키고 심지어 높일 수도 있다.

구문해설

6행 Otherwise, the interest will **keep multiplying** until you *end up paying* much more than .... ⇨ 「keep v-ing」는 '계속 ~하다'의 의미이다. 「end up v-ing」는 '결국 ~하게 되다'의 뜻이다. 비교급을 강조할 때는 비교급 앞에 even, far, still, much, a lot 등의 부사를 쓴다.

7행 Remember [that **every time** you use a credit card, you're basically taking out a small loan]. ⇨ [ ]는 Remember의 목적어로 쓰인 명사절이다. every time은 '~할 때마다'의 의미로 whenever로 바꿔 쓸 수 있다.

문제해설

신용 등급을 유지하고 높이기 위한 신용카드 사용법을 조언하는 글이므로, ⑤ '좋은 신용 등급을 유지하기 위해 신용카드를 사용하는 방법'이 주제로 가장 적절하다.
① 개인 파산을 신청하는 절차
② 신용카드를 사용하는 것의 긍정적 효과
③ 신용 등급의 중요성에 대한 오해들

④ 신용카드 대출과 다른 대출과의 차이점들

02 ②

대부분의 사람들이 4월 1일은 사람들에게 농담을 하고 그들을 장난으로 속이는 날인 만우절이라는 것을 알고 있다. 이날은 오랫동안 사람들에 의해 즐겨져 왔고, 이제 일부 대기업들 또한 그 즐거움에 동참하고 있다. 2008년에, 영국 공영 방송(BBC)은 '날아다니는 펭귄'에 관한 가짜 다큐멘터리 영화를 제작함으로써 TV 시청자들에게 매우 기억에 남을 만한 장난을 쳤다. 펭귄은 날 수 없는 새로 알려져 있지만, 그 영화는 그들 중 일부가 날 수 있는 능력을 발달시켰다고 주장했다. 그 다큐멘터리 영화는 길고 추운 남극의 겨울이 일부 펭귄으로 하여금 남아메리카 열대 우림으로 수천 마일을 날아갈 수 있는 능력을 얻도록 했다고 주장했다. 이 다큐멘터리 영화는 매우 잘 만들어져서 많은 사람들이 속았고 심지어 몇몇 신문사들조차 며칠 동안이나 속았다. 그것은 현재 역대 최고의 장난들 중 하나로 기억된다!

구문해설

7행 It said [that the long, freezing Antarctic winters **had** *caused* some penguins *to gain* the ability to fly thousands of miles ...]. ⇨ [ ]는 said의 목적어로 쓰인 명사절로, [ ]의 시제가 주절의 과거시제(said)보다 더 이전의 시점을 나타내고 있으므로 과거완료시제가 사용되었다. 「cause+목적어+to-v」는 '(목적어)가 ~하게 만들다'의 의미이다. to fly는 the ability를 수식하는 형용사적 용법의 to부정사이다.

9행 This documentary film was **so** well-made **that** many people were fooled and even some newspapers were fooled for a few days. ⇨ 「so+형용사/부사+that ~」은 '너무 …해서 ~하다'의 뜻이다.

문제해설

BBC가 만우절에 가짜 다큐멘터리 영화를 만들어 시청자들을 감쪽같이 속인 것에 관한 글이므로, ② 'BBC의 굉장한 만우절 장난'이 제목으로 가장 적절하다.
① 만우절: 우스꽝스러운 전통
③ 기업들이 어떻게 만우절을 망치는가
④ 과학자들을 혼란스럽게 한 장난
⑤ 위대한 과학적 발견으로 이어진 한 농담

03 ③

당신이 휴대전화나 컴퓨터 같은 중고 전자장치를 버리면 그것은 전자 폐기물, 즉 e폐기물이 된다. 전 세계에서 매년 2천만에서 5천만 톤으로 추정되는 e폐기물이 발생한다. 유감스럽게도, 이 폐기물 중 대부분은 결국에는 쓰레기 매립지로 가는데, 그곳에서 전자제품들 속의 화학 물질과 유독성 부품들은 땅속에 스며든다. 이 독소들은 납 중독이나 암 같은 문제들을 일으킬 수 있기 때문에 인근 지역에 사는 사람들에게 건강상의 위험을 초래한다. 이것이 e폐기물을 재활용하는 것이 그토록 중요한 이

유들 중 하나이다. 그러므로 낡은 전자제품을 쓰레기통에 버리는 대신에, 그것들을 지역 재활용 센터에 가져다주어라. 그곳에서 그것들은 분해될 것이고 재사용할 수 있는 부품들은 재활용될 것이다. 더 좋은 방법은, 그 제품이 여전히 작동한다면, 그것을 팔거나, 아는 사람에게 물려주거나, 또는 자선단체에 기부하는 것이다.

구문해설

3행 Unfortunately, **most of this waste ends** up in landfills, [where the chemical and toxic components of the electronics seep into the ground]. ⇨ 「most of+명사」가 주어인 경우, of 뒤에 오는 명사의 수에 동사를 일치시키므로 단수동사인 ends가 사용되었다. [ ]는 landfills를 부연 설명하는 계속적 용법의 관계부사절이다.

5행 These toxins pose a health hazard for people [living in nearby communities] .... ⇨ [ ]는 people을 수식하는 현재분사구이다.

10행 ..., **sell** it, **hand** it **down** to someone [(whom/that) you know], or **donate** it to charity. ⇨ 동사 sell, hand down, donate가 접속사 or로 병렬 연결되어 있다. [ ]는 someone을 수식하는 목적격 관계대명사절로, 목적격 관계대명사가 생략되었다.

문제해설

환경을 오염시키는 전자 폐기물을 재활용하는 방안을 다룬 글이므로, ③ '낡은 전자제품을 처리하는 친환경적인 방법'이 주제로 가장 적절하다.
① e폐기물 문제를 해결하기 위한 끊임없는 노력
② 최근 전 세계 e폐기물 증가의 주요 원인
④ e폐기물의 독소가 아동 발달에 미치는 영향
⑤ 기술 발전에 따른 라이프스타일 변화

04 ③ 05 ②

공포는 일반적으로 피해야 할 바람직하지 못한 감정으로 여겨지지만, 많은 사람들은 특정 상황에서는 짜릿한 공포가 즐겁다고 생각한다. 이런 이유로 그들은 공포 영화를 보거나 귀신의 집에 입장하기 위해 기꺼이 줄을 선다. 연구원들은 우리가 이러한 경험들로부터 얻는 즐거움이 우리가 여전히 안전하다는 것을 어느 정도 알면서 스스로를 무서운 상황에 처하게 하는 조합에서 나온다는 이론을 세웠다. 안전에 대한 안심이 동반된 넘치는 공포감은 뇌를 자극하여 엔도르핀을 분비하게 하는데, 이것은 평온한 감정을 유발하여 스트레스를 경감시킨다. 동시에, 우리에게 즐거움으로 보상하는 뇌의 부위에서 도파민이 분비된다. 그러나, 이러한 상황들이 실제로 해롭지 않다는 것을 깨닫지 못하는 어린아이들은 그것들이 진짜로 무섭고 혼란스럽다고 여길 수 있다.

구문해설

4행 Researchers theorize [that the pleasure {(which/that) we derive from these experiences} comes from the combination of putting ourselves in a terrifying situation while knowing at a certain level {that we're still safe}]. ⇨ [ ]는 theorize의 목적어로 쓰인 명사절이다. 첫 번째 { }는 the pleasure를 수식하는 목적격 관계대명사절로, 목적격 관계대명사가 생략되었다. 두 번째 { }는 knowing의 목적어로 쓰인 명사절이다.

6행 A flood of fear [accompanied by the relief of safety] **stimulates** the brain **to release** endorphins, [which reduce stress *by generating* feelings of serenity]. ⇨ 첫 번째 [ ]는 A flood of fear를 수식하는 과거분사구이다. 「stimulate+목적어+to-v」는 '(목적어)를 자극하여 ~하게 하다'의 의미이다. 두 번째 [ ]는 endorphins를 부연 설명하는 계속적 용법의 주격 관계대명사절이다. 「by v-ing」는 '~함으로써'의 의미이다.

문제해설

04 안전에 대한 확신이 있는 상태에서 겪는 공포 상황은 평온함과 즐거움을 줄 수 있다는 내용이므로, ③ '사람들이 두려움을 느끼기 좋아하는 과학적 이유'가 주제로 가장 적절하다.
① 우리의 신경 체계가 공포 영화에 반응하는 방식
② 무서운 상황이 뇌 기능에 미치는 영향
④ 뇌가 트라우마를 극복하기 위해 취하는 전략
⑤ 뇌가 꾸며낸 위험과 실제 위험을 구별하는 방법

05 ② 관계사절의 수식을 받는 단수명사 the pleasure이 that절의 주어이므로 동사는 단수형 comes가 되어야 한다.
〈오답노트〉
① find의 목적격 보어 역할을 하는 형용사 enjoyable은 어법상 알맞다.
③ 동사 stimulates의 목적격 보어로 쓰인 to부정사는 어법상 적절하다.
④ the part of the brain을 선행사로 하는 주격 관계대명사 that이다.
⑤ 앞의 복수명사 these situations를 가리키므로 복수형 대명사 them은 어법상 적절하다.

06 ①

많은 사람들이 책을 사서 나중에 읽으려고 책장에 꽂아 두는데, 이는 종종 그 책들이 절대 읽히지 않는 결과를 낳는다. 이것은 더 많은 작품들을 출판하기 위해 자신의 책이 (사람들에게) 읽혀야만 하는 신인 작가들에게 문제가 될 수 있다. 이 문제를 해결하기 위해, 한 출판사가 즉시 읽혀야만 하는 책을 선보였다. 이 책은 비닐 포장지에서 개봉되면 희미해지기 시작하는 특수 잉크로 인쇄된다. 이 잉크는 햇빛과 공기에 노출되면 서서히 희미해져서, 약 두 달 후에는 완전히 사라진다. 그러므로, 독자가 자기 돈의 본전을 찾고 싶다면, 빈 페이지만 남기 전에 빨리 그 책을 읽어야 한다. 이 흥미로운 책은 큰 성공을 거두어서, 처음 출간되었을 때 그 출판사는 단 하루 만에 모든 재고를 판매했다.

구문해설

1행 Many people buy books and put them on a shelf **to read** later, [which often results in {the books never being read}]. ⇨ to read는 〈목적〉을 나타내는 부사적 용법의 to부정사이다. [ ]는 계속적 용법의 관계대명사절로, 앞 절 전체를 선행사로 한다. { }는 전치사 in의 목적어로 쓰인 동명사구이며, the books는 동명사구의 의미상 주어이다.

2행 This can be a problem for new authors [who need to **have** their books **read** in order to *get* more works *published*]. ⇨ [ ]는 new authors를 수식하는 주격 관계대명사절이다. 사역동사 have의 목적어 their books와 목적격 보어가 수동의 관계이므로, 목적격 보어로 과거분사 read가 왔다. get의 목적어와 목적격 보어가 수동의 관계이므로, 목적격 보어로 과거분사 published가 왔다.

문제해설

개봉한 후 바로 읽지 않으면 빈 페이지만 남게 되는 특수 잉크로 인쇄된 책에 관한 내용이므로, 제목으로는 ① '기다려주지 않는 책'이 가장 적절하다.
② 책 판매량을 늘리기 위한 조언들
③ 신인 작가들이 직면하는 어려움들
④ 보이지 않는 잉크: 훌륭한 마케팅 전략
⑤ 더 많은 독자에게 도달하는 방법

유형 06 도표 p.38

기출 예제 01 ④ 02 ③

위의 표는 2014년과 2018년에 전 세계의 천연가스 생산 상위 7개 국가들을 보여준다. 미국, 러시아, 이란은 2014년과 2018년 모두 상위 3개 천연가스 생산 국가였다. 2014년과 2018년 각각, 러시아와 이란 간의 천연가스 생산량 차이는 4,000억 세제곱미터보다 더 컸다. 비록 캐나다에서 생산된 천연가스의 양은 증가했지만, 2018년에 캐나다는 2014년보다 낮은 순위를 기록했다. (2014년과 2018년 사이, 중국의 천연가스 생산 증가량은 카타르의 그것의 3배 이상이었다.) 2014년 상위 7개 천연가스 생산 국가에 포함되지 않았던 호주는 2018년에 7위에 올랐다.

어휘

natural gas 천연가스 worldwide 전 세계의 cubic meter 세제곱미터 rank 등급, 순위; (등급을) 매기다, 차지하다 respectively 각각, 각자

유형 연습 pp.40~43
01 ⑤ 02 ⑤ 03 ④ 04 ② 05 ③

01 ⑤

위 도표는 2012년, 2019년, 2020년에 13세에서 17세의 어린이들의 핵심 스포츠 참여율을 보여 준다. 세 해 모두에 걸쳐, 남자아이의 참여율이 여자아이의 참여율보다 최소 7퍼센트포인트 더 높았다. 인종과 관련해서, 흑인 어린이는 2012년에 가장 높은 참여율을 보였지만, 이 수치는 2020년에 9퍼센트포인트 이상 하락했으며, 이때 백인 어린이의 비율에 추월당했다. 2012년과 2019년 사이에, 백인 어린이의 참여율은 작은 감소를 보였고, 반면 아시아와 태평양 섬 어린이의 참여율은 소폭 증가했다. 도표상의 서로 다른 네 인종 중에서, 2019년과 2020년 사이에 히스패닉 어린이가 참여율에서 가장 작은 변화를 보였다. (세 해 모두에서 아시아와 태평양 섬 어린이가 가장 낮은 참여율을 보였고 히스패닉 어린이가 두 번째로 낮은 참여율을 보였다.)

구문해설

4행 ..., but this number had dropped by more than nine percentage points by 2020, [when it was overtaken by the percentage rate of white children]. ⇨ [ ]는 2020을 선행사로 하는 계속적 용법의 관계부사절이다.

8행 Of the four different races [shown on the chart], ... ⇨ [ ]는 the four different races를 수식하는 과거분사구이다.

문제해설

⑤ 2012년에는 히스패닉 어린이가 아니라 백인 어린이가 두 번째로 낮은 참여율을 보였다.

02 ⑤

이 도표는 7개국의 일반 가정의 평균 연간 가계 지출과 식비에 소비되는 가계 지출의 비율을 보여준다. 도표가 보여주듯이, 가장 높은 평균 연간 가계 지출의 최상위 3개국은 미국, 프랑스, 영국 순이다. 미국은 가장 높은 총 연간 가계 지출을 보였는데, 이것은 평균적인 케냐 가정의 총 지출보다 약 60배 많은 것에 해당한다. 영국과 비교해 볼 때, 프랑스는 총 가계 지출의 더 높은 비율을 식비에 소비했다. 하지만, 가장 높은 가계 지출을 보인 이 3개국은 식비에 가계 지출의 15% 미만을 소비했다. (반면에, 가장 낮은 평균 총 가계 지출을 보인 3개국은 식비에 가계 지출의 25% 이상을 소비했다.)

구문해설

4행 The US had the highest total annual household expenditures, [which represents about 60 times more than the total expenditures of an average Kenyan family]. ⇨ [ ]는 the highest total annual household expenditures를 부연 설명하는 계속적 용법의 주격 관계대명사절이다.

6행 [(Being) Compared to the UK], France spent a higher percentage of total household expenditures on food. ⇨ [ ]는 〈때〉를 나타내는 분사구문으로, 앞에 Being이 생략되어 있다.

8행 However, those three nations [that have the highest household expenditures] spent less than .... ⇨ [ ]는 those three nations를 수식하는 주격 관계대명사절이다.

문제해설
⑤ 가장 낮은 평균 총 가계 지출을 보인 케냐, 인도, 남아프리카 공화국 중 케냐와 인도는 각각 45%와 35%를 식비에 지출했지만, 남아프리카 공화국은 20%만을 식비에 지출했다.

03 ④ 04 ②
위 도표는 2020년에 기후 변화에 미치는 자신의 영향을 줄이는 선택을 할 의향이 있는 사람들의 비율을 보여 준다. 중국인 응답자는 모든 부문에서 가장 높은 비율을 보이며 전반적인 기후 변화 인식에 관한 설문 조사에서 선두를 달렸다. 환경친화적이지 않은 기업 보이콧하기를 선택한 중국인의 비율은 미국 응답자의 비율보다 거의 30% 더 높았다. 유럽 국가 응답자들의 93%는 2020년에 플라스틱 제품을 더 적게 구매할 의향이 있다고 응답했지만, 미국 응답자들은 이 부문에서 10% 이상 뒤떨어졌다. (유럽과 중국 모두에서 환경에 위협이 되는 기업 보이콧하기를 선택한 응답자보다 더 높은 비율의 응답자가 겨울에 집에 난방을 덜 하기를 선택했다.) 전반적으로, 가장 적은 비율의 사람들이 기후 변화를 위해 시위나 행진하기를 선택했으며, 미국과 유럽 응답자의 60% 미만이 이 선택지를 선택했다.

구문해설
4행 The percentage of Chinese [who chose to boycott environmentally unfriendly companies] was almost 30% higher than **that** of US respondents. ⇨ [ ]는 Chinese를 수식하는 주격 관계대명사절이다. that은 앞의 The percentage를 가리키는 대명사이다.

8행 ..., a higher percentage of respondents chose to heat their house less in winter than **those** [that chose to boycott companies {that threaten the environment}]. ⇨ those는 앞에 나온 respondents를 가리키는 대명사이다. [ ]는 those를 수식하는 주격 관계대명사절이다. { }는 companies를 수식하는 주격 관계대명사절이다.

문제해설
03 ④ 중국에서는 겨울에 집에 난방을 덜 하기를 선택한 응답자 비율(91)보다 환경친화적이지 않은 기업 보이콧하기를 선택한 응답자의 비율(95)이 더 높았다.

04 (A) 단수명사 The percentage가 문장의 주어이므로 단수동사 was가 알맞다.

(B) 앞에 선행사 companies가 있으므로 that이 알맞다. what은 선행사를 포함하는 관계대명사이다.

(C) 「with+명사+분사」 구문으로 명사와 분사가 능동의 관계이므로 현재분사 choosing이 알맞다.

05 ③
이 그래프는 2010년에 유럽의 이슬람교도와 비(非)이슬람교도의 인구 연령 구성과 전문가들이 예상하기에 2030년의 연령 구성이 어떻게 될 것인지를 보여준다. 2010년에 유럽의 이슬람교도 인구는 30세 미만의 사람들이 그 인구의 약 49%를 차지할 정도로 젊었다. 젊은 이슬람교도의 비율은 향후 20년 사이에 약간 감소할 것으로 예상되지만, 여전히 42%를 넘을 것이다. (한편, 향후 20년 동안, 유럽의 이슬람교도와 비(非)이슬람교도는 둘 다 45세에서 59세 사이 연령의 인구 부분에 있어 증가를 보일 것으로 예상된다.) 동시에, 60세 이상의 유럽 이슬람교도 인구 비율은 2010년의 10.5%에서 2030년에는 거의 16%까지 증가할 것으로 예상된다. 이것이 상당한 증가를 보여 주기는 하지만, 60세 이상의 비(非)이슬람교도의 비율은 여전히 그 양의 거의 두 배가 될 것이다.

구문해설
1행 This graph shows ..., and [what **experts predict** the age composition will be like in 2030]. ⇨ [ ]는 shows의 목적어로 쓰인 의문사절이며, 중간에 experts predict가 삽입된 형태이다.

8행 ..., the portion of Europe's Muslim population [aged 60 and older] is projected to rise **from** 10.5% in 2010 **to** almost 16% in 2030. ⇨ [ ]는 Europe's Muslim population을 수식하는 형용사구이다. 「from A to B」는 'A에서 B까지'의 의미이다.

문제해설
③ 45세에서 59세 사이의 비(非)이슬람교도 인구 비율은 20.9%에서 20%로 감소할 것으로 예상된다.

유형 **07** 내용 일치   p.44

기출 예제 01 ④ 02 ②
Patricia Bath는 눈 건강을 옹호하는 데 자신의 삶을 보냈다. 1942년에 태어나, 그녀는 뉴욕시의 할렘 지역에서 성장했다. 그녀는 1968년에 Howard 의과 대학을 졸업했다. 수련의로서 시간을 보내는 동안 그녀는 눈 관리 부족으로 많은 가난한 사람들과 흑인들이 눈이 멀게 되고 있음을 알게 되었다. 그녀는 안과학에 몰두하기로 결심했는데, 이는 눈 질병과 장애를 연구하는 의학 분야이다. 경력이 쌓이면서 그녀는 의과 대학에서 학생을 가르쳤고 다른 의사들을 훈련시켰다. 1976년에 그녀는 '시력은 기본적인 인권이다'라는 기본 원칙 아래 미국 시각 장애 예방 협회(AiPB)를 공동 설립했다. 1980년대에 Bath는 눈 치료에서의 레이저 사용을 연구하기 시작했다. 그녀의 연구는 그녀를 의료 장비 특허를 받은 최초의 아프리카계 미국인 여성 의사가 되게 하였다.

어휘
advocate 옹호하다   medical intern 수련의   blind 눈이 먼
lack 부족   concentrate on ~에 집중하다   ophthalmology
안과학   branch 나뭇가지; *분야   disorder 장애   progress
진전을 보이다   train 훈련시키다   co-found 공동 설립하다
institute 협회   prevention 예방   principle 원칙   eyesight
시력   right 권리   treatment 치료   lead to ~에 이르다
patent 특허(권)

유형 연습
pp.46~49

01 ⑤   02 ④   03 ②   04 ③   05 ④   06 ⑤

01 ⑤

Riverside의 여름 캠프
Summer of Fun 캠프

Riverside 국제 학교는 올 7월에 제3회 연례 Summer of Fun 캠프를 개최합니다. 스포츠, 미술 공예, 제빵, 신나는 퀴즈 쇼가 포함된 활동으로 가득한 신나는 한 주에 여러분의 친구들과 함께하세요!

• 시간과 장소: 7월 14일 월요일 ~ 7월 18일 금요일
　　　　　　(매일 오전 10시부터 오후 4시까지)

• 비용: 학생당 15달러
　　　　형제자매는 할인 가능

• 진행자: Jill Forester

• 주의 사항
- 등록은 Riverside 학생들만 가능합니다.
- 등록하려면, 작성한 지원서를 보증금(4달러)과 함께 Evans 선생님이나 Carlson 선생님께 7월 7일까지 제출하시기 바랍니다.
- 등록비에는 매일 점심과 필요한 프로그램 재료가 모두 포함되어 있습니다.

구문해설
4행 Join your peers for an exciting week [full of activities, …]! ⇨ [ ]는 an exciting week를 수식하는 형용사구이다.

문제해설
⑤ 참가비에는 매일 점심이 포함된다.

02 ④

태국 요리 수업
전통 태국 음식 요리를 배우세요

방콕의 Dusit Visitor Center에서 개인 요리 수업을 주최합니다. 각 수업은 3시간 동안 진행됩니다.

수업
수업은 5월부터 8월까지 매일 이용할 수 있습니다.
- 오전 9시 (토요일이나 일요일은 이용 불가능함)
- 오후 1시
- 오후 6시

가격
- 각 수업 1인당 60달러
- 가격에 시장 투어와 요리 수업(요리 3개 포함)이 포함됨
- 방콕 역사 투어는 1인당 100달러가 추가됩니다.

예약
1 늦어도 수업 7일 전에는 예약하세요.
2 비용을 지불하세요. 30달러의 선금이 요구됩니다. 나머지는 수업 당일에 지불하시면 됩니다.
3 저희 레시피 페이지에서 세 개의 레시피를 선택하세요.

수업 후 레시피와 본인이 만든 음식을 집으로 가져가실 수 있습니다. 예약하시려면, 저희 웹사이트 www.CookThai.com을 방문하세요.

구문해설
19행 You can take home the recipes and the food [(which/that) you make] after class. ⇨ [ ]는 the food를 수식하는 목적격 관계대명사절로, 목적격 관계대명사가 생략되었다.

문제해설
④ 레시피 페이지에서 세 개의 레시피를 선택할 수 있다.
〈오답 노트〉
① 주말에 열리지 않는 것은 오전 9시 수업이다.
② 역사 투어에는 100달러의 추가 요금이 있다.
③ 예약 시에는 선금 30달러만 지불하고 나머지는 수업 당일에 지불하면 된다고 했다.
⑤ 참가자들은 레시피와 음식을 가져갈 수 있다고 했다.

03 ②

1999년에 Ahmad Batebi는 이란의 테헤란 대학의 학생이었다. 그 해에 테헤란에서 대규모의 민주화 시위가 일어났고 Batebi는 시위대에 합류했다. 그는 살해당한 한 학생이 입었던 피 묻은 티셔츠를 들고 있다가 사진이 찍혔다. 한 잡지가 그 사진을 제1면에 사용했고, 그 후 Batebi는 이란 정부에 의해 체포되었다. 그들은 그를 악명 높은 Evin 교도소에 가두었고, 그에게 사형을 선고했다. Batebi는 그곳에서 9년이라는 긴 세월 동안 고문을 당했고 심각한 건강 문제가 생겼다. 2008년에 그

는 의학적 치료를 위해 교도소에서 나오도록 허가받아 가까스로 탈출했다. 그는 미국으로 도피하여 망명을 승인받았다. 미국에 정착한 뒤 Batebi는 자신의 생애에 대한 강연을 하기 시작했다. 그는 이란의 친(親)민주주의 운동에서 유명한 인물이 되었고, 이후에는 이란의 인권 문제에 관한 TV 프로그램 제작을 도왔다.

구문해설

3행 He was photographed [holding a bloody T-shirt **worn** by a student {who was killed}]. ⇨ [ ]는 〈동시동작〉을 나타내는 분사구문이다. worn 이하는 a bloody T-shirt를 수식하는 과거분사구이다. { }는 a student를 수식하는 주격 관계대명사절이다.

7행 In 2008, he **was allowed to leave** the prison for medical treatment and *managed to escape*. ⇨ 「be allowed to-v」는 '~하도록 허락받다'의 의미이다. 「manage to-v」는 '간신히 ~하다'의 의미이다.

문제해설

② Ahmad Batebi가 살해당한 학생의 사진을 찍은 것이 아니라 그 학생이 입고 있던 피 묻은 티셔츠를 들고 있다가 사진이 찍힌 것이다.

04 ③

여러 회화 기법들은 오랜 역사를 가지고 있다. 기원전 4세기까지 거슬러 올라가는 한 가지 독특한 화법은 납화법이다. 이 화법은 뜨거운 밀랍 화법으로도 알려져 있는데, 색깔이 있는 안료와 함께 뜨거운 밀랍을 나무, 점토, 또는 캔버스 천과 같은 표면에 바르는 것을 수반한다. 밀랍은 습기에 의해 손상되지 않기 때문에, 납화는 오래 지속되고 그것에 사용되는 색은 쉽게 바래지 않는다. 납화의 발달은 초기 그리스와 로마까지 거슬러 올라가는 것으로 알려져 있지만, 그것은 그 당시에는 인기 있는 화법이 아니었다. 그리스와 로마의 예술가들은 프레스코 화법이나 유화 화법 같은 다른 화법들을 선호했다. 18세기에 이르러서야 비로소 납화는 인기를 얻기 시작했다. 그 이후로, 많은 유명한 화가들이 이 흥미로운 기법을 사용해서 아름다운 작품들을 창조해 왔다.

구문해설

2행 This style, [which is also known as hot wax painting], involves [applying heated beeswax ...]. ⇨ 첫 번째 [ ]는 선행사인 This style을 부연 설명하는 계속적 용법의 주격 관계대명사절이다. 두 번째 [ ]는 involves의 목적어 역할을 하는 동명사구이다.

문제해설

③ 삽화에 사용되는 밀랍은 습기에 의해 손상되지 않는다고 했다.

05 ④ 06 ⑤

'독일의 퀴리 부인'으로 알려진 Lise Meitner는 1878년에 오스트리아의 비엔나에서 태어났다. 그 당시 여성은 대학에 다

닐 수 없었음에도 불구하고, 그녀는 부모님의 지원 덕분에 2년 동안 개인 가정 교사를 둘 수 있었고, 이후 법이 바뀌자마자 마침내 비엔나 대학에서 학업을 마칠 수 있었다. 졸업 후에 Meitner는 마리 퀴리의 연구소에서 일하기를 원했기 때문에, 그녀에게 편지를 썼다. 하지만, 공석이 없었기 때문에 Meitner는 홀로 독일의 베를린으로 갔다. 그곳에서 그녀는 유명한 독일인 화학자인 Otto Hahn을 만났고, 그녀가 나치 독일을 피해 스톡홀름으로 도피한 1938년까지 그들은 방사성 원소를 함께 연구했다. 곧 Hahn이 중성자로 충격을 가함으로써 우라늄 원자가 분열될 수 있다는 것을 발견했을 때, 그녀는 그러한 반응에서 방출되는 에너지를 산출하고 이 현상을 '핵분열'이라고 불렀다. 이 발견 덕분에 Hahn은 1944년에 노벨상을 수상했지만, Meitner는 노벨상 위원회에 의해 수상 고려 대상에서 제외되었다. 그녀는 80대가 될 때까지 스톡홀름에서 자신의 원자 연구를 계속했다.

구문해설

1행 Lise Meitner, [known as the "German Madame Curie,"] was born in Vienna, Austria in 1878. ⇨ [ ]는 주어에 대해 부연 설명하는 과거분사구이다.

8행 Soon after, [when Hahn discovered {that uranium atoms could be split by bombarding them with neutrons}], she calculated .... ⇨ [ ]는 접속사 when이 이끄는 〈때〉를 나타내는 부사절이다. { }는 discovered의 목적어 역할을 하는 명사절이다.

문제해설

05 ④ Meitner는 노벨상 수상 고려 대상에서 제외되었다.

06 ⑤ 수식받는 명사와 분사가 수동의 관계이므로 과거분사 released가 알맞다.

〈오답노트〉

① 여성이 행위의 대상이 되므로, 수동태의 과거분사 permitted는 적절하다.

② 앞의 to have와 병렬 구조를 이루는 (to) complete는 적절하다.

③ 〈이유〉를 나타내는 분사구문으로, 의미상 주어와 분사가 능동의 관계이므로 현재분사를 썼다.

④ 선행사 1938년에 대해 부연 설명하는 계속적 용법의 관계부사 when은 적절하다.

p.50

유형 **08** 지칭 추론

기출 예제 01 ③ 02 ⑤

Sarah는 호기심과 허기가 합쳐져 ① 그녀를 허름한 편의점으로 들어가게 할 때까지 계속 걸었다. 편의점의 유리문을 밀어

열었을 때, ② 그녀는 다시 한번 지난 과거 시절로 빨려 들어가게 되었다. 그 자리를 차지하고 있던 유일한 다른 사람인 편의점 주인은 빛바랜 라벤더 무늬로 날염된 드레스를 입은 주름진 얼굴의 노파였다. 그녀는 굳이 Sarah에게 인사하려 하지 않았고, Sarah의 어린 시절에서 튀어나온 듯한 판매대의 제품 더미들을 바라보면서 ③ 그녀의 기력을 아끼며 계속 가만히 앉아 있었다. 사탕 옆에 비딱하게 세워져 있는 가격표 목록은 그녀가 원한다면 ④ 그녀가 지나치게 달콤한 하얀 빵 반 덩어리나 얼린 완두콩 한 숟갈을 살 수 있음을 그녀에게 알려 주었다. 여기에는 Sarah가 먹고 싶은 것이 전혀 없었다. 그녀는 그 노파에게 고개를 까딱하여 인사했지만, 노파는 또다시 ⑤ 그녀에게 아는 척을 하지 않았고, 그녀는 그 상점을 떠났다.

어휘

combination 조합[결합]   curiosity 호기심   convenience store 편의점   suck 빨아 먹다; *빨아들이다   storekeeper 가게 주인   occupant 점유자, 거주자   wrinkled 주름이 있는   faded 빛깔이 바랜   bother 신경 쓰다, 애를 쓰다   greet 인사하다   motionless 움직이지 않는   conserve 아끼다   spring (갑자기) 나타나다   stick up 위로 튀어나오다   crooked 비뚤어진   oversweetened 지나치게 달콤한   scoop 숟갈, 스쿱   nod 끄덕이다; *(인사의 표시로) 고개를 까딱하다   acknowledge (사실로) 인정하다; *아는 척을 하다, 인사하다

유형 연습				pp.52~55
01 ⑤	02 ④	03 ③	04 ⑤	05 ④ 06 ②

01 ⑤

당신은 금덩이가 어디에서 어떻게 만들어지는지 알고 있는가? 오랫동안 ① 그것들은 우리가 보통 그것들을 발견하는 곳, 즉 지구 표면 근처의 장소에서 형성된다고 여겨져 왔다. 그런데, 최근에 연구원들은 금덩이들의 구조와 특징을 조사하기 위해 30개가 넘는 금덩이들을 연구했고 ② 그것들 모두가 수정 같은 구조와 은 함유량을 지닌 것을 발견했다. 이러한 발견들은 ③ 그것들이 강렬한 열기를 수반하는 과정을 거쳐 형성되었다는 것을 보여주는데, 이것은 지표면에서는 발생하지 않는다. 그러므로, ④ 그것들은 아마도 지하 깊은 곳에서 형성되어, 풍화 작용과 여타 지질학적인 작용의 결과로서 서서히 지표면 쪽으로 올라오는 것으로 보인다. 이러한 지식은 광부들이 금을 어디에서 찾을지 결정하는 것을 도울 수 있고, ⑤ 그들이 어디에서 가치가 큰 광상 지역의 위치를 찾아낼 수 있는지를 더 잘 이해하도록 해 줄 수 있을 것이다.

구문해설

1행 **It** has long been believed [**that** they formed in places near the earth's surface] .... ⇨ It은 가주어이고, 접속사 that이 이끄는 명사절인 [ ]가 진주어이다.

5행 These findings show [that they were formed in processes {involving intense heat, **which** does not occur at the surface}]. ⇨ [ ]는 show의 목적어로 쓰인 명사절이다. { }는 processes를 수식하는 현재분사구이다. which 이하는 intense heat를 선행사로 하는 계속적 용법의 주격 관계대명사절이다.

8행 This knowledge could **help** miners **decide** [where to search for gold] and *allow* them *to* better *understand* [where they can locate areas of valuable mineral deposits]. ⇨ 준사역동사 help는 목적격 보어로 동사원형이나 to부정사를 취한다. 첫 번째 [ ]는 decide의 목적어로 쓰인 「의문사+to-v」 구문이다. 「allow+목적어+to-v」는 '(목적어)가 ~하도록 (허락)하다'의 의미이다. 두 번째 [ ]는 understand의 목적어로 쓰인 의문사절로, 「의문사+주어+동사」의 어순을 따른다.

문제해설

⑤는 광부들을 가리키며, 나머지는 금덩이를 가리킨다.

02 ④

아프리카 꿀벌은 벌집 딱정벌레에게 자주 공격을 당한다. 딱정벌레들은 벌집에 침입하여, 꿀을 먹고, 벌집에 막대한 피해를 입힌다. 딱정벌레들은 ① 그들(꿀벌)의 의사소통을 엿들어서 그들의 벌집 안으로 들어갈 수 있다. 꿀벌들이 위협을 받거나 스트레스를 받을 때마다 ② 그들은 특별한 페로몬을 분비하여 경보를 울린다. 이것은 그 지역에 있는 다른 꿀벌들에게 위험이 있을 수 있음을 경고하는 것이다. 그러나 딱정벌레들 또한 이러한 메시지를 감지할 수 있으며, 그것들을 이용하여 ③ 그들의 벌집 위치를 알아낸다. ④ 그들은 실제로 꿀벌들이 그 신호를 알아채기도 전에 그 화학 신호들을 이용하여 벌집을 발견해 낼 수 있다. 어떤 경우에는, 딱정벌레들이 너무나 난폭하게 벌집을 찢고 들어가서 꿀벌들은 어쩔 수 없이 벌집을 버리고 떠나게 되고, 이것은 결국 ⑤ 그들이 수분(受粉)하는 곡물들에 영향을 미치게 된다.

구문해설

3행 **Whenever** bees are threatened or feel stressed, ... ⇨ Whenever는 '~할 때마다'의 뜻으로, Every time과 바꾸어 쓸 수 있다.

8행 ..., the beetles rip through hives **so** destructively **that** bees *are forced to abandon* them, thus [affecting the crops {(which/that) they pollinate}]. ⇨ 「so+형용사/부사+that ~」은 '너무 …해서 ~하다'의 뜻이다. 「be forced to-v」는 '~하도록 강요받다'의 뜻이다. [ ]는 〈결과〉를 나타내는 분사구문이다. { }는 선행사 the crops를 수식하는 목적격 관계대명사절로, 목적격 관계대명사가 생략되었다.

문제해설

④는 벌집 딱정벌레를 가리키며, 나머지는 꿀벌을 가리킨다.

03 ③

호주의 과학자들은 약 9천5백만 년 된 화석화된 선사 시대의 악어를 발굴한 후에 최근 예상치 못한 것에 맞닥뜨렸다. 그들이 ① 그것을 조사하기 시작했을 때, 그들은 이것이 이전에 알려지지 않은 종의 일원임을 발견하고 기뻐했고, 이것은 그 이후 Confractosuchus로 명명되었다. 그러나 그들이 진정으로 놀란 것은 바로 ② 그것의 뱃속에서 작은 공룡의 유해를 발견했을 때였다. 그 공룡은 조각류 공룡으로 알려진 매우 작은 초식 동물이었던 것으로 여겨진다. ③ 그것은 아마도 약 1킬로그램의 무게에 크기는 큰 닭과 맞먹었을 것이다. 과학자들은 악어가 보통 공룡을 잡아먹었다고 생각하지 않는다. 대신에, 그들은 ④ 그것이 조각류 공룡을 단순히 편리한 먹잇감으로 여겼을 것으로 생각한다. 이 발견은 특히 먹이 사슬 내 공룡의 위치와 관련하여 그 당시 먹이 사슬의 구조를 새롭게 조명한다. 그 악어와 ⑤ 그것의 마지막 식사에 대한 추가 분석이 더 많은 귀중한 정보를 제공할 것으로 기대된다.

구문해설

4행 But **it was** when they found the remains of a small dinosaur inside its stomach **that** they were truly stunned. ⇨ 「it is[was] ~ that ...」 강조구문으로, '...한 것은 바로 ~이다[이었다]'의 의미이며, 강조되는 부분은 when 부사절이다.

6행 The dinosaur is believed **to have been** a very small herbivore [known as an ornithopod]. ⇨ to have been은 완료형 to부정사로 주절의 시점보다 더 이전의 상태를 나타낸다. [ ]는 a very small herbivore를 수식하는 과거분사구이다.

문제해설

③은 공룡을 가리키며, 나머지는 악어를 가리킨다.

04 ⑤ 05 ④

영국에는 매년 어려움에 처한 수백만 명의 사람들을 돕는 거대한 자선 단체 부문이 있다. 그런데, 모금 방법들 중의 하나가 일반 대중 사이에서 점점 더 평판이 나빠지고 있다. '자선 단체(charity)'와 '노상강도(mugging)'라는 단어들의 조합인 'chugging'으로 흔히 알려진 그것은, 행인들에게 기부를 요청하기 위해 거리로 직원들을 내보내는 것을 수반한다. 이 'chuggers'는 단순히 남는 잔돈을 요청하는 것 이상의 것을 한다. 대신, ① 그들은 사람들이 정기적으로 기부하는 것에 등록하게 하려고 애쓴다. ② 그들의 강압적인 전략이 도덕적인지에 관한 의문들이 있다. 어떤 사람들은 자선 단체가 기금을 잘 지원받도록 하기 위해 ③ 그들이 할 수 있는 무엇이든 하는 것은 정당화된다고 주장한다. 하지만, 다른 사람은 ④ 그들이 정말 신경에 거슬리고 성가시다고 느낀다. ⑤ 그들은 억지로 기부하도록 괴롭힘당하는 것에 반대한다.

구문해설

3행 [(Being) Commonly known as "**chugging**,"

{a combination of the words "charity" and "mugging}]," it involves sending employees out onto the street *to ask* passersby for donations. ⇨ [ ]는 문두에 Being이 생략된 형태의 분사구문이다. chugging과 { }는 동격이다. to ask는 〈목적〉을 나타내는 부사적 용법의 to부정사이다.

7행 There are some questions **as to** [whether their high-pressure tactics are ethical]. ⇨ '~에 관해'라는 의미의 전치사 as to의 목적어로 접속사 whether가 이끄는 명사절 [ ]가 쓰였다.

문제해설

04 ⑤는 다른 사람들(chugging을 반대하는 사람들)을 가리키고, 나머지는 chuggers를 가리킨다.

05 (A) 형용사 unpopular를 수식하는 부사 increasingly가 적절하다.

(B) get은 목적어와 목적격 보어가 능동 관계일 때 목적격 보어로 to부정사를 취하므로 to sign up이 적절하다.

(C) keep의 목적격 보어 자리로, 목적어와의 관계가 수동이므로 과거분사 funded가 적절하다.

06 ②

어느 날, 호기심 많은 한 젊은이가 지식을 구하고자 한 현인을 찾아왔다. "저에게 당신의 모든 지혜를 가르쳐 줄 수 있나요?" 현인은 ① 그를 근처 강으로 데려갔다. 그들이 그곳에 도착했을 때, ② 그는 말했다. "강을 보고 무엇이 보이는지 내게 말해 주시오." 젊은이가 강을 자세히 보기 위해 몸을 숙였을 때, 현인이 갑자기 젊은이의 머리를 물속으로 밀어 넣고 머리를 아래로 힘껏 눌렀다. 젊은이가 발버둥을 쳤지만, 현인은 ③ 그를 오랫동안 놓아주지 않았다. 마침내 젊은이가 익사할 지경에 이르렀을 때, 현인은 ④ 그를 놓아주었다. 숨을 헐떡인 후에, ⑤ 그는 소리쳤다. "왜 그랬습니까?" "나는 당신에게 교훈을 가르쳐 주길 원했소." 현인이 대답했다. "지혜는 그렇게 쉽게 오는 것이 아니오. 당신이 방금 전에 공기를 원했던 만큼 지혜를 원할 때, 내게 다시 오시오."

구문해설

3행 ..., "Look at the river and tell me [what you see]." ⇨ [ ]는 tell의 직접목적어 역할을 하는 의문사절이다.

5행 ..., he didn't **let** him **go** for a long time. ⇨ 사역동사 let의 목적격 보어로 동사원형 go가 사용되었다.

문제해설

②는 현인을 가리키고, 나머지는 젊은이를 가리킨다.

유형 09 어법

기출 예제 01 ⑤   02 ③

심해에 사는 유기체들은 몸속에 물을 저장하여 고압에 적응해 왔고, 일부는 거의 전적으로 물로만 구성되어 있다. 대부분의 심해 유기체들은 부레가 없다. 그들은 주변 환경에 체온을 맞추는 냉혈 유기체들로 낮은 신진대사를 유지하고 있는 동안 차가운 물에서 생존하게 한다. 먹을 수 있는 희소한 먹이를 찾는 것이 많은 에너지를 소비하기 때문에 많은 종들은 오랜 기간 동안 먹이 없이 생존이 가능하도록 그들의 신진대사를 매우 많이 낮춘다. 심해의 많은 포식성 물고기는 거대한 입과 날카로운 이빨을 가지고 있는데, 이는 그들이 먹이를 붙잡고 제압할 수 있게 한다. 해양의 잔광 구역에서 먹이를 잡는 일부 포식자들은 뛰어난 시력을 가지고 있고, 반면 다른 포식자들은 먹잇감이나 짝을 끌어들이기 위해 자신의 빛을 만들어 낼 수 있다.

어휘

organism 유기체, 생물(체) adapt 적응하다 pressure 압력 entirely 전적으로, 전부 adjust 조절하다, 맞추다 temperature 온도 survive 생존하다 metabolism 신진대사 sparse 드문 expend (많은 돈·시간·에너지를) 쓰다, 들이다 predatory 포식성의 be equipped with ~을 갖추다 enormous 거대한 hold on to ~을 꼭 잡다 prey 먹이 overpower 제압하다 residual 남은, 잔여의 capability 능력

유형 연습 pp.58~61

01 ⑤   02 ①   03 ①   04 ③   05 ⑤   06 ③

01 ⑤

만약 당신이 히터나 에어컨을 전혀 틀 필요가 없다면, 돈을 얼마나 절약할지 생각해 보라. 당신은 에너지에 소비되는 많은 돈을 절약할 뿐만 아니라, 환경을 보호하는 데에도 도움을 줄 것이다. 이것이 패시브 하우스를 짓는 주된 이유이다. 패시브 하우스의 개념은 에너지가 낭비되는 것을 방지하는 기술에 의존한다. 고효율 창문, 추가 단열재, 기계적 환기 시스템과 같은 것들이 중요한 특징들에 속한다. 패시브 하우스에서는 집 안의 온도 차가 최소화되고, 틈새로 들어오는 차가운 공기가 막아진다. 향상된 필터 기술이 공기를 정화하여, 천식과 알레르기 문제를 일으킬 수 있는 미세먼지를 감소시킨다. 환기가 잘 되는 것은 또한 습기 문제를 방지하며, 이는 사람들을 위험한 곰팡이로부터 보호한다.

구문해설

4행 The passive house concept relies on technology [that **prevents** energy **from being wasted**]. ⇨ [ ]는 technology를 수식하는 주격 관계대명사절이다. 「prevent+목적어+from v-ing」는 '(목적어)가 ~하지 못

8행 Advanced filtering technology purifies air, thus [reducing particles of dirt {that can cause asthma and allergy problems}]. ⇨ [ ]는 〈결과〉를 나타내는 분사구문이다. { }는 particles of dirt를 수식하는 주격 관계대명사절이다.

문제해설

⑤ which의 선행사는 moisture problems가 아니라 앞 절 전체이므로, protect를 protects로 고쳐야 한다.

〈오답노트〉

① 「help+동사원형」은 '~하는 것을 돕다'의 의미로 help는 to부정사와 동사원형 모두를 목적어로 취할 수 있다.

② 앞의 명사 technology를 선행사로 하는 주격 관계대명사 that은 어법상 옳다.

③ 주어가 복수명사인 Things이므로 복수동사 are는 어법상 옳다.

④ 분사구문의 의미상 주어 Advanced filtering technology와 분사의 관계가 능동이므로 현재분사 reducing을 쓴다.

02 ①

1911년 3월 25일, 뉴욕시에 있는 Triangle Shirtwaist 공장에서 엄청난 화재가 발생했다. 정확히 무엇이 그 화재를 일으켰는지는 확실하지 않지만, 한 가지 추측은 던져진 담뱃불 때문이었을 수도 있다는 것이었다. 불은 매우 빠르게 그 의류 공장 전체에 번졌는데, 이는 그곳이 직물이나 나무 탁자와 같이 불에 잘 타는 물건들로 가득 차 있었기 때문이었다. 몇몇 노동자들이 건물에 있던 소방 호스로 불을 진압하려고 애썼지만, 호스에서는 물이 나오지 않았다. 공장 관리자가 노동자들이 휴식을 취하거나 물건을 훔치지 못하게 하려고 문을 잠가 놓았기 때문에 많은 노동자들이 건물에서 빠져나와 목숨을 건질 수 없었다. 그 화재는 146명의 생명을 앗아갔다. 이 참사에서 사망한 희생자들의 대부분은 젊은 여성들이었다. 이 비극 이후, 뉴욕시는 많은 새로운 화재 및 안전 법규를 통과시켰고, 더 나은 작업 환경을 위해 투쟁하기 위해 노동조합이 만들어졌다.

구문해설

2행 …, but one guess was [that it **may have been** a tossed burning cigarette]. ⇨ [ ]는 주격 보어로 쓰인 명사절이다. 「may have p.p.」는 '~했을지도 모른다'의 의미로 과거 사실에 대한 불확실한 추측을 나타낸다.

문제해설

① 현재완료시제는 On March 25, 1911과 같이 명백히 과거를 나타내는 부사구와 함께 쓰일 수 없으므로, has taken place를 과거시제인 took place로 고쳐야 한다.

〈오답노트〉

② 수식받는 명사 burning cigarette과 수동의 관계에 있으므로 '던져진'의 의미를 나타내는 과거분사 tossed는 어법상 알맞다.

③ the fire hoses를 선행사로 하는 주격 관계대명사이다.

④ 동사 save의 주체와 목적어가 동일한 대상이므로 재귀대명사 themselves는 어법상 적절하다.

⑤ 「most of＋명사」 주어는 of 뒤에 오는 명사에 동사의 수를 일치시켜야 하는데, 복수명사 victims가 쓰였으므로 복수동사 were는 적절하다.

03 ①

한 두바이 광고 대행사와 일하던 영국의 어느 자동차 제조사가 그들의 차량에 대한 새로운 종류의 생존 책을 만들어 냈다. 그 책은 독특한 메시지를 담고 있다. 차는 사막에서 생존할 수 있지만, 그것들의 소유주는 어떠한가? 차 소유주들이 살아남도록 돕기 위해서, 그 책은 사막에서 생존하는 법에 대한 많은 조언을 담고 있다. 그것은 혹독한 기온에 대처하는 것, 위험한 동물들을 피하는 것, 그리고 길을 찾기 위해서 별을 사용하는 것에 관한 정보를 담고 있다. 또한 최후의 수단으로, 운전자들이 어떤 식량도 찾을 수 없다면, 그들은 말 그대로 그 책을 먹을 수 있다! 그 책은 식용 잉크와 종이로 만들어져 있기 때문에, 책장은 먹도록 뜯길 수 있다. 게다가, 책의 금속 바인딩은 요리용 꼬챙이로 사용될 수 있으며, 그 책에는 도움을 요청하는 신호를 보내는 데 사용될 수 있는 빛을 반사하는 포장지가 있다. 당신은 한 권을 갖고 싶은 마음이 드는가?

구문해설

3행 [To **help** car owners **stay** *alive*], the book has many tips on surviving in the desert. ⇨ [ ]는 〈목적〉을 나타내는 부사적 용법의 to부정사구이다. help는 목적격 보어로 동사원형과 to부정사 둘 다 취한다. alive는 stay의 보어로 쓰인 형용사이며 항상 서술적 용법으로만 사용된다.

8행 In addition, the book's metal binding can be used **as** skewers, and the book has reflective packaging [that can be used to signal for help]. ⇨ as는 '~로서'의 의미인 전치사이다. [ ]는 reflective packaging을 수식하는 주격 관계대명사절이다.

문제해설

(A) 분사구문에서 생략된 의미상 주어(A British car manufacturer)와 분사가 능동 관계에 있으므로 현재분사 working이 알맞다.

(B) 앞의 the book을 가리키므로 단수형 대명사 it이 알맞다.

(C) 책의 빛이 반사되는 포장지가 신호를 보내는 데 사용될 수 있다는 것이므로 '~하는 데 사용되다'의 의미인 「be used to-v」가 알맞다. (*cf.* 「be used to v-ing」: ~하는 데 익숙하다)

04 ③

인생은 본질적으로 무의미하며 우리가 믿는 현실의 일부는 실제로는 현실이 아니라고 말하는 철학 사상의 학파가 있다. 이러한 철학은 허무주의라고 불린다. 그것은 흔히 절망감과 연관되

는데 이는 그것이 우리가 아무런 목적도 없는 것처럼 느끼도록 만들 수 있기 때문이다. 사실, 존재론적 허무주의는 인간의 존재가 완전히 하찮은 것이라고 주장한다. 그리고 그것은 널리 받아들여지는 인간 존재의 측면을 거부한다. 게다가, 허무주의는 사회의 모든 공통된 규칙과 가치관은 근거가 없다고 주장한다. 이는 19세기의 철학자 프리드리히 니체의 사상과 맥락을 같이 하는데, 그는 이 세상에는 인간이 세상에 부여하는 구조 이외에 다른 구조는 없다고 주장했다. 만약 어느 사회가 허무주의를 채택한다면, 그것은 법, 종교, 도덕을 무의미한 인공의 창조물로 간주할 것이고 인생의 어떤 의미도 묵살할 것이다. 이런 이유 때문에, 니체는 허무주의 운동이 인류의 엄청난 위기를 야기할 것이라고 우려했다.

구문해설

1행 There is a school of philosophical thought [that suggests {that life is essentially meaningless} and {that part of the reality in which we believe isn't actually real}]. ⇨ [ ]는 a school of philosophical thought를 선행사로 하는 주격 관계대명사절이다. 두 개의 { }는 suggests의 목적어로 쓰인 명사절로, 접속사 and로 병렬 연결되었다.

9행 **If** a society **were** to adopt nihilism, it **would regard** law, religion, and morality as meaningless man-made creations and (would) **dismiss** any meaning of life. ⇨ 「If＋주어＋동사의 과거형, 주어＋조동사의 과거형＋동사원형」의 형태인 가정법 과거로, 현재 사실과 반대되는 내용을 가정한다. would regard와 (would) dismiss는 접속사 and로 병렬 연결되었다.

문제해설

③ 동사 insists의 목적어절의 내용이 '~해야 한다'라는 당위성을 나타내면 「(should)＋동사원형」의 형태로 써야 하지만, 단순 사실을 나타내는 경우에는 시제를 일치시켜야 한다. 문맥상 여기에서는 단순 사실을 나타내므로 be를 is로 고쳐야 한다.

〈오답노트〉

① 선행사 the reality가 전치사 in의 목적어이므로, 목적격 관계대명사 which를 사용한 in which는 옳다.

② 사역동사 make의 목적격 보어 자리로, 목적어와 능동의 관계이므로 동사원형 feel은 알맞다.

④ 수식받는 명사 aspects of human existence와 수동의 관계이므로 과거분사 accepted는 알맞다.

⑤ structure를 가리키는 대명사이므로 단수형 대명사 that은 알맞다.

05 ⑤

특출난 사람들만이 위대한 것을 할 운명을 타고난다고 믿는 것은 우리의 자아 존중감을 깎아내린다. 셰익스피어, 피카소, 모차르트 같은 위대한 예술가들이 '신의 손길을 받았다'는 생각은 사실 근거 없는 통념일 뿐이다. 최근의 한 연구에서, 연구원들은 예술뿐만 아니라 수학과 스포츠를 포함한 분야들도 분

석했다. 그들은 엘리트급의 성과를 달성하려면 정말로 원초적인 재능이 필요한지를 알아보기 위해 과학적 접근법을 사용했다. 자신의 분야에서 정상에 오른 사람들은 모두 '재능을 타고 났다'기보다는 격려, 훈련, 동기 부여, 기회, 그리고 연습이라는 요소들을 공통적으로 갖고 있었다. 사실, 부모의 격려를 받기 전에 일찍이 성공할 가능성의 조짐을 보인 사람은 거의 없었다. 결정적인 공통 요소는 그들이 성공에 이르기 전까지 쏟은 수많은 시간의 수준 높은 연습이었다. 심지어 모차르트도 진정한 걸작을 창조하기 전에 16년의 연습 시간을 들였다!

구문해설

1행 Believing [that only exceptional individuals are destined for greatness] diminishes our sense of self-worth. ⇨ [ ]는 동명사 Believing의 목적어 역할을 하는 명사절이다.

4행 They used a scientific approach **to see** [if raw talent was really needed **to achieve** elite levels of performance]. ⇨ to see와 to achieve는 모두 〈목적〉을 나타내는 부사적 용법의 to부정사이다. [ ]는 '~인지 아닌지'의 의미인 if가 이끄는 명사절로, see의 목적어로 쓰였다.

문제해설

⑤ 그들이 성공에 '이르렀다'의 의미이며 뒤에 목적어(their success)를 취하고 있으므로, 수동태 were reached를 능동태 reached로 고쳐야 한다.
〈오답노트〉
① 주어가 Believing이 이끄는 동명사구이므로 3인칭 단수에 수를 일치시킨 diminishes는 옳다.
② that은 The notion과 동격을 이루는 명사절을 이끄는 접속사이다.
③ 〈목적〉을 나타내는 부사적 용법의 to부정사이다.
④ 셀 수 있는 명사의 복수형 앞에 쓰이는 수량형용사로 '거의 없는'의 의미를 나타내는 few는 옳다.

06 ③

많은 사람들은 남자의 대머리가 어머니의 아버지로부터 유전된다고 믿는다. 하지만, 의사들은 이러한 연관성이 별로 강하지 않으며, 그 원인이 그렇게 단순하지도 않다고 말한다. 남성형 대머리는 유전뿐만 아니라, 남성의 신체 내 호르몬 변화에 의해서도 발생한다. 전문가들은 특히 남성 호르몬인 디하이드로테스토스테론을 언급하는데, 이것이 남성의 두피에 난 모발이 일관된 방식으로 더 짧고 가느다란 모발로 교체되도록 한다. 최근의 한 연구는 또한 우리 모두 나이가 들면서, 두피 속의 줄기세포가 모낭 세포로 성장하는 능력을 잃게 된다는 것도 보여주었다. 남성형 대머리는 매력적으로 보이지 않을 수도 있지만, 창피한 것은 아니다. 명심할 것은, 남성과 여성 모두 나이가 들면서 머리카락이 빠진다는 사실이다.

구문해설

5행 ..., which **causes** hairs on men's scalps **to be replaced** .... ⇨ 「cause+목적어+to-v」는 '(목적어)가 ~하도록 야기하다'의 뜻이다.

6행 A recent study also showed [that **as** we all age, stem cells in our scalp lose the ability *to grow* into hair follicle cells]. ⇨ [ ]는 showed의 목적어로 쓰인 명사절이다. as는 '~함에 따라'의 의미로 쓰인 접속사이다. to grow는 the ability를 수식하는 형용사적 용법의 to부정사이다.

문제해설

(A) 부정어 nor가 문두에 나왔으므로 뒤에 오는 주어(the cause)와 동사(is)는 도치되어야 한다.
(B) 관계대명사 that은 계속적 용법으로 쓰일 수 없으므로 which가 적절하다.
(C) seem은 형용사를 보어로 취하므로 attractive가 옳다.

p.62

유형 **10** 어휘

기출 예제 01 ④　**02** ④

사진이 생생한 색으로 되어 있지 않았던 시기로 돌아가 보자. 그 기간 동안, 사람들은 오늘날 우리가 하는(부르는) 것처럼 사진을 '흑백 사진'이라기보다는 '사진'이라고 불렀다. 색의 가능성은 존재하지 않았고, 따라서 '흑백'이라는 형용사를 삽입하는 것은 불필요했다. 하지만, 우리가 컬러 사진의 존재 전에 '흑백'이라는 어구를 포함했다고 가정해 보자. 그 현실을 강조함으로써, 우리는 현재의 한계를 의식하게 되고, 따라서 새로운 가능성과 잠재적 기회에 마음을 연다. 제1차 세계대전은 우리가 제2차 세계대전에 깊이 휘말린 후에야 비로소 그 이름이 붙여졌다. 1940년대의 그 끔찍한 시기 이전에, 제1차 세계대전은 단순히 '대전쟁' 또는, 더 나쁘게는, '모든 전쟁을 끝낼 전쟁'이라고 불렸다. 만약 우리가 1918년으로 돌아가 그것을 '제1차 세계대전'이라고 불렀더라면 어땠을까? 그러한 명칭은 두 번째 세계적 충돌의 가능성을 정부와 개인에게 예측할 수 없는 (→ 예측 가능한) 현실로 만들었을지도 모른다. 우리가 그것들을 명시적으로 인지했을 때, 우리는 문제들을 의식하게 된다.

어휘

refer to A as B A를 B라고 언급하다　possibility 가능성　unnecessary 불필요한　insert 삽입하다　adjective 형용사　suppose 가정하다　include 포함하다　existence 존재　highlight 강조하다　conscious 의식하는　limitation 한계　potential 잠재적인　embattled 궁지에 몰린; *전쟁에 휘말린　horrific 끔찍한　conflict 갈등[충돌]　explicitly 명시적으로, 명백하게　identify 확인하다, 알아보다

01 ④

상어 지느러미 수프는 말린 상어 지느러미로 만들어지는데, 맛이 강하지 않다. 그러나 그것은 중국에서 높은 지위의 상징으로 여겨지는데, 이는 그것이 매우 비싸고 보통 특별한 행사에서 제공되기 때문이다. 이 수프에 대한 수요를 충족시키기 위해 지느러미에 매겨진 높은 가격은 상어들이 대량으로 포획되도록 만들었다. 어떤 어부들은 단지 지느러미를 얻기 위해 상어를 불법적으로 포획한다. 'finning'이라고 알려진 이 관행은 잔인하다는 비난을 받고 있다. 그 이유는 상어들이 대개 지느러미가 제거된 뒤에 물속에 방치되어 익사하기 때문이다. finning은 또한 해양 생태계를 위협하는데, 이 포식자들의 죽음이 바다의 자연적인 균형에 도움을 주기(→ 해를 끼치기) 때문이다. 이러한 이유 때문에 상어의 지느러미만 잘라내는 행위는 미국 영해와 같은 특정 지역에서는 이미 제한되어 있다.

구문해설

1행 Shark fin soup, [which **is made from** dried shark fins], doesn't have a strong taste. ⇨ [ ]는 Shark fin soup를 부연 설명하는 계속적 용법의 주격 관계대명사절이다. 「be made from ~」은 '~으로 만들어지다'의 뜻이며, 주로 화학적인 변화를 수반할 때 사용된다.

3행 The high price [placed on fins to meet the demand for this soup] has **caused** sharks **to be hunted** in large numbers. ⇨ [ ]는 The high price를 수식하는 과거분사구이다. 「cause+목적어+to-v」는 '(목적어)가 ~하게 야기하다'라는 뜻이다.

문제해설

상어 지느러미를 자르는 행위는 바다 포식자의 죽음으로 해양 생태계를 위협하며 자연의 균형에 '해를 끼치는' 일이므로, ④의 helpful(도움이 되는)을 harmful(해로운) 등으로 바꿔야 한다.

02 ⑤

올해, 미국 식품의약청은 HIV 감염의 위험성을 감소시키는 것으로 입증된 최초의 약을 승인했다. Truvada라고 불리는 이 알약은 HIV에 노출될 위험에 처한 건강한 사람들을 위한 예방책으로 사용될 수 있다. 이 신약은 미국 내의 HIV 확산을 억제하는 데 있어서 몇 년 만에 일어난 가장 큰 진전인데, 미국에서는 지난 10년 동안 매년 5만여 명의 새로운 감염자가 보고되어 왔다. 약 120만 명의 미국인이 현재 HIV에 걸렸고, 그들 중 약 5분의 1은 자신이 HIV 양성이라는 사실을 알지 못하고 있다. Truvada는 바이러스가 새로운 사람들을 감염시키는 것을 막아 주기 때문에 이러한 상황에서 효과적일 수 있다. 이 약의 높은 가격에도 불구하고, 이 약은 의료 분야에서 중요한 획기적 발전으로 여겨지고 있다.

구문해설

1행 ... approved the first drug [proven **to reduce** the risk of HIV infection]. ⇨ [ ]는 the first drug을 수식하는 과거분사구이다. to reduce는 보어로 쓰인 명사적 용법의 to부정사이다.

4행 ... in the US, [where about 50,000 new infections **have been reported** annually for the past decade]. ⇨ [ ]는 the US를 부연 설명하는 계속적 용법의 관계부사절이다. have been reported는 〈계속〉을 나타내는 현재완료 수동태이다.

문제해설

(A) HIV 감염의 위험을 감소시키는 것으로 입증된 최초의 약이므로 미국 식약청이 '승인했다'는 의미의 approved가 적절하다. disapprove는 '인가[승인]하지 않다'라는 의미이다.

(B) 미국 내 HIV 보균자 중 5분의 1이 자신들이 HIV 보균자라는 사실을 모르고 있다는 내용이므로 HIV에 '양성인'이라는 의미의 positive가 적절하다. negative는 '음성인'이라는 의미이다.

(C) 신약이 HIV의 감염을 막아 주기 때문에 의료 분야에서 '획기적 발전'으로 여겨진다는 내용이 자연스러우므로 breakthrough가 적절하다. breakdown은 '고장'이라는 의미이다.

03 ⑤

원치 않는 대중의 관심을 받을 때, 긍정적인 종류이든 부정적인 종류이든, 인간은 흔히 자신의 얼굴이 붉어지는 것을 발견한다. 그러나 이 특이한 신체적 반응은 우리 종(인간)에만 국한된 것은 아니다. 비슷한 행동을 보이는 수많은 동물 종이 있다. 얼굴이 붉어지는 것을 진화적 발달이라고 보는 것은 그것이 개체의 생존 가능성을 높이도록 고안된 것임을 시사한다. 어떻게 얼굴이 붉어지는 것이 인간이나 동물이 위험을 피하는 데 도움이 되는지는 완전히 분명하지는 않지만, 일부 연구원들은 유인원이 얼굴을 붉히는 것을 비언어적인 유화 정책의 한 형태로 이용한다고 생각한다. 즉, 그것은 그들이 무해하고 비공격적이라는 것을 보여줌으로써 즉각적으로 사회적 긴장을 줄이게 해 준다. 우세한 개체가 얼굴이 붉어진 것을 감지하면, 그것은 위협이 없다고 이해하고 공격하려 하지 않을 것이다. 유인원은 미소 짓기와 눈길 돌리기를 포함한 다른 형태의 유화 정책 표현 또한 활용하는데, 이것은 동물이 흔히 눈을 마주치는 것을 항복(→ 도전)으로 이해한다는 사실 때문에 효과적이다.

구문해설

1행 [When receiving undesired public attention, of **either** the positive **or** negative variety], human beings commonly *find* themselves *blushing*. ⇨ [ ]는 〈때〉를 나타내는 분사구문으로, 의미를 명확히 하기 위해 접속사를 생략하지 않은 형태이다. 「either A or B」는 'A이든 B이든'의 의미이다. find의 목적어 themselves와 목적격 보어의 관계가 능동이므로 현재분사 blushing이 쓰

였다.

5행 **It** is not completely clear [how turning red could *help* a human or animal *avoid* danger], but some researchers believe [that apes use blushing as a form of nonverbal appeasement]. ⇨ It은 가주어이고, 의문사절인 첫 번째 [ ]가 진주어이다. help는 목적격 보어로 동사원형이나 to부정사를 취한다. 두 번째 [ ]는 believe의 목적어로 쓰인 명사절이다.

문제해설

미소 짓기와 눈길 돌리기가 유화 정책의 표현으로서 효과적인 이유는 눈을 마주치는 것이 '도전'을 의미하기 때문이라는 흐름이 자연스럽다. 따라서 ⑤의 surrender(항복)를 challenge(도전) 등으로 바꿔야 한다.

04 ③ 05 ④

요즘 들어, 학계는 훨씬 더 상호적으로 되었다. 인터넷 같은 기술의 발전 덕분에, 교수들은 더 광범위하게 연구를 할 수 있을 뿐만 아니라, 전 세계에 있는 다른 학자들과 쉽게 의사소통을 할 수 있다. 이것은 많은 학문 분야에서 공동 연구를 보편화시켰다. 사실상, 여러 자연 과학과 사회 과학 분야에서 연구 논문의 단독 저술은 이제 흔하다(→ 흔하지 않다). 한 보고서에 따르면, 2008년에 발행된 학술 논문의 약 4분의 3이 공동 집필된 것이었다. 물론 과학에서의 공동 연구는 과거에도 있었다. 알베르트 아인슈타인조차도 과학 분야의 공식적인 조직에 대한 반대자였으나 한때 다른 학자와 공동 연구를 했다. 1912년에, 아인슈타인은 수학자인 Marcel Grossmann이 일반 상대성 이론에 접근하는 데 사용할 적절한 수단을 그에게 말한 후에 Grossmann과 논문을 공동 집필했다.

구문해설

8행 Even Albert Einstein, [who was an opponent of the formal organization of science], collaborated with another scholar at one time. ⇨ [ ]는 선행사인 Albert Einstein을 부연 설명하는 계속적 용법의 주격 관계대명사절이다.

문제해설

04 공동 연구가 보편화되고 있는 요즘에는 연구 논문의 단독 저술이 '흔하지 않다'는 내용이 와야 하므로, ③의 usual(흔히 있는)을 unusual(흔치 않은) 등으로 바꿔야 한다.

05 (A) 부정어 not only가 문두에 있으므로 주어(academics)와 동사(are)가 도치되어야 한다.
　　(B) 전치사 to의 목적어 역할을 하는 동명사 becoming이 적절하다. collaboration은 동명사의 의미상 주어이다.
　　(C) 분수 three quarters가 사용되었으므로 동사의 수는 of 뒤의 명사에 일치시켜야 한다. 복수명사인 academic papers가 나왔으므로 복수동사인 were가 옳다.

06 ④

여러분은 아마 적은 수의 물건들을 볼 때, 그것들을 세지 않고도 몇 개가 있는지 인지할 수 있다는 것을 알아차린 적이 있을 것이다. 이 능력은 'subitization'이라고 불린다. 그런데 이것은 인간에게만 고유한 능력이 아니다. 몇몇 실험에서 다른 영장류, 설치류, 심지어 조류 또한 이 능력을 보였다. 과학적인 증거에 따르면 subitization과 다른 기초 수학 관련 능력들은 선천적이며 뇌의 특정한 부분에 의해 지배된다. 그것이 바로 이 부분의 뇌 손상을 경험한 뇌졸중 환자들이 다른 모든 면에서는 정신적으로 유능하더라도, 때때로 그들 앞에 몇 개의 물건들이 있는지 세지 않고 말을 할 수 없는 이유이다. 하지만, 모든 학자들이 subitization과 같은 기본적인 능력이 실제로 수학을 구성한다는 데 동의하지는 않는데, 그들은 수학이 추상적인 개념을 수반해야만 한다고 생각한다. 사실상, 진정한 수학에 대한 그들의 정의는 심지어 숫자 세기, 덧셈, 뺄셈과 같은 기본적인 학습된 수학 능력도 제외시킨다.

구문해설

6행 **That's why** victims of strokes [who have experienced brain damage in this area] are sometimes unable to tell [how many objects are in front of them without counting], ... ⇨ 「That's why ~」는 '그것이 바로 ~한 이유이다'의 의미이다. 첫 번째 [ ]는 victims of strokes를 수식하는 주격 관계대명사절이다. 두 번째 [ ]는 tell의 목적어로 쓰인 의문사절이다.

9행 ..., **not all** scholars agree [that basic abilities like subitization actually constitute mathematics], [which {they believe} must involve abstract ideas]. ⇨ 「not all ~」 구문은 '모두 ~한 것은 아니다'의 의미로 부분 부정을 나타낸다. 첫 번째 [ ]는 agree의 목적어로 쓰인 명사절이다. 두 번째 [ ]는 mathematics를 부연 설명하는 계속적 용법의 주격 관계대명사절이다. { }는 관계대명사절 내에 삽입된 절이다.

문제해설

(A) 적은 수의 물건들을 세지 않고도 개수를 '인지할' 수 있는 능력이 문맥상 자연스러우므로 perceive가 적절하다. deceive는 '속이다'라는 의미이다.
(B) 뇌 손상을 경험한 뇌졸중 환자들은 때때로 물건의 수를 세지 않고는 말을 '할 수 없다'는 내용이 와야 하므로 unable이 적절하다. able은 '~할 수 있는'이라는 의미이다.
(C) 추상적인 개념을 수반해야만 수학이라고 여기는 학자들의 수학에 대한 정의이므로 숫자 세기, 덧셈, 뺄셈과 같은 기초 수학 능력은 '제외시킨다'는 내용이 자연스럽다. 따라서 excludes가 와야 한다. include는 '포함하다'라는 의미이다.

p.68

기출 예제 01 ⑤ 02 ④

지식의 집단적 속성을 이해하는 것은 우리가 세상을 바라보는 방식에 대한 잘못된 개념을 바로잡아 줄 수 있다. 사람들은 영웅을 좋아한다. 개개인은 주요한 획기적 발견에 대해 공로를 인정받는다. 마리 퀴리는 그녀가 방사능을 발견하기 위해 마치 혼자 연구한 것처럼 대우받으며 뉴턴은 그가 운동의 법칙을 마치 혼자 발견한 것처럼 대우받는다. 진실은 실제 세계에서 아무도 혼자 일하지 않는다는 것이다. 과학자들은 중요한 아이디어를 제공하는 학생들과 함께 쓰는 실험실을 가지고 있을 뿐만 아니라, 유사한 생각을 하면서 유사한 연구를 하고 있는 동료들도 있으며, 그들이 없다면 그 과학자는 어떠한 성과도 이루지 못할 것이다. 그리고 다른 문제들을, 때로는 다른 분야에서 연구하지만 그럼에도 불구하고 자신의 발견과 생각들을 통해 장을 마련해 주는 다른 과학자들도 있다. 일단 지식이 모두 (한 명의) 머릿속에 있는 것이 아니라, 공동체 안에서 공유된다는 것을 우리가 이해하기 시작하면 우리의 영웅은 바뀐다. 개인에게 초점을 맞추는 대신에 우리는 더 큰 집단에 초점을 맞추기 시작한다.

어휘

appreciate 진가를 알아보다; *(뜻 따위를) 올바르게 이해하다 correct 바로잡다 credit 신용; *공(적) motion 운동, 움직임 operate 작동되다, 일하다 contribute 기부하다; *기여하다 colleague 동료 nevertheless 그럼에도 불구하고 community 지역 사회; *공동체 [문제] trial and error 시행착오 superiority 우월성 collective 집단의

유형 연습					pp.70~75
01 ②	02 ⑤	03 ⑤	04 ②	05 ④	06 ⑤
07 ②	08 ④	09 ②	10 ①		

01 ②

'spin doctor'라는 용어는 홍보 전문가를 묘사하기 위해 1980년대에 처음 생겨났다. 현재 특정한 정치 대리인과 기업 대리인을 묘사하기 위해 사용되기도 하는 이 용어는 특정한 사건이나 상황을 우호적인 방식으로 보여주는 것을 직업으로 하는 사람을 가리킨다. 어떤 사건에 대한 대중의 인식을 통제하는 것은 그것의 선택된 일부를 보여 주는 한편 나머지는 숨기는 것을 수반한다. 마찬가지로, spin doctor는 어떤 것의 긍정적인 면으로 관심을 끌기 위해 이런 종류의 통제를 사용한다. 예를 들면, 담배는 해로운 것으로 알려져 있기 때문에, 담배 회사들은 기업 이미지를 개선하기 위해서 보통 자선 단체를 후원하거나 지역 사회봉사 활동을 후원한다. spin doctor들은 담배 회사들의 긍정적인 측면을 홍보하기 위해 대중 매체에서 이런 종류의 '기업의 사회적 책임'을 강조한다.

구문해설

2행 [Now (being) also used to describe certain political and corporate agents], the term refers to someone [whose job is to present ...]. ⇨ 첫 번째 [ ]는 being이 생략된 형태의 분사구문이다. 두 번째 [ ]는 someone을 수식하는 소유격 관계대명사절이다.

문제해설

담배 회사의 예를 통해 알 수 있듯이, 'spin doctor'는 특정한 사건이나 상황을 긍정적인 방식으로 부각시키는 것을 직업으로 하는 사람을 가리키므로, 빈칸에는 ② '우호적인'이 가장 적절하다.
① 신중한　　　　　③ 간소화한
④ 비판적인　　　　⑤ 책임감 있는

02 ⑤

피드백은 긍정적일 수도 있고 부정적일 수도 있다. 그러나, 두 경우 모두 그것의 목적은 개인에게 미래의 결정을 안내하는 데 도움을 줄 수 있는 유용한 정보를 제공하는 것이다. 때로 피드백은 비판과 유사할 수도 있지만, 그 둘 사이에는 중요한 차이가 있다. 비판은 평가적인 반면, 피드백은 묘사적이다. 이 때문에, 피드백은 더욱 건설적이며, 판단이 아닌 정보를 제공한다. 이 차이를 더 잘 이해하기 위해, 회의 시간에 계속 경솔하게 말하는 직원을 상상해 보라. 이 사람의 상사는 "자네는 무례했어."라는 말로 비판을 할 수도 있다. 반면에, 피드백은 다음과 같은 형태를 취할 가능성이 더 크다. "자네는 오늘 동료들의 말을 네 번 가로막았다네." 아마 그 피드백은 더 쉽게 받아들여질 것이고, 잘하면 그 직원의 행동에 변화를 일으킬 수 있을 것이다.

구문해설

1행 ..., its goal is [to **provide** an individual **with** useful information {that can help guide future decisions}]. ⇨ [ ]는 문장의 주격 보어로 쓰인 to부정사구이다. 「provide A with B」는 'A에게 B를 제공하다'의 뜻이다. { }는 useful information을 수식하는 주격 관계대명사절이다.

9행 **Chances are that** the feedback would be more easily accepted, [hopefully leading to a change in the employee's behavior]. ⇨ 「Chances are that ~」은 '~할 가능성이 크다, 아마 ~할 것이다'라는 의미로 「It is likely that ~」과 바꾸어 쓸 수 있다. [ ]는 〈결과〉를 나타내는 분사구문이다.

문제해설

비판이 평가적인 반면 피드백은 더욱 건설적이며 판단이 아닌 정보를 제공한다고 했고, 본문의 예시에서도 객관적인 사실을 묘사하고 있으므로, 빈칸에는 ⑤ '묘사적인'이 가장 적절하다.
① 설득력 있는　　　　② 공격적인
③ 경쟁적인　　　　　④ 주관적인

03 ⑤

인도 사람들은 수 세기 동안 차를 마셔 왔다. 하지만, 최근에는 커피숍에서 시간을 보내는 것이 인도의 십 대 청소년들과 젊은 이들에게 새로운 유행이 되었고, 이러한 유행은 <u>인도의 젊은이들이 사람들과 어울리는 방식</u>을 변화시켰다. 인도에는 술집 문화가 제한되어 있고, 술을 마시는 것은 여전히 많은 사람들에 의해 받아들여지지 않는다. 그러므로, 커피숍은 인도의 젊은이들에게 안전한 대안을 제공해왔다. 많은 십 대 청소년 무리들이 저녁에 지역 커피숍에 자주 모인다. 일부 커피숍에는 기타가 있어서, 고객들은 친구들과 시간을 보내는 동안 음악을 연주할 수 있다. 커피 문화는 또한 인도의 데이트 풍경을 변화시켰다. 어린 나이에 남자친구나 여자친구를 사귀는 것은 인도에서는 일반적으로 받아들여지지 않는다. 하지만, 커피숍에서의 비밀 데이트는 젊은 인도인들에게 새로운 표준이 되었고, 커피숍은 그들에게 부모에게서 떨어진 적절한 공간을 제공한다.

구문해설

1행 ..., [spending time in coffee shops] **has become** a new trend for Indian teens and young people, ... ⇨ 동명사구인 [ ]가 문장의 주어이므로 단수 취급하여 단수형 동사 has become이 왔다.

문제해설

술을 마시는 것이 제한되는 인도에서 커피숍은 인도의 젊은이들에게 사람들과 어울리고 데이트를 할 수 있는 공간을 제공한다고 했으므로, 빈칸에는 ⑤ '인도의 젊은이들이 사람들과 어울리는 방식'이 가장 적절하다.

① 인도의 경제 전망
② 인도 학생들이 공부하는 방식
③ 커피가 판매되는 방식
④ 국제적인 커피 문화

04 ② 05 ④

당신은 드라마의 한 회가 미해결된 방식으로 끝나는 것을 본적이 있을 것이다. 드라마가 끝난 뒤, 그것은 당신의 마음속에 남아서 이야기가 어떻게 끝나는지 알아보기 위해 다음 회를 시청하고 싶게 만들었을 것이다. 그 이유가 무엇이라고 생각하는가? 그것은 자이가르닉 효과라고 알려진 심리학 개념으로 설명될 수 있다. 이 개념은 러시아의 심리학자인 Bluma Zeigarnik의 이름을 딴 것으로, <u>우리가 완결된 과제보다 미완성된 과제를 더 잘 기억한다</u>는 것을 말한다. 그녀는 비엔나의 한 커피숍에서 서빙하는 직원들을 관찰한 후 1927년에 그 개념을 제시했다. 그녀는 직원들이 계산되지 않은 주문들만 기억하는 것처럼 보인다는 것을 알아챘다. 하지만 그것들이 계산되자마자 직원들은 빠르게 그것들을 잊었다. 그래서 그녀는 학생들을 대상으로 연구를 하여 자신의 이론을 시험해 보기로 결심했다. 그녀는 그들에게 퍼즐 풀기와 같은 다양한 과제들을 주었다. 어떤 과제에서, 그녀는 그들에게 끝낼 수 있는 충분한 시간을 주었고, 다른 과제에서는 그들을 중간에 중단시켰다. 그녀가 얻은 결과는 완결되지 않은 과제가 학생들의 마음에 남아 있을 가능성이 두 배나 더 많다는 것을 보여주었다.

구문해설

1행 You **may have seen** an episode of a soap opera end in an unresolved way. ⇨ 「may have p.p.」는 '~했을지도 모른다'의 의미로 과거 사실에 대한 불확실한 추측을 나타낸다.

2행 ..., it probably lingered in your mind and **made** you **want** to watch the next episode *to find out* .... ⇨ 「make(사역동사)+목적어+동사원형」은 '~가 …하게 만들다'의 의미이다. to find out은 〈목적〉을 나타내는 부사적 용법의 to부정사구이다.

문제해설

04 드라마가 미해결된 채로 끝나면 뇌리에 더 오래 남는 현상과 커피숍 직원과 학생들이 완결되지 않은 일을 더 잘 기억했다는 예를 통해 자이가르닉 효과를 설명하는 글로, 빈칸에는 ② '우리가 완결된 과제보다 미완성된 과제를 더 잘 기억한다'가 가장 적절하다.

① 우리가 어려워하는 과제가 마음속에 더 오래 남는 경향이 있다
③ 우리는 동시에 많은 것을 기억할 수 있다
④ 우리의 마음은 통제 불가능한 외부의 요인들에 의해 산만해진다
⑤ 기억은 우리가 어떤 것에 소비하는 시간의 양에 영향을 받을 수 있다

05 ④ 앞의 복수명사 orders를 가리키므로 복수형 대명사 them이 되어야 알맞다.

〈오답노트〉
① 지각동사 see의 목적격 보어로 쓰인 동사원형 end는 적절하다.
② find out의 목적어 역할을 하는 의문사절을 이끄는 how는 적절하다.
③ 계속적 용법의 주격 관계대명사 which는 적절하다.
⑤ 수식받는 명사 tasks와 수동의 관계에 있으므로 과거분사 unfinished는 적절하다.

06 ⑤

1950년대 후반, 영국과 프랑스는 초음속 여객기를 개발하기 위해 협력했다. 콩코드라고 이름 지어진 이 최초의 초음속 비행기는 1976년에 운항을 시작했다. 유감스럽게도, 얼마 지나지 않아 그 비행기는 운행하기에 비용이 너무 많이 들고, 고가의 푯값을 감당할 사람들은 많지 않다는 것이 명백해졌다. 콩코드는 상업적 재앙으로 여겨지게 되었다. 하지만 이런 상황에도 불구하고, 그 프로젝트는 영국과 프랑스 정부로부터 계속해서 재정 지원을 받았고, 상업용 콩코드 운항은 2003년까지 계속되었다. 두 정부의 논리는 그들이 이미 그 프로젝트에 너무 많은 돈을 투자해서 그 돈이 낭비되도록 방치할 수 없다는 것이었다. 여기서 '콩코드 오류'라는 용어가 생겼다. 이 용어는 어떤 것이

가치 있는 투자가 아닌데도 그것에 이미 쏟아부은 노력이나 돈을 낭비하지 않기 위해서 <u>그것에 계속 돈을 써야 한다</u>는 사고의 오류를 가리킨다.

구문해설

3행 Unfortunately, **it wasn't long before** it became clear [that the aircraft was <u>too</u> expensive to <u>operate</u> ...]. ⇨ 「it is[was] not long before ~」는 '머지않아 ~하다[했다]'의 뜻이다. it은 가주어이고 명사절 [ ]가 진주어이다. 「too+형용사/부사+to-v」는 '너무 ~ 해서 …할 수 없다'의 의미이다.

7행 The logic of the two governments was [that they **had** already **invested** too much money into the project to *let* it *go* to waste]. ⇨ [ ]는 문장의 주격 보어로 사용된 명사절이다. had invested는 주절의 과거 시점(was)보다 더 이전에 일어난 일을 나타내는 과거완료시제이다. 사역동사 let의 목적어 it과 목적격 보어는 능동 관계이므로 목적격 보어는 동사원형으로 쓴다.

문제해설

명백히 실패했는데도 그동안 투자한 노력과 자본이 아깝다는 논리로 계속 자본을 낭비한 콩코드 여객기의 사례에서 유래한 사고의 오류를 설명하는 글이므로, 빈칸에는 ⑤ '그것에 계속 돈을 써야 한다'가 가장 적절하다.
① 프로젝트를 끝내는 것은 선택적이어야 한다
② 기업의 이익을 위해 데이터는 왜곡될 수 있다
③ 실패한 프로젝트에 투자하는 것을 중단해야 한다
④ 프로젝트를 완전히 바꾸는 것이 타당하다

07 ②

유명한 독일의 철학자 프리드리히 니체는 "신은 죽었다!"라는 충격적인 말로 가장 잘 알려져 있다. 사실 그 말은 그가 존경하던 작가인 Heinrich Heine로부터 차용한 것이었다. 그러나 니체는 Heine가 이 말을 하도록 고무한 극적인 문화적 변화를 고찰하는 것을 자기 일생의 과업으로 삼았다. 그 모든 것은 16세기 과학 혁명으로부터 시작되었는데, 그 시기에 과학적 방법이 자연의 작용을 이해하는 인기 있는 수단으로서 종교적인 저술을 대체하기 시작했다. 이는 18세기의 계몽주의 시대로 이어졌는데, 이때 인간이 이성과 증거에 믿음의 근거를 두어야 한다는 것이 널리 받아들여졌다. 19세기에 세계가 산업화되면서, 사람들은 마치 인류가 과학 지식과 기술 발달의 결합을 통해 자연에 대한 통제권을 얻은 것처럼 느끼기 시작했다. 결과적으로, 그들은 자연계에 위협을 덜 느꼈는데, 이는 결국 종교에 대한 그들의 의존을 약화시켰다.

구문해설

3행 However, Nietzsche made **it** his life's work [to examine the dramatic cultural shift {that *inspired* Heine *to make* this statement}]. ⇨ it은 가목적어이고, [ ]가 진목적어 역할을 하는 명사적 용법의 to부정사구이다.

{ }는 the dramatic cultural shift를 수식하는 주격 관계대명사절이다. 「inspire+목적어+to-v」는 '(목적어)가 ~하도록 고무하다'라는 의미이다.

4행 It all began with the scientific revolution of the 16th century, [**during which** scientific methods began to replace religious writings as the favored means for understanding the processes of nature]. ⇨ [ ]는 the 16th century를 부연 설명하는 계속적 용법의 목적격 관계대명사절이며, 이 관계대명사절 내에서 관계대명사는 전치사 during의 목적어 역할을 한다.

7행 This led to the Age of Enlightenment in the 18th century, [when **it** became widely accepted {that humans should base their beliefs on reason and evidence}]. ⇨ [ ]는 the Age of Enlightenment in the 18th century를 부연 설명하는 계속적 용법의 관계부사절이다. it은 가주어이고, 접속사 that이 이끄는 명사절인 { }가 진주어이다.

문제해설

과학 혁명을 통해 과학이 종교를 대신하기 시작하면서 인류가 종교에 덜 의존하게 되었다는 내용이므로, 빈칸에는 ② '이성과 증거에 믿음의 근거를 두다'가 가장 적절하다.
① 과학에 대한 잃어버린 신뢰를 회복하다
③ 진보된 기술에 의존하는 것을 피하다
④ 환경에 미치는 그들의 영향을 최소화하고자 노력하다
⑤ 그들이 자연의 힘 앞에서 얼마나 나약한지 깨닫다

08 ④

'호혜주의의 원리'에 관한 한 실험에서, 실험 대상자들은 자신들이 몇 가지 미술품을 평가해 달라는 요청을 받고 있다고 생각했다. 어느 시점에, 조수가 음료수를 가지러 방을 나갔다가 실험 대상자에게도 주기 위해 콜라 한 캔을 가지고 돌아왔다. 다른 경우에서는, 그는 그렇게 하지 않았다. 그런 다음 실험이 끝날 무렵에, 이 동일한 조수가 각 실험 대상자에게 기금 모금을 위한 복권을 사겠는지 물었다. 조수에게서 공짜 음료를 받았던 사람들은 받지 않았던 사람들보다 복권을 두 배 더 많이 구입했다. 흥미롭게도, 실험 대상자들은 나중에 그 조수를 얼마나 마음에 들어 했는지 평가해 달라는 요청을 받았는데, 그들이 그를 좋아했느냐 좋아하지 않았느냐는 그들의 결정에 영향을 주지 않았다. 다시 말해, 그 조수를 좋아하지 않았던 사람들도 그를 좋아했던 사람들만큼 많은 복권을 샀다. 이는 호혜주의의 원리에 의해 형성된 <u>신세 진 느낌</u>이 긍정적인 인상보다 더 영향력이 있다는 것을 보여준다.

구문해설

1행 ... test subjects thought [(that) they **were being asked** to evaluate some art]. ⇨ [ ]는 thought의 목적어로 쓰인 명사절로, 접속사 that이 생략되었다. 「be being p.p.」는 과거진행형 수동태이다. 「ask+목적어+to-v」는 '~에게 …하도록 요청하다'의 의미로, 여기서는 수

동태로 쓰였다.

5행 Those [who had received a free drink from the assistant] purchased **twice as** many tickets **as** those [who had not (received a free drink from the assistant)]. ⇨ 두 개의 [ ]는 각각 Those와 those를 수식하는 주격 관계대명사절이다. 「twice as+형용사[부사]의 원급+as ~」는 '~의 두 배만큼 …한'의 뜻이다. 반복을 피하기 위해 had not 다음의 내용이 생략되었다.

문제해설
신세를 졌다는 느낌을 받으면 그 부채 의식을 해소하기 위해 상대방에게 갚아 주려고 하는 호혜주의의 원리를 설명하는 글이므로, 빈칸에는 ④ '신세'가 가장 적절하다.
① 죄책감　　　　　② 스트레스
③ 소유　　　　　　⑤ 유대감

09 ② 10 ①
특정 음식의 섭취가 한 사람의 기분을 북돋을 수 있다는 데는 의문의 여지가 없지만, 이 즐거움에는 매우 다른 두 가지 원인이 있다. 어떤 음식들은 뇌의 화학적 성질을 바꾸는 화합물을 함유하는 반면, 다른 음식들은 단순히 정서적인 관점에서 위안을 제공한다. 연구는 '컴포트 푸드'로 알려진, 후자 집단에 속하는 음식들이 흔히 과거와 매우 중요한 연결 고리를 지니고 있음을 보여주었다. 그것들은 행복한 기억과 연결되어 우리가 그것들을 먹을 때마다 이러한 좋은 기분을 상기시킨다. 이 때문에, 컴포트 푸드 범주의 정확한 구성 요소는 각 개인마다 아주 독특하다. 예를 들어, 어린 시절 특별히 즐거운 가족 모임에서 제공되었던 디저트는 언제든지 당신이 우울할 때 가장 갈망하는 음식이 될 수도 있다. 그러나, 컴포트 푸드는 다양하지만 영양소가 낮은 경향이 있음을 연구가 보여 주었듯이, 스트레스를 받을 때 컴포트 푸드에 습관적으로 의지하는 것은 해로울 수 있음을 알아 두는 것이 중요하다.

구문해설
1행 **There is no question that** the consumption of certain foods can elevate a person's mood, ...
⇨ 「There is no question that ~」은 '~라는 데는 의심의 여지가 없다, ~라는 것은 당연하다'의 의미이다.
8행 A dessert [that was served at a particularly enjoyable family gathering in your childhood], for example, may become the food [that you crave most anytime you're feeling down]. ⇨ 첫 번째 [ ]는 A dessert를 수식하는 주격 관계대명사절이고, 두 번째 [ ]는 the food를 수식하는 목적격 관계대명사절이다.

문제해설
09 컴포트 푸드는 각 개인의 과거 행복한 기억에 대한 연결 고리를 제공하여 정서적 수준에서 위안을 제공하는 음식을 말하므로, 빈칸에는 ② '각 개인마다 아주 독특한'이 가장 적절하다.
① 화학 반응을 일으킬 가능성이 있는

③ 시간이 흐르며 변하는 것이 불가능한
④ 정서 상태와 거의 관계가 없는
⑤ 감정보다는 맛에 근거한

10 ① 뒤에 완전한 절이 이어지므로 앞의 명사 question과 동격인 명사절을 이끄는 접속사 that을 써야 한다.
〈오답노트〉
② 앞에 나온 명사 foods in the latter group을 수식하는 분사로, '~라고 알려진'이라는 수동의 의미를 나타내는 과거분사 known은 알맞다.
③ '~와 연결되다'라는 수동의 의미이므로 수동태 are connected to는 적절하다.
④ 형용사 enjoyable을 수식해야 하므로 부사 particularly는 적절하다.
⑤ it은 가주어로, 진주어 역할을 하는 to부정사 to note는 알맞다.

유형 12 흐름과 무관한 문장

기출 예제 01 ③　02 ④
주요 대양은 모두 서로 연결되어 있어서 그것들의 지리적 경계는 대륙의 경계보다 덜 명확하다. 결과적으로 그것들의 생물 군집은 육지에서의 생물 군집보다 명확한 차이를 덜 보인다. 각 해저 분지 안에서 물이 천천히 순환하기 때문에 대양 자체는 끊임없이 움직이고 있다. 이 이동하는 물은 해양 생물을 여기저기로 운반하며, 그들의 새끼나 유충의 확산을 돕기도 한다. (즉, 연안 해류는 예상보다 훨씬 덜 자주 동물들을 이동시킬 뿐만 아니라 연안 지역 내에 동물을 가둔다.) 더욱이 다양한 지역의 대양 해수 덩어리 환경 사이의 변화도는 매우 점진적이며, 종종 생태학적 내성이 다른 매우 다양한 유기체가 서식하는 넓은 지역에 이른다. 유기체의 이동에 장애물이 있을 수 있더라도 탁 트인 대양에 확실한 경계는 없다.

어휘
interconnect 상호 연결시키다　geographical 지리적인　boundary 경계　continent 대륙　ocean basin 대양[해저] 분지　rotate 회전[순환]하다　marine 해양의　dispersal 해산; *확산　larva 유충 (《pl.》 larvae)　coastal 해안의　current (물·공기의) 흐름, 해류　nearshore 연안의, 해변의　water mass 수괴(水塊), 해수 덩어리　gradual 점진적인　extend 뻗다; *이르다, 달하다　inhabit 살다, 서식하다　ecological 생태학의　tolerance 관용; *내성　firm 단단한; *확실한　barrier 장애물

01 ③

과학자들이 동물의 유전체를 인간의 유전체와 비교하는 것이 가능하기 때문에, 다양한 종들의 유전체 지도는 매우 유용한 도구가 될 수 있다. 지금까지, 쥐와 침팬지의 것을 포함한 이러한 다양한 유전체 지도들이 제작되어 왔다. 법의학자들이 DNA 증거를 용의자에게 대조하려 하는 것과 같은 식으로, 과학자들은 인간과 동물의 DNA를 비교하기 위해서 이러한 지도들을 이용하고 유사점을 찾아낸다. (사실, 인간의 DNA는 약 30억 의 염기쌍들로 구성되어 있으며, 이 중 99%가 모든 사람들에게 똑같다.) 비록 완벽한 일치는 분명히 없겠지만, 인간의 유전체가 동물의 유전체와 상응하는 경우가 많이 있다. 과학자들이 인간과 다른 종 사이의 유전적인 유사점을 규명하면, 그들은 새로운 의학 치료법의 개발에 이 정보를 이용할 수 있다.

구문해설

4행 In the same way [that forensic scientists try to match DNA evidence to suspects], scientists use these maps **to compare** human and animal DNA, [seeking out similarities]. ⇨ 첫 번째 [ ]는 way를 수식하는 관계부사절이다. to compare는 〈목적〉을 나타내는 부사적 용법의 to부정사이다. 두 번째 [ ]는 〈연속동작〉을 나타내는 분사구문이다.

8행 ..., there are many cases [in which human genomes correspond to *those* of animals]. ⇨ [ ]는 many cases를 수식하는 관계대명사절이며, in which 는 관계부사 where로 바꾸어 쓸 수 있다. those는 앞에 나온 genomes를 가리킨다.

문제해설

인간과 동물의 유전체를 비교함으로써 의학 발전에 기여할 수 있다는 내용이므로, 인간의 DNA의 구성 요소에 대해 언급한 ③은 글의 흐름과 무관하다.

02 ④

장 피아제의 인지적 구성주의 이론은 지식이 단순히 사람에게 전달되기보다는 경험을 통하여 구성된다는 의견을 제시했다. 사람들은 자신의 경험에 근거하여 정신적인 도식을 구성하고, 그렇게 함으로써 새로운 정보를 이해하거나 수용하는 것을 통한 도식의 변화에 의해 지식이 구성된다. 새로운 정보가 기존의 정보와 연관될 수 있으면, 그것은 지식 기반으로 동화된다. 들어오는 정보가 현재의 지식과 충돌하면, 인지 부조화가 발생하며 새로운 정보에 적응하기 위해 기존 도식의 변화를 요구한다. (정보가 너무 많은 관련 없는 정보와 함께 주어지면, 학습자는 그것을 저장하고 구조화하는 데 어려움을 겪을지도 모른다.) 이 과정을 통해서, 사람들은 그들의 환경과 상호 작용을 하고 지식을 축적한다.

구문해설

7행 ..., cognitive dissidence occurs, [requiring a change in the existing schema **to adjust** to the new information]. ⇨ [ ]는 〈연속동작〉을 나타내는 분사구문이다. to adjust 이하는 〈목적〉을 나타내는 부사적 용법의 to부정사구이다.

문제해설

장 피아제의 인지적 구성주의 이론에서 새로운 정보가 기존의 정보와 유사할 경우와 반대되는 경우의 정보 처리 방식을 설명하는 글이므로, 서로 관련 없는 많은 양의 정보를 받아들일 때의 정보 저장과 구조화의 어려움에 관해 서술하는 ④는 글의 흐름과 무관하다.

03 ③

사치품을 구입하는 소비자의 목적은 단순히 자신이 필요한 물건을 갖추는 것이 아니다. 그들은 또한 다른 사람들의 눈에 비치는 자신의 사회적 지위를 높이려는 것이다. 마케팅 담당자는 이것을 예리하게 알고 있으며, 따라서 그러한 제품의 경우 고급스러움의 인식을 강조하기 위한 특별한 전략들을 구사한다. 이러한 전략들 중 하나는 일반적인 수요 공급의 법칙을 무시하고 가격을 올리는 것이다. (재정적 곤란을 겪는 시기에는, 많은 회사들이 그들이 제조하는 제품의 수량을 줄이는 것을 고려한다.) 그들은 평범한 소비자는 살 형편이 안 되는 제품을 찾으며 자신의 구매를 부유함의 상징으로 여기는 돈 많은 소비자들의 관심을 끌기 위해 이렇게 한다. 다시 말해서, 사치품의 가격이 상승하면, 몇몇 소비자들의 그것을 구매하려는 욕구 또한 상승한다.

구문해설

7행 They do this in order to appeal to wealthy consumers [who view their purchases as a symbol of their affluence, **seeking out** products {that the average consumer cannot afford}]. ⇨ [ ]는 wealthy consumers를 수식하는 주격 관계대명사절이다. seeking out 이하는 〈동시동작〉을 나타내는 분사구문이다. { }는 products를 수식하는 목적격 관계대명사절이다.

9행 ..., as the price of luxury goods increases, **so does the desire of some consumers** *to purchase* them. ⇨ 「so+동사+주어」는 '~도 역시 그러하다'의 의미이다. does는 대동사로, 앞에 나온 increases를 의미한다. to purchase는 the desire of some consumers를 수식하는 형용사적 용법의 to부정사이다.

문제해설

일반적인 수요 공급 법칙을 따르지 않는 사치품의 마케팅 전략을 설명하는 글이므로, 재정난을 겪는 회사가 제조하는 제품의 수량을 줄인다는 내용의 ③은 글의 흐름과 무관하다.

04 ② 05 ②

매년, 독일에서만 수십만 건의 교통사고가 발생한다. 운전자들을 보호하기 위해, 자동차 제조사들은 자동차를 만드는 데 사용되는 재료를 개선하는 등 자사의 자동차를 더 안전하게 만들기 위한 노력에 예산의 상당량을 할애한다. (이 회사들은 또한 전세계의 구매자들을 유인하기 위해 자사의 차를 멋지고 유행을 따르도록 만드는 데 큰 중요성을 둔다.) 최근, 연구원들은 사고가 발생할 때 쉽게 휘어지면서도, 차에 탄 사람들을 보호할 수 있을 정도로 안정된 새로운 종류의 강철을 개발했다. 이 금속은 충격의 힘을 표면 전체로 퍼뜨려 충격이 효과적으로 흡수되도록 한다. 이 새로운 강철은 조만간 독일산 자동차의 범퍼와 옆문 부품의 제조에 사용될 것으로 여겨지고 있다.

구문해설

4행 These companies also **place** a great deal of **importance on** *making* their cars *stylish* and *trendy* .... ⇨「place importance on ~」은 '~에 중요성을 두다'의 의미이다. 형용사 stylish와 trendy는 making의 목적격 보어이다.

9행 **It** is believed **that** this new steel will soon be *put to use* .... ⇨ It은 가주어이고, that 이하의 명사절이 진주어이다. 「put + 목적어 + to use」는 '~를 사용하다'의 의미로 여기서는 수동태로 사용되었다.

문제해설

04 자동차의 안전성을 향상시키기 위한 자동차 제조사들의 노력에 대한 글이므로, 구매자를 유인하기 위해 차의 외관을 멋지게 만들기 위해 노력한다는 ②는 글의 흐름과 무관하다.

05 (A) occur는 자동사이므로 수동태로 쓸 수 없다.
   (B) enough는 형용사나 부사를 수식할 때 반드시 뒤에서 수식한다.
   (C) 과거분사 absorbed를 수식하는 자리이므로 부사인 effectively가 적절하다.

06 ②

당신의 코 대신 혀로 주변 환경의 냄새를 맡는다는 것은 말도 안 되는 소리처럼 들릴지도 모르지만, 바로 그것이 뱀이 하는 일이다! 뱀은 가느다란 혀를 재빨리 날름거려서 먹잇감의 냄새를 찾아내기 위해 주변의 공기를 '맛본다'. (대부분의 뱀들은 시력이 매우 나쁘지만, 그들은 열의 파장을 볼 수 있어서, 밤에도 먹잇감을 찾아낼 수 있다.) 뱀의 혀는 공기 중의 미세한 수분 입자들을 포착하여, 그것들을 입천장에 있는 야콥슨 기관으로 전달한다. 야콥슨 기관은 제2의 후각 기관으로서, 뱀의 혀의 두 갈래에 딱 들어맞는 두 개의 구멍을 포함하고 있는데, 이것이 이러한 전달을 효과적으로 만든다. 그 기관의 감각기 분자들은 수분을 통해 전달되는 냄새 입자들에서 발견되는 화학적 화합물을 모아서 감각 메시지를 뱀의 뇌로 보낸다.

구문해설

5행 The tongue catches tiny moisture particles from the air, [**transferring** them **to** the Jacobson's organ in the roof of its mouth]. ⇨ [ ]는 〈연속동작〉을 나타내는 분사구문이다. 「transfer A to B」는 'A를 B로 옮기다'의 의미이다.

7행 ..., contains two holes [that perfectly fit the two prongs of the snake's tongue], **which** *makes* this transference *effective*. ⇨ [ ]는 two holes를 수식하는 주격 관계대명사절이다. 콤마(,)와 함께 쓰인 which는 앞 절을 선행사로 하는 계속적 용법의 주격 관계대명사이다. makes의 목적격 보어로 상태를 나타내는 형용사 effective가 쓰였다.

문제해설

뱀이 혀를 이용하여 먹잇감의 냄새를 맡는 원리를 설명한 글이므로, 뱀의 시력에 대해 언급한 ②는 글의 흐름과 무관하다.

p.82

유형 13 이어질 글의 순서

기출 예제 01 ② 02 ②

기계식 시계의 발명은 질서와 규칙적인 일상의 본보기가 되는 수도원에 살았던 수도승들에 의해 영향받았다. (B) 그들은 기도를 위해 지정된 하루의 일곱 시간을 알리기 위해 수도원의 종이 규칙적인 간격으로 울릴 수 있도록 정확한 시간을 지켜야 했다. 초기의 시계들은 회전하는 드럼통 주위에 감긴 줄에 묶인 무게추에 불과했다. (A) 시간은 무게가 달린 줄의 길이를 관찰함으로써 정해졌다. 17세기의 흔들리는 추의 발견은 시계와 거대한 공공 시계의 광범위한 사용으로 이어졌다. 결국, 시간을 지키는 것은 시간에 복종하는 것이 되었다. (C) 사람들은 그들의 자연적 생체 시간보다는 시계의 기계적 시간을 따르기 시작했다. 그들은 그들이 배고플 때보다는 식사 시간에 먹었고, 졸릴 때보다는 시간이 되었을 때 자러 갔다. 심지어 정기 간행물들과 패션들도 '연간으로' 되었다. 세상은 질서 정연하게 되었다.

어휘

mechanical 기계로 작동되는; 기계적인   monk 수도승   weight 무게; *무게추; *무게를 주다   enormous 거대한   serve 제공하다; *~을 섬기다   accurate 정확한   ring ~에게 전화하다; *(종을) 울리다   interval (시간적인) 간격   reserve 예약하다; *따로 남겨 두다   revolve (축을 중심으로) 회전하다   periodical 정기 간행물   yearly 연간의   orderly 정돈된; *질서 있는

유형 연습 pp.84~87

| 01 ⑤ | 02 ② | 03 ③ | 04 ① | 05 ④ | 06 ③ |

01 ⑤

1960년대의 녹색 혁명은 국제기구들의 재정적 지원 덕분에 전 세계적인 농업 생산의 발전을 목격했다. 그 계획은 주로 세계에서 가장 빈곤한 국가들의 낙후된 농업을 현대화시키는 데 초점이 맞추어졌다. (C) 그 기구들의 재정 지원은 이 국가들의 농업 생산율을 높이기 위해 그들에게 기계화, 농약, 잡종 종자를 도입하는 데 투입되었다. 프로젝트는 이 목표를 성공적으로 실현했고, 어느 정도의 금전적 이익도 거두었다. (B) 그러나, 녹색 혁명의 모든 결과가 긍정적인 것은 아니었다. 그것이 가장 큰 효과를 거두었던 국가들에서는, 녹색 혁명이 환경 파괴를 유발하고 빈부 격차를 심화시킨다는 비판을 받아 오고 있다. (A) 게다가, 증가된 상업화는 국제 무역의 증가를 야기했고, 이는 많은 소규모 지역 생산자들을 이 확대된 시장에서 경쟁하지 못하게 만들어 파산시켰다.

구문해설

5행 ..., increased commercialization resulted in a rise in international trade, [which **left** many small local producers **unable** to compete ...]. ⇨ [ ]는 a rise in international trade를 부연 설명하는 계속적 용법의 주격 관계대명사절이다. left의 목적격 보어로 형용사 unable이 왔다.

8행 However, **not all** consequences of the Green Revolution were positive. ⇨ 「not all ~」은 '모두 ~하지는 않다'는 의미의 부분 부정을 나타낸다.

문제해설

녹색 혁명의 목표가 빈곤 국가의 농업을 현대화시키는 것이었다는 주어진 문장에 뒤이어 녹색 혁명 사업이 거둔 성과를 말하는 (C)가 오고, 역접의 접속사 However로 시작하며 녹색 혁명의 부작용을 말하는 (B)가 이어진 뒤, 마지막으로 녹색 혁명의 또 다른 부정적인 결과를 서술하는 (A)의 순서로 이어지는 것이 자연스럽다.

02 ②

'구름 씨뿌리기'는 구름에서 내리는 강수의 양 또는 유형을 제어하기 위해 고안된 날씨 조정 기술이다. (B) 이것은 요오드화은과 드라이아이스 알갱이들이 들어 있는 소형 로켓을 사용하여 시도된다. 그러나, 비록 구름 씨뿌리기가 구름의 크기와 구조에 영향을 주는 것처럼 보이지만, 그것이 실제로 강수량을 증가시키는지 아닌지에 관한 의문은 여전히 남아 있다. (A) 그것은 우리가 그렇게 하지 않았다면 발생했을 강수량을 추정할 수밖에 없기 때문이다. 다시 말해서, 자연적인 강수량의 가변성 때문에 구름 씨뿌리기에 의해 얼마나 많은 강수량이 발생하는가를 파악하기는 어렵다. (C) 또한, 일부 사람들이 반기는 강수가 다른 사람들에게는 문제를 일으킬 수 있다는 사실 때문에 구름 씨뿌리기는 논란을 일으키는 일이 될 수 있다. 예를 들어, 스키 리조트는 증가한 강설량의 전망에 기뻐할지도 모르지만, 그 지역의 통근자들은 완전히 다른 견해를 보일 것이다.

구문해설

1행 "Cloud seeding" is a weather modification technique [designed to control either the amount or the type of precipitation {that comes from clouds}]. ⇨ [ ]는 a weather modification technique을 수식하는 과거분사구이다. { }는 precipitation을 선행사로 하는 주격 관계대명사절이다.

3행 That's because we can only estimate the amount of precipitation [that **would have otherwise occurred**]. ⇨ [ ]는 precipitation을 수식하는 주격 관계대명사절이다. 「would have p.p.」는 과거 사실과 반대되는 내용을 가정하는 가정법 과거완료이고, otherwise는 '그렇지 않았다면'의 의미로 가정법 과거완료의 조건절을 대신한다.

10행 ... due to **the fact** [that precipitation {welcomed by some} can cause problems for others]. ⇨ the fact와 [ ]는 동격이다. { }는 precipitation을 수식하는 과거분사구이다.

문제해설

구름 씨뿌리기의 정의를 설명하는 주어진 글에 이어, 구름 씨뿌리기가 시도되는 방법 및 그것의 실효성에 의문을 제기하는 (B)가 오고, 그 의문에 대한 이유를 설명하는 (A)가 이어진 뒤, 구름 씨뿌리기가 논란이 되는 또 다른 예시를 제시하는 (C)가 오는 것이 가장 적절하다.

03 ③

한 사람의 유년기에 형성된 장기간의 고립 패턴들이 성년기 내내 지속적인 어려움을 초래할 것이라는 우려에 근거하여, 심리학자인 Robert O'Connor는 사회적으로 내성적인 미취학 아동들을 대상으로 흥미로운 실험을 수행했다. (B) 이 패턴들을 와해시키기 위해, 그는 한 유치원에서의 11개의 서로 다른 장면을 보여 주는 짧은 영화를 만들었다. 각 장면에는 홀로 있는 아이가 출연했다. 그 아이는 잠시 동안 일종의 사회적 활동을 관찰한 다음 기쁘게도 그 활동에 참여하였다. (C) 다음으로, 그는 극도로 내성적인 유치원 아동 집단을 선별하여 그들에게 자신의 영화를 보여 주었다. 그 영화의 효과는 강력해서, 즉시 그 아이들이 일반적이라고 간주될 수 있는 수준으로 급우들과 소통하기 시작하도록 독려했다. (A) 더 놀라웠던 것은 그가 6주 후에 그들을 관찰하기 위해 돌아왔을 때, 이 아이들이 유치원에서 사회적으로 가장 활발한 이들이 되어 있었다는 것이다. 유감스럽게도, 그의 영화를 보지 않은 아이들은 여전히 고립되어 있었다.

구문해설

1행 **Based on** *the concern* [that long-term isolation patterns {formed during a person's childhood} would create persistent difficulties throughout adulthood], ... ⇨ Based on 이하는 〈부대상황〉을 나타내는 분사구문이다. the concern과 [ ]는 동격이다. { }는

long-term isolation patterns를 수식하는 과거분사구이다.

13행 The film's effect was powerful, [immediately **encouraging** the children **to begin** interacting with their classmates at a level {that could be considered normal}]. ⇨ [ ]는 〈결과〉를 나타내는 분사구문이다. 「encourage+목적어+to-v」는 '(목적어)로 하여금 ~하도록 격려하다'의 의미이다. { }는 a level을 수식하는 주격 관계대명사절이다.

문제해설

한 심리학자가 내성적인 유치원 아동을 대상으로 실험을 수행했다는 주어진 글 다음에, 그 심리학자는 한 아이가 사회적 활동에 참여하는 모습을 보여 주는 영화를 만들었다는 (B)가 온 뒤 그 영화를 본 아이들이 소통을 하기 시작했다는 (C)가 오고, 6주 뒤에 그 아이들은 가장 활발한 아이로 관찰되었다고 말하는 (A)로 이어지는 것이 가장 적절하다.

04 ① 05 ④

오늘날 우리는 점점 더 세계화되고 있는 세계에 살고 있고, 그 세계에서는 동양과 서양의 문화가 자주 혼합된다. 한 가지 예가 Chork인데, 그것은 아시아의 젓가락과 서양의 포크를 결합한 것이다. (A) 이 혁신적인 식기구를 만들어 낸 사람은 바로 Jordan Brown이다. 어느 날, 젓가락으로 스시를 먹는 도중에, 그는 자신이 작은 쌀알을 집기 위해 포크로 손을 뻗고 있는 것을 발견했다. 그래서 그는 포크에서 젓가락으로의 전환을 더 쉽게 만드는 새로운 도구를 만들기로 결심했다. (C) 대부분의 서양인들이 젓가락을 사용하는 것에 익숙하지 않다는 지식에 근거하여, 그는 독특한 방식으로 Chork를 디자인했다. 두 개의 젓가락은 따로따로 들지 않아도 음식을 집을 수 있도록 붙어서 쥐어질 수 있다. 거꾸로 잡으면, 그것은 포크처럼 사용될 수 있다. (B) 2년간의 개발 후에, 그의 발명품은 시장에 출시되었다. 그것이 출시된 이후 많은 사람들이 이 새롭고 독특한 발명품에 많은 관심을 보여 왔다. 전문가들은 Chork가 퓨전 음식 문화에 신선한 바람을 불러일으킬 것이라고 예측한다.

구문해설

4행 **It was** Jordan Brown **who** created this innovative eating tool. ⇨ 「It is[was] ~ that[who] …」 강조구문으로, '…한 것은 바로 ~이[었]다'의 의미이다. 강조하는 대상이 사람인 경우 that 대신 who를 쓸 수 있다.

12행 Based on **the knowledge** [that most Westerners *aren't accustomed to using* chopsticks], …. ⇨ the knowledge와 [ ]는 동격이다. 「be accustomed to v-ing」는 '~하는 것에 익숙하다'의 의미이다.

문제해설

04 Chork를 소개하는 주어진 글에 이어 Chork를 발명한 사람과 그것의 발명 계기에 대해 언급하고 있는 (A)가 가장 먼저 이어지고, Chork의 디자인적인 특징에 대해 서술한 (C)가 이어진 후, 그

것이 상품화된 후 많은 사람들의 관심을 받고 있다는 내용인 (B)로 이어지는 것이 자연스럽다.

05 ④ 뒤에 완전한 절이 이어지고 있으므로 명사절을 이끄는 접속사 that이 적절하다. what은 선행사를 포함하는 관계대명사로 뒤에 불완전한 절이 온다.

〈오답노트〉

① the Chork를 선행사로 하는 계속적 용법의 주격 관계대명사 which는 적절하다.

② 타동사 found의 목적어가 주어 he와 같은 대상을 가리키므로 재귀대명사 himself는 옳다.

③ '~한 이후로'의 의미를 나타내는 접속사 since와 함께 쓰인 현재완료시제는 적절하다.

⑤ 전치사 without의 목적어 역할을 하며 의미상 수동이므로, 동명사의 수동태 형태인 being held는 적절하다.

06 ③

사람들은 왜 오른손잡이이거나 왼손잡이일까? 그리고 왜 왼손잡이는 그렇게 드문 것일까? 확실한 정답은 없지만, 우세한(자주 쓰는) 손을 가지고 있다는 것이 진화적으로 유리한 것은 분명하다. 심지어 침팬지도 특정 일에 있어 한쪽 손을 선호한다. (B) 예를 들어, 흰개미를 잡는 일은 신체 조정력을 필요로 한다. 침팬지는 조심스럽게 작은 나뭇가지를 흰개미 집에 밀어 넣는다. 만약 그들이 나뭇가지를 충분히 살살 빼내면, 그것들은 침팬지가 맛있다고 여기는 흰개미로 뒤덮여 있을 것이다. 이것을 하는 데 그들이 선호하는 손을 사용함으로써, 그들은 그 기술을 완벽하게 할 수 있다. (C) 그러나, 야생 침팬지에 대한 연구는 그들 중 절반이 이런 종류의 일을 하는 데 왼손을 사용한다는 것을 보여 주었다. 한편, 겨우 약 10%의 인간만이 왼손잡이이다. 그러면 진화의 어느 지점에서 인간이 오른손 사용에 대한 강한 경향을 가지기 시작했을까? (A) 중요한 단서가 네안데르탈인에게서 발견될 수 있는데, 그들은 고기를 자르는 동안 그것을 앞니로 잡았다. 그들의 이에 난 칼자국을 조사함으로써, 과학자들은 어느 쪽 손이 우세했는지 알아낼 수 있다. 흥미롭게도, 그들의 왼손잡이 비율은 10명 중 1명이었고, 이는 현대 인간의 비율과 같다.

구문해설

2행 …, **it** is clear [that having a dominant hand is evolutionarily advantageous]. ⇨ it은 가주어이고, 접속사 that이 이끄는 명사절인 [ ]가 진주어이다.

7행 Interestingly, their ratio of left-handers was 1 in 10, [the same as **that** of modern humans]. ⇨ [ ]는 1 in 10과 동격으로, that은 앞에 나온 ratio를 가리키는 대명사이다.

10행 If they pull them out gently enough, they will be covered in termites, [which chimps consider **delicious**]. ⇨ [ ]는 termites를 부연 설명하는 계속적 용법의 목적격 관계대명사절이다. consider의 목적격 보어로 형용사 delicious가 쓰였다.

문제해설

침팬지도 특정 일에 한쪽 손을 선호한다는 주어진 글 다음에, 그 예시로 침팬지가 선호하는 손을 사용하여 흰개미를 잡는다고 말하는 (B)가 오고, 이런 일을 할 때 침팬지는 절반이 왼손을 사용하는 반면 인간은 10%만이 왼손잡이라는 내용의 (C)가 온 뒤, 이와 관련하여 네안데르탈인의 왼손잡이 비율을 제시하는 (A)로 이어지는 것이 가장 자연스럽다.

유형 14 주어진 문장의 위치

p.88

기출 예제 01 ④ 02 ④

국제적인 온라인 오픈 액세스는 '평평한 지구'라는 은유를 사용하여 이해된다. 그것은 하키 퍽이 아이스 링크의 평평한 표면을 미끄러져 가는 모양만큼 쉽게 정보가 전 세계로 이동하는 세상을 나타낸다. 그러나 이러한 체제는 오해의 소지가 있다. 특히 우리가 그 은유를 확장해 본다면 말이다. 아이스 링크를 가로질러 가 본 사람은 누구든 확인할 수 있듯이, 단지 링크 표면이 평평하고 탁 트인 듯 보인다는 것이 그 표면이 반드시 매끄럽거나 고르다는 것을 의미하지는 않는다. 오히려, 그러한 표면은 링크를 가로질러 이동하는 물체에 가해지는 어느 정도의 인력, 저항력 또는 마찰력을 만들어 내는 수많은 움푹 들어간 부분과 갈라지고 솟아오른 부분들로 덮여 있는 경향이 있다. 이와 매우 유사한 방식으로, 수많은 기술적, 정치적, 경제적, 문화적 그리고 언어적 요소들이 존재하여 유사한 종류의 인력, 저항력 또는 마찰력을 만들어 낼 수 있다. 그 요소들은 정보가 전 세계 사이버 공간에서 지점 간에 얼마나 원활하게, 또는 곧바로 이동할 수 있는가에 영향을 미친다. 그러므로 국제적인 온라인 의사소통이라는 관점에서 지구가 점차 평평하게 보일지는 모르지만 마찰이 없는 것은 전혀 아니다.

어휘

an array of 다수의   linguistic 언어의 factor 요소 exist 존재하다   pull 끌어당기는 힘, 견인력 drag 항력 friction 마찰, 마찰력   metaphor 은유   flat 평평한 represent ~을 나타내다, 표현하다   globe 구, 지구   puck 퍽(아이스하키에서 공처럼 치는 고무 원반)   slide 미끄러져 가다   framework 틀, 체제   misleading 호도하는, 오해의 소지가 있는   extend 확장하다, 펴다   confirm 확인하다, 확실히 하다   smooth 매끄러운, 부드러운 (ad. smoothly 매끄럽게; *원활하게)   even 평평한; *고른   dip (도로 등의) 움푹 패인 부분   crack 갈라진 틈   bump 혹; *튀어나온 부분   degree (각도 단위인) 도; *정도   perspective 관점

01 ③

우리는 화가 난 사람과 이야기하거나 일하는 것을 항상 피할 수는 없다. 때때로 몹시 화가 나 있는 사람들을 대하는 것은 어렵다. 만약 한 동료가 몹시 감정적인 상태로 당신에게 오면, 반드시 적절하게 행동하라. 그 사람이 화가 나 있고 비이성적이면 반격하는 것은 상황을 더 악화시키기만 할 것이다. 그것은 그들을 훨씬 더 감정적이 되게 하고, 그들이 합리적으로 생각하거나 해결책을 찾지 못하게 만들지도 모른다. 하지만, 만약 당신이 이해와 연민으로 그들의 문제에 반응한다면, 그것은 그들이 진정하도록 도울 수 있다. 이런 식으로 의사소통을 하는 것은 스트레스를 주는 상황을 다루는 데 매우 효과적인 전략이 될 수 있다. 다시 말하면, 당신이 다른 사람의 현실을 이해한다는 것을 그 사람에게 더 많이 보여 줄수록, 그 사람은 더 빨리 자신의 감정을 통제하고 문제를 명확하게 보기 시작한다.

구문해설

1행 It may **cause** them **to become** *even* more emotional, ... ⇨ 「cause + 목적어 + to-v」는 '(목적어)가 ~하게 만들다'의 의미이다. even, far, still, much, a lot 등은 비교급 앞에 쓰여 비교급을 강조한다.

9행 In other words, **the more** you are able to show the other person [that you understand their reality], **the faster** that person can take control of their emotions .... ⇨ [ ]는 show의 직접목적어로 쓰인 명사절이다. 「the + 비교급 ~, the + 비교급 ...」은 '~하면 할수록 더 …하다'의 의미이다.

문제해설

주어진 문장의 It은 ③ 앞 문장의 Fighting back을 가리키며, 화가 난 사람에게 반격했을 때의 문제점에 대해 말하고 있으므로, 화가 난 사람에게 반격하는 것이 상황을 악화시키기만 한다는 내용 뒤인 ③에 들어가는 것이 가장 적절하다.

02 ③

암컷 모기들은 (사람이나 동물을) 무는 유일한 모기들이며 그들은 알을 낳기 위해 혈액 단백질을 이용한다. 동물이나 인간의 피는 그들에게 매우 중요한데, 그들 대부분은 피가 없이는 알을 낳을 수 없기 때문이다. 흥미롭게도, 그들의 몸에는 온혈 동물의 위치를 파악하도록 도와주는 복잡한 센서가 갖추어져 있다. 더듬이를 이용하여, 암컷 모기는 동물이 내쉬는 이산화탄소를 감지함으로써 최대 30미터까지 떨어져 있는 동물의 위치를 파악할 수 있다. 목표물의 위치를 파악한 순간, 그 곤충은 그것에 내려앉아서 길고 가느다란 바늘을 그 동물의 피부 속에 삽입한다. 그런 다음 모기는 피가 응고되는 것을 방지하고 가렵게 하는 혹이 생기게 하는 특수한 액체를 혈류에 주입한다. 모기는 약 5마이크로리터의 피를 빨아먹으며, 그 피를 자신의 배에 저

장한다. 배를 채우고 나면, 암컷 모기는 알을 낳을 준비를 마친다.

구문해설

1행 **Upon locating** a target, the insect then lands on it .... ⇨ 「upon v-ing」는 '~하자마자'의 뜻으로 「as soon as+주어+동사」로 바꾸어 쓸 수 있다.

8행 She then injects a special fluid into the bloodstream [that **keeps** the blood **from clotting** and *causes* an itchy bump *to form*]. ⇨ [ ]는 a special fluid를 수식하는 주격 관계대명사절이다. 「keep+목적어+from v-ing」는 '(목적어)가 ~하지 못하게 하다'의 의미이다. 「cause+목적어+to-v」는 '(목적어)가 ~하게 만들다'의 의미이다.

문제해설

주어진 문장은 모기가 목표물의 위치를 파악하면 그 위에 내려앉아 바늘을 피부에 삽입한다는 내용이므로, 모기가 더듬이를 이용하여 멀리 떨어진 동물의 위치를 파악한다는 내용과 바늘을 삽입한 다음 특수한 액체를 동물의 혈류에 주입한다는 내용의 사이인 ③에 들어가는 것이 가장 적절하다.

03 ②

인터넷은 우리가 손끝으로 거의 무한한 양의 정보에 접근할 수 있게 해주지만, 몇 가지 단점들도 있다. 첫째, 그렇게 막대한 양의 정보에 접근하는 것은 우리로 하여금 그것을 주의 깊게 읽고 완전히 이해하기 위해 시간을 들이는 대신 내용을 대강 빨리 훑어보도록 유도한다. 이것은 우리의 주의 집중 시간을 줄이며 긴 텍스트를 읽는 데 집중하는 능력을 약화시킬 수 있다. 게다가, 인터넷에서 지식을 얻는 것은 어떤 주제에 대해 배우기 위해 우리가 이용하는 자료를 제한한다. 연구는 사람들이 정보를 찾기 위해 인터넷 검색엔진을 이용할 때, 흔히 상위의 검색 결과만 클릭한다는 것을 보여주었다. 이는 어떤 주제에 대해 제한된 관점만 얻는 결과로 이어질 수 있고, 심지어 다른 생각들을 처리하지 못하도록 이끌 수도 있다. 마지막으로, 우리가 온라인에서 보는 콘텐츠의 개인화는 우리가 읽을 가능성이 있는 것의 범위를 더욱 좁혀서 우리가 확장하여 새로운 것을 배우는 것을 막는다.

구문해설

4행 For one thing, [accessing such huge amounts of data] **leads** to *us* quickly *skimming* content, ... ⇨ 동명사구 [ ]가 문장의 주어이므로 단수 취급하여 단수형 동사 leads가 왔다. skimming은 전치사 to의 목적어이고, us는 동명사 skimming의 의미상 주어이다.

6행 In addition, [gathering knowledge from the Internet] has narrowed the resources [(which/that) we use **to learn** about a topic]. ⇨ 첫 번째 [ ]는 문장의 주어인 동명사구이다. 두 번째 [ ]는 the resources를 수식하는 목적격 관계대명사절로, 목적격 관

계대명사가 생략되었다. to learn은 〈목적〉을 나타내는 부사적 용법의 to부정사이다.

11행 Finally, the personalization of the content [(which/that) we view online] further narrows the scope of [what we are likely to read], [preventing us from branching out and learning about new things]. ⇨ 첫 번째 [ ]는 the content를 수식하는 목적격 관계대명사절로, 목적격 관계대명사가 생략되었다. 두 번째 [ ]는 관계대명사 what이 이끄는 관계대명사절로, 전치사 of의 목적어 역할을 한다. 세 번째 [ ]는 〈결과〉를 나타내는 분사구문이다.

문제해설

주어진 문장의 This는 ② 앞 문장에서 언급된 정보를 완전히 이해하기 위해 시간을 들이지 않고 내용을 대강 빨리 훑어보는 것을 가리키므로, 정보를 대강 훑어보는 것의 부작용에 대해 언급하는 주어진 문장은 ②에 들어가는 것이 가장 적절하다.

04 ② 05 ③

현대 사회에서 많은 사람들이 수면제에 의존하고 있지만, 그런 약을 복용하는 것이 사람들에게 일종의 기억 상실증을 경험하도록 유발할 수 있다는 사실을 아는 사람은 거의 없다. 이는 수면제를 복용한 후 몇 시간 동안 무슨 일이 일어나는지 전혀 기억하지 못하게 만들 수 있다. 일반적으로, 대부분의 사람들은 수면제를 복용한 직후 잠자리에 들 것으로 예상되기 때문에 이는 어떤 문제도 일으키지 않는다. 그러나, 사람들이 여행 중에 수면제를 복용할 경우, 때로는 약의 완전한 효과가 사라지기 전에 억지로 깨어나야 할 것이며, 이것은 잠재적으로 문제가 될 수 있다. 그러한 상황에서 유발되는 기억 상실은 흔히 '여행자의 기억 상실'이라고 불린다. 이를 피하기 위해서는, 밤새도록 방해받지 않는 수면이 충분히 보장될 수 있을 때만 수면제를 복용해야 한다. 만약 당신이 정말로 여행자의 기억 상실을 겪고 있는 것을 알게 되면 가능한 한 빨리 의사에게 연락해야 한다.

구문해설

7행 The memory loss [caused in such a situation] **is** often **referred to as** "traveler's amnesia." ⇨ [ ]는 The memory loss를 수식하는 과거분사구이다. 「refer to A as B」는 'A를 B라고 일컫다'의 뜻이며, 여기서는 수동태로 쓰였다.

8행 ..., sleep medicine should only be taken at times [when you can **be** reasonably **assured of** a full night of uninterrupted sleep]. ⇨ [ ]는 times를 수식하는 관계부사절이다. 「assure A of B」는 'A에게 B를 보장하다'의 뜻으로, 여기서는 수동태로 쓰였다.

문제해설

04 주어진 문장은 대부분의 사람들이 수면제 복용 직후 잠에 들기 때문에 이것이 문제가 되지 않는다는 내용으로, 주어진 문장의 this에 해당하는 수면제 복용 후 경험하는 기억 상실을 설명하는

문장과 However로 시작하며 이것이 문제가 될 수 있는 상황을 말하는 문장 사이인 ②에 들어가는 것이 가장 적절하다.

05 (c) 뒤에 목적어가 없으며 주어인 they가 '강요당하는' 대상이므로 수동태인 be forced가 되어야 한다.

〈오답노트〉

(a) to experience는 cause의 목적격 보어로 쓰인 to부정사로 어법상 적절하다.

(b) 선행사를 포함한 관계대명사 what이 이끄는 명사절이 전치사 of의 목적어로 쓰였다.

(d) 시간을 나타내는 선행사 times를 수식하는 관계부사 when은 어법상 적절하다.

(e) 목적어와 목적격 보어가 능동의 관계이므로 현재분사 suffering은 어법상 적절하다.

06 ④

특별한 종류의 자주달개비꽃은 방사능 물질의 유출을 감시하는 일을 돕기 위해 종종 핵 발전소 근처에 심어진다. 이러한 종류의 자주달개비의 수술 가닥은 마치 목걸이의 구슬처럼 세포들이 한 줄로 연결된 사슬로 구성되어 있다. 이러한 수술 가닥은 사슬 위로 새로운 세포들이 더해지면서 성장하는데, 이 세포들은 대개 파란색이다. 하지만, 때로는 유전적 돌연변이의 결과로 분홍색 세포가 나타나기도 한다. 이것이 발생할 가능성은 그 세포들이 노출된 방사능의 양에 정비례한다. 그러므로, 핵 문제와 관련된 관리자들은 분홍 수술 가닥의 수를 세어 인근 지역이 얼마나 많은 방사능에 노출되었는지 추정할 수 있다. 이 세포들은 순서대로 자라므로, 그 식물의 수술은 연대표로도 이용될 수 있어서, 언제 노출이 발생했는지도 보여준다.

구문해설

1행 The likelihood of **this happening** is directly proportional to the amount of radiation [(which/ that) the cells have been exposed to]. ⇨ 동명사 happening이 전치사 of의 목적어 역할을 하며, this는 동명사의 의미상 주어이다. [ ]는 radiation을 수식하는 목적격 관계대명사절로, 목적격 관계대명사가 생략되었다.

5행 These stamen hairs grow through the addition of new cells onto the chain, **which are** usually blue. ⇨ 계속적 용법의 주격 관계대명사 which의 선행사가 new cells이므로 복수동사인 are가 사용되었다.

10행 ..., so the plants' stamens can also be used as a timeline, [showing {when this exposure occurred} as well]. ⇨ [ ]는 〈부대상황〉을 나타내는 분사구문이다. { }는 showing의 목적어인 의문사절이다.

문제해설

주어진 문장의 this가 가리키는 내용은 ④ 앞에서 언급된 유전적 돌연변이의 결과로 분홍색 세포가 나타나는 것을 의미하므로, 주어진 문장은 ④에 들어가는 것이 가장 적절하다.

기출 예제 01 ①　02 ⑤

Sheffield 대학교의 몇몇 연구자들은 취미에 쓴 시간이 어떻게 직장 생활에 영향을 미치는지를 보기 위해 취미에 열정적인 사람들 129명을 모집했다. 먼저 연구팀은 '나는 이 활동을 위해 정기적으로 연습한다'와 같은 진술들에 대한 동의를 등급으로 매기도록 요청하며, 각 참가자의 취미의 진지함을 측정하고, 또한 그들의 일과 취미에 요구되는 것이 얼마나 비슷한지도 평가했다. 그 뒤, 7개월 동안 매월, 참가자들은 그들이 취미 활동에 몇 시간을 투자했는지를 기록하고 일을 효과적으로 수행하는 능력에 대한 자신의 믿음, 즉 그들의 '자기효능감'을 측정하는 평가표를 작성했다. 연구자들은 참가자들이 보통 수준보다 더 긴 시간을 여가 활동을 하는 데 썼을 때 직업을 수행하는 능력에 대한 믿음이 증가했다는 것을 발견했다. 하지만 이는 그들이 그들의 직업과 다른 진지한 취미를 가지고 있을 때만 그러했다. 그들의 취미가 진지하면서 직업과 유사한 경우에는, 취미에 시간을 더 보내는 것은 실제로 그들의 자기효능감을 낮췄다.

➡ 연구는 취미와 직업이 충분히 (B) 다르다면 진지한 취미에 더 많은 시간을 보내는 것이 직장에서의 (A) 자신감을 높여 줄 수 있다고 시사한다.

어휘

recruit 모집하다　hobbyist 취미에 열정적인 사람　shape (어떤) 모양으로 만들다; *(중요한 영향을 미쳐서) 형성하다　rate 평가하다; *등급을 매기다　agreement 협정; *동의　assess (능력·자질 등을) 가늠하다; *평가하다　demand 요구; *요구되는 것　dedicate (시간·노력을) 바치다 (n. dedication 전념, 헌신)　scale 눈금; *등급표　self-efficacy 자기효능감　dissimilar to ~와 다른　[문제] boost 신장시키다　sufficiently 충분히

유형 연습　pp.96~99

01 ①　02 ②　03 ③　04 ④　05 ②　06 ③

01 ①

정보의 흐름을 특정 집단의 사람들에게로만 제한하는 관행은 게이트 키핑으로 알려져 있다. 게이트 키퍼들은 선별된 정보만 시스템을 통과하도록 허용함으로써 최신 사건들에 대한 대중의 지식을 통제하는 힘을 가진다. 예를 들어, 정계에서는 정부 기관들이 흔히 정보의 유통뿐만 아니라 권력자에 대한 접근도 통제하는 게이트 키퍼의 역할을 한다. 사실, 게이트 키퍼들은 우리의 일상의 여러 측면에 막대한 영향을 미치며, 다양한 쟁점에 대한 우리의 생각과 의견을 형성한다. 그들은 언론에서 가장 확실히 드러나는데, 언론에서 그들은 어떤 뉴스 기사가 가장 많은 관심을 받을 만한지를 직접 결정한다. 뉴스 기사를 제한하는 것이 그 정보가 조작되었다는 것을 의미하지 않더라도 더 많은

관심과 방송 시간을 확보한 다른 메시지들보다 그것이 덜 중요하다는 것을 암시한다.

➡ 사람들에게 (A) 제한된 정보에만 접근하도록 허락함으로써, 게이트 키퍼들은 대중의 지식과 의견 (B) 형성에 영향을 미친다.

구문해설

2행 Gatekeepers possess the power [to regulate the public's knowledge of current events] **by allowing** only selected information *to pass* through the system. ⇨ [ ]는 the power를 수식하는 형용사적 용법의 to부정사구이다. 「by v-ing」는 '~함으로써'의 의미이다. 「allow+목적어+to-v」는 '(목적어)가 ~하도록 허락하다'의 뜻이다.

8행 They are most clearly evident in the media, [where they directly decide {which news stories deserve the greatest amount of attention}]. ⇨ [ ]는 the media를 부연 설명하는 계속적 용법의 관계부사절이다. { }는 decide의 목적어로 쓰인 의문사절이다.

문제해설

정보의 흐름 및 유통을 제한하여 대중의 지식과 의견을 형성하는 데 영향을 미치는 게이트 키퍼에 관한 내용이므로, (A)에는 limited(제한된), (B)에는 formation(형성)이 들어가는 것이 적절하다.

02 ②

연구원들은 운동과 똑같은 방식으로 근육 조직에 영향을 미치는 것으로 보이는 천연 호르몬을 발견했다. 이 호르몬은 칼로리를 소모하고, 인슐린 처리를 향상시키며, 근력을 신장시킬 수 있다. 과학자들은 이 호르몬을 비만과 당뇨병 치료의 일환으로 사용하기를 바란다. '이리신'이라고 불리는 이 새로운 호르몬은 백색 지방을 갈색 지방으로 바꾸는 것을 돕는다. 백색 지방은 과도한 칼로리를 저장하는 반면, 갈색 지방은 열을 발생시키는 데에 사용된다. 한 연구에서, 이리신이 주입된 쥐들은 더 많은 산소를 필요로 하고 더 많은 칼로리를 소모하는 것으로 관찰되었다. 과체중이었던 쥐들은 첫 번째 주사를 맞은 지 단 10일 내에 몇 그램이 빠졌다. 이 치료법은 또한 혈당 수치 조절에도 도움이 되었는데, 이것은 당뇨병 예방과 관련이 있다. 이리신에 기초한 약은 수년 동안 준비되지 않을지도 모르지만, 언젠가는 의사들이 비만과 당뇨병을 치료하는 것을 도울 수 있을 것이다.

➡ 연구원들은 지방의 변형을 (A) 용이하게 하고 혈당 수치를 (B) 통제함으로써 비만과 당뇨병을 치료하는 데 사용될 수 있는 호르몬을 발견했다.

구문해설

6행 In a study, the mice [injected with irisin] were observed **to need** more oxygen and (to) **burn** more calories. ⇨ [ ]는 the mice를 수식하는 과거분사구이다. to need와 (to) burn은 접속사 and로 병렬 연결

되었다.

8행 This treatment also aided in the regulation of blood sugar levels, [which is related to diabetes prevention]. ⇨ [ ]는 the regulation of blood sugar levels를 선행사로 하는 계속적 용법의 주격 관계대명사절이다.

문제해설

이리신 호르몬은 백색 지방을 갈색 지방으로 바꿀 수 있도록 하며 혈당 수치를 통제하는 데에도 도움이 된다고 했으므로, (A)에는 facilitating(용이하게 함), (B)에는 regulating(통제함)이 들어가는 것이 적절하다.

03 ③

클라우드 컴퓨팅은 하드웨어와 소프트웨어 모두에 대한 온라인 접근을 제공하는 것에 관해 사용되는 용어이다. 이것은 전통적인 방식의 컴퓨팅과 비교했을 때 많은 장점이 있는데, 특히 데이터 저장에 관련하여 그러하다. 우선 첫째로, 이것은 사용자들에게 단지 컴퓨터와 인터넷 접속만을 요구한다. 사용자는 그러면 멀리 떨어진 곳의 서버에 저장된 소프트웨어와 데이터에 접근할 수 있다. 게다가, 사용자들은 사용 가능한 서비스를 자신들이 원하는 만큼 많이 또는 적게 이용하는 유연성을 가진다. 이는 사업체들이 다양한 최신 응용 프로그램과 최첨단 하드웨어를 비싸게 구입하지 않고도 그것들에 즉시 접근할 수 있다는 의미이다. 또한 컴퓨터 시스템을 설치하고 유지 관리하기 위해 직원을 고용할 필요가 없기 때문에 그들이 급여를 절감할 수 있게 한다. 결국, 클라우드 컴퓨팅은 비즈니스 소유자가 그들의 비즈니스를 더욱 쉽게 관리하고 유지하도록 도움을 준다.

➡ 클라우드 컴퓨팅은 값비싼 응용 프로그램과 하드웨어에 대한 (B) 투자 없이 사용자들에게 컴퓨터 서비스에 대한 (A) 편리한 접근을 제공하기 때문에 유용한 비즈니스 솔루션이다.

구문해설

1행 Cloud computing is a term **used** for the provision .... ⇨ used는 앞의 명사 a term을 수식하는 분사로, 명사와의 관계가 수동이므로 과거분사가 쓰였다.

7행 This means [that businesses can have instant access to a wide range of the latest applications and cutting edge hardware **without making** expensive purchases]. ⇨ [ ]는 means의 목적어 역할을 하는 명사절이다. 「without v-ing」는 '~하는 것 없이, ~하지 않고'라는 의미이다.

문제해설

클라우드 컴퓨팅 덕분에 사용자들은 원거리에서도 편리하게 응용 프로그램에 접속할 수 있으며 프로그램을 비싸게 구매하지 않고도 이용할 수 있다고 했으므로, (A)에는 convenient(편리한), (B)에는 investment(투자)가 들어가는 것이 적절하다.

04 ④　05 ②

초자연적 현상에 관한 이야기들은 옛날 미신에 대한 허튼소리 같지만, 그것들은 오늘날에도 꽤 흔하다. 그것들을 어리석은 것으로 묵살하기 쉬울지 모르지만 그러지 않는 과학자들이 있다. 대신, 그들은 우리의 뇌가 왜 자연적인 것보다 초자연적 설명을 더 선호하는 것처럼 보이는지 이해하려 애쓴다. 사람들이 흔치 않은 사건을 초자연적 경험으로 잘못 이해하게 하는 것은 우리의 생존을 돕기 위해 발달되었고 현재는 우리의 뇌에 내재되어 있다고 믿어진다. 이 연구가들에 따르면, 인간은 두 가지 사고 방식을 가지는데, 첫 번째는 빠르고 결단력이 있지만 결함이 있는 반면 두 번째 것은 더 느리지만 더 합리적이다. 우리의 빠르고 반작용적인 사고는 미지의 것을 잠재적인 위험 요소로 생각하기 때문에, 그것은 포식 동물들이 커다란 위협이었던 시대에 우리 조상들에게 생존을 위한 이점을 제공했다. 우리는 오늘날에도 계속해서 그것에 의존하고 있으며, 이상한 소리와 사건들을 설명하기 위해 귀신과 영혼의 이야기를 만들어 낸다.

➡ 우리로 하여금 단순한 일들을 초자연적 현상으로 (A) 잘못 이해하게 하는 빠르지만 부정확한 사고의 유형은 사실 한때 우리를 보호했던 (B) 진화적인 발달이다.

구문해설

1행 ..., tales of paranormal activity remain fairly **commonplace** today. ⇨ remain 뒤에 주격 보어 역할을 하는 형용사 commonplace가 쓰였다.

3행 ..., but there are some scientists [who do not]—instead, they seek to understand [why our brains seem to prefer supernatural explanations ...]. ⇨ 첫 번째 [ ]는 some scientists를 수식하는 주격 관계대명사절이다. 두 번째 [ ]는 understand의 목적어 역할을 하는 의문사절이다.

9행 ..., reactionary thinking tends to view anything **unknown** as a potential danger, it *provided* our ancestors *with* a survival advantage during a time [when predators were a significant threat]. ⇨ unknown은 anything을 수식하는 형용사로, -thing으로 끝나는 명사는 형용사가 뒤에서 수식한다. 「provide A with B」는 'A에게 B를 제공하다'라는 의미이다. [ ]는 a time을 수식하는 관계부사절이다.

문제해설

04 흔치 않은 사건을 초자연적인 경험으로 잘못 이해하는 것은 과거 생존을 위해 진화된 반작용적인 사고방식이 현재 우리 뇌에 내재되어 있기 때문이라고 했으므로, (A)에는 misinterpret(잘못 이해하다)가, (B)에는 evolutionary(진화의)가 들어가는 것이 적절하다.

05 ② 앞의 일반동사구(dismiss them as foolishness)를 대신하는 동사 자리이므로, are을 대동사 do로 고쳐야 한다.
〈오답노트〉
① 주격 보어 역할을 하는 형용사 commonplace를 수식하는 부사 fairly는 적절하다.
③ 앞에 선행사가 없으므로 관계대명사 what은 적절하다.
④ 앞의 명사 anything을 수식하는 과거분사 unknown은 적절하다.
⑤ 〈부대상황〉을 나타내는 분사구문을 이끄는 coming은 적절하다.

06 ③

한 경제학자에 따르면, 우리가 말하는 언어는 과소비나 과식과 같은 몇몇 습관을 갖게 될 가능성에 영향을 미친다. 그는 예를 들어, 영국 출신 사람들이 표준 중국어를 구사하는 사람들보다 더 많은 빚을 지게 된다는 사실이 영어 문법 때문이라고 주장한다. 현재시제와 미래시제 사이의 구분이 모호하고 일반적으로 문맥에 의해 암시되는 표준 중국어와는 달리, 영어는 시제를 분명히 하기 위해 별개의 단어들을 사용한다. 그의 결론은 영어 같은 언어는 사람들로 하여금 현재와 미래를 완전히 별개인 두 가지로 여기게 만든다는 것이다. 이것은 그들로 하여금 걱정거리에 대해 생각하지 않으려 하고 빚을 갚는 것을 연기하는 것과 같이 미래에 부정적인 영향을 미칠지도 모르는 행동에 관여하는 것을 더 쉽게 만든다. 이 경제학자는 명백한 통계로 이 이론을 뒷받침한다. 표준 중국어와 같이 현재시제와 미래시제 사이의 구분이 약한 언어를 구사하는 사람들은 흡연자가 될 가능성이 24% 더 낮고 규칙적으로 운동할 가능성이 29% 더 높다는 것이다.

➡ 한 경제학자는 우리가 구사하는 언어가 우리로 하여금 (A) 미래로부터 분리되어 있다고 느끼게 만들어서, (B) 해로운 습관을 발달시킬 가능성을 증가시킨다고 주장한다.

구문해설

1행 ..., the language [(which/that) we speak] has an influence on our likelihood **to engage** in some habits, ... ⇨ [ ]는 선행사인 the language를 수식하는 목적격 관계대명사절로, 목적격 관계대명사가 생략되었다. to engage는 our likelihood를 수식하는 형용사적 용법의 to부정사이다.

4행 Unlike Mandarin, [in which the distinction between present and future tense is vague and generally implied by context], ... ⇨ [ ]는 선행사인 Mandarin을 부연 설명하는 계속적 용법의 목적격 관계대명사절이다.

문제해설

사용하는 언어에서 현재시제와 미래시제가 명확히 구분되는 경우, 사람들이 현재와 미래를 분리해서 생각하게 되어 미래에 부정적인 영향을 미칠지도 모르는 해로운 습관을 갖게 될 가능성이 더 높다고 주장하는 내용이다. 따라서 (A)에는 future(미래), (B)에는 harmful(해로운)이 들어가는 것이 적절하다.

기출 예제 01 ②　02 ⑤

한 조직이 질 좋은 제품을 더 낮은 가격으로 생산할 수 있는 능력을 가진 새로운 기계를 수입했다. 한 관리자는 비교적 짧은 시간 내에 많은 양에 대한 책임이 있었다. 그는 새로운 기계를 최대한 활용하는 것으로 시작했다. 그는 그것을 최대 능력치로 하루 24시간 일주일에 7일 내내 작동시켰다. 그는 비가동 시간, 회복을 위한 휴지 기간, 또는 기계의 일반적인 유지 보수에 최소한의 관심을 기울였다. 그 기계가 새것이었기 때문에, 그것은 지속해서 결과물을 생산했고, 따라서 그 조직의 수익성은 치솟았으며 그 관리자는 그의 성과에 대해서 인정받았다. 얼마의 시간이 지난 지금, 이 관리자는 승진해서 다른 지점으로 옮겼다. 새로운 관리자가 제조 지점 운영을 담당하기 위해 그의 자리에 왔다. 그러나 이 관리자는 과도한 사용과 유지 보수를 위한 비가동 시간의 부재로 그 기계의 많은 부품들이 상당히 닳았고 대체되거나 수리될 필요가 있다는 것을 깨달았다. 새로운 관리자는 상당한 시간과 노력을 그 기계의 수리와 유지 보수에 들여야만 했고, 그것은 낮은 생산, 따라서 이익의 손실을 초래했다. 이전의 관리자는 비록 그가 단기간에 좋은 결과를 얻었을지라도 생산 목표만을 신경 썼고 기계를 돌보지 않았다. 그러나 궁극적으로 회복과 유지 보수에 주의를 기울이지 않은 것은 장기간의 긍정적인 (→ 부정적인) 결과들을 초래했다.

어휘

import 수입하다　machinery 기계(류)　quality 질 좋은 relatively 상대적으로　span 기간[시간]　utilization 이용 downtime 비가동 시간　profitability 수익성　soar 치솟다 transfer 이동하다; *전근[전학]가게 하다　location 장소; *지점 significantly 상당히 (*a.* significant 중요한; *상당한)　wear 입다; *닳다　replace 교체하다　ultimately 궁극적으로　[문제] overuse 과도한 사용, 남용　incentive (어떤 행동을 장려하기 위한) 장려책　productivity 생산성

유형 연습
pp.102~107

01 ④　　02 ⑤　　03 ④　　04 ④　　05 ④　　06 ⑤
07 ④

01 ④ 02 ⑤

다섯 마리의 원숭이들이 천장에 바나나 한 개가 매달려 있는 우리에 갇혀 있었다. 그런 다음 그 바나나의 밑에 사다리가 놓였다. 원숭이 한 마리가 그 바나나에 닿기 위해 사다리에 올랐다. 그러나 그 원숭이가 사다리를 오르기 시작하자마자 연구원들은 그에게 차가운 물을 뿌렸다. 다른 원숭이가 사다리에 오르려고 하자 연구원들은 그에게도 다시 찬물을 뿌렸다. 이렇게 해

서, 원숭이들은 사다리에 오르지 않도록 배웠다.

그런 다음 연구원들은 원숭이들 중 한 마리를 우리에서 내보내고 다른 원숭이를 넣었다. 새로 들어온 원숭이는 바나나에 닿기 위해 사다리에 오르려고 애썼다. 그러자 다른 원숭이들이 새로 온 원숭이에게 달려들어 그를 때렸다. 새로 온 원숭이는 사다리를 오르는 것이 금지되어 있다는 것을 배웠다.

연구원들은 우리 속의 원숭이들을 계속해서 교체했다. 같은 상황이 매번 또다시 벌어졌다. 새로 온 원숭이가 바나나를 향해 움직이면, 다른 원숭이들이 그를 저지하고, 새 원숭이는 교훈을 배웠다. 마침내, 모든 원숭이들이 교체되었다. 그들은 왜 사다리를 타면 안 되는지를 몰랐다. 그들은 그저 그것이 허용되지 않는다는 것만 알았다. 그들은 심지어 살수기가 사라진 뒤에도 이 '규칙'을 계속 따랐다!

이와 똑같은 일이 여러 기업에서도 일어난다. 처음에 행동의 규칙들은 외부적인 요인들에 대응해서 만들어진다. 그러나 시간이 지나면서 원래의 상황들은 대개 잊혀진다. 남는 것은 무엇이 용인되는지 아닌지에 대한 이해뿐이다. 회사나 집단이 오랫동안 존속하면 결국 원래의 구성원들은 모두 대체될 것이다. 그 집단에 남은 모든 이들은 어떤 특정한 행동이 허용되지 않는다는 것은 알지만, 이유는 모를 수도 있다. 그럼에도 불구하고, 집단의 모든 구성원들은 그 집단의 현존하는 문화 기준을 계속해서 변화시킨다(→ 강화한다).

구문해설

1행 Five monkeys were locked in a cage **with** a banana **hanging** from the ceiling. ⇨「with+목적어+v-ing」는 '~가 …한 채로'의 의미로 〈부대상황〉을 나타내는 분사구문이다.

19행 All [that is left] is our understanding of [what is and isn't acceptable]. ⇨ 첫 번째 [ ]는 All을 수식하는 주격 관계대명사절이다. 두 번째 [ ]는 전치사 of의 목적어로 쓰인 의문사절이다.

21행 Everyone [left in the group] knows [that a given behavior isn't allowed], but they may not know why. ⇨ 첫 번째 [ ]는 Everyone을 수식하는 과거분사구이다. 두 번째 [ ]는 knows의 목적어로 쓰인 명사절이다.

문제해설

01 집단 내의 규칙이 처음에 어떻게 형성되었는지 모르는 상태로 구성원들이 그 규칙을 계속 지켜 나가면서 한 조직의 문화가 만들어지는 과정을 설명한 글이다. 따라서 글의 제목으로 ④ '조직의 문화는 어떻게 형성되는가'가 가장 적절하다.
① 새로운 전통을 만드는 것이 어려운 이유
② 위험한 상황에 대처하는 법
③ 동물 실험이 금지되어야 하는 이유
⑤ 새로운 관점에서 사고하기: 그것이 정말 좋은가?

02 이유를 알지 못하지만 사다리를 오르는 것이 허용되지 않는다는 규칙을 계속해서 따르는 원숭이의 사례에 빗대어 회사에서 규칙이 존속되는 현상을 설명하고 있으므로, ⑤의 change(변화시키다)를 reinforce(강화하다) 등으로 바꿔야 한다.

03 ④ 04 ④

역사적으로, 커피는 키 큰 나무의 그늘 아래에서 재배되었는데, 이는 전통적인 커피 종이 직사광선을 견디지 못했기 때문이다. 하지만 커피 농업은 1972년에 급격히 변화했는데 이때 햇빛에 잘 견디는 새로운 커피 품종이 개발되었다. 많은 농부들이 이 햇빛으로 재배하는 방식으로 전환했는데, 왜냐하면 그것이 2~3배 더 많은 커피콩을 생산했고 따라서 그들에게 훨씬 더 수익성이 있었기 때문이었다.

그 결과, 1972년 이후, 세계 커피 농장의 60%가 그늘을 드리우는 나무를 제거해 왔다. 이것은 철새들, 특히 겨울에 북아메리카에서 남쪽의 멕시코, 중앙아메리카와 카리브해 지역으로 이동하는 철새들에게 문제를 일으켰다. 이 새들은 커피 나무를 위해 그늘을 제공하던 나무의 우거진 곳에 살며 겨울을 보냈다. 이러한 나무들의 상당수가 잘려 나간 이후, 철새들은 중요한 서식지를 잃었고 그들의 개체 수는 지난 25년 동안 감소해 왔다.

따라서, 스미스소니언 철새 센터는 소비자들이 그늘에서 재배되는 커피 농장을 보이콧하도록(→ 후원하도록) 권장함으로써 이 새들을 보호하기 위한 프로젝트를 시작했다. 이러한 농장들은 열대 우림과 이주 똑같은 지연 서식지를 제공하지는 않지만, 나무를 모두 베어내고 햇빛으로 재배하는 커피 농장과 달리, 철새들에게 먹이, 물, 그리고 보금자리를 제공한다. 소비자들은 새의 종의 생물 다양성을 보존하기 위해서 이러한 농장에서 재배된 커피를 사도록 권장된다. 소비자들이 어떤 커피가 이러한 종류의 조류 친화적인 농장에서 생산된 것인지를 확인하는 것을 돕기 위해서, 스미스소니언 철새 센터는 커피 포장지에 표시되는 특별한 로고를 만들어냈다. 철새를 도우려면, 소비자들은 포장지에 이 로고가 있는 커피를 사기만 하면 된다.

구문해설

10행 These birds **would** *spend* their winters *living* in the canopies of the trees [that provided shade for the coffee plants]. ⇨ would는 '~하곤 했다'의 뜻으로 과거의 습관을 나타낸다. 「spend+시간+(in) v-ing」는 '~하는 데 시간을 보내다'의 의미이다. [ ]는 선행사인 the trees를 수식하는 주격 관계대명사절이다.

22행 ..., **all** [(that) consumers need to **do**] is (to) **buy** coffee with this logo on the package. ⇨ [ ]는 선행사인 all을 수식하는 목적격 관계대명사절로, 목적격 관계대명사가 생략되어 있다. all이 들어간 절이 do동사를 포함하고 있을 때, be동사의 보어로는 흔히 to가 생략된 원형부정사가 온다.

문제해설

03 새로운 커피 재배 농법으로 인해 철새의 서식지가 사라지고 개체 수가 감소하는 문제를 해결하기 위해 소비자들이 할 수 있는 일을 소개한 글이므로, 제목으로 ④ '철새를 돕는 쉬운 방법'이 가장 적절하다.
① 철새들이 하는 긴 여행
② 세계에서 가장 비싼 커피

③ 삼림 벌채가 농업에 미치는 영향
⑤ 햇빛 커피 농업: 커피를 재배하는 최상의 방법

04 나무가 잘려 나가 서식지를 잃은 새들을 보호하기 위해 철새 센터가 소비자들로 하여금 그늘에서 커피를 재배하는 농장을 후원하도록 권장했다는 것이 자연스러우므로, ④의 boycott(보이콧하다)를 support(후원하다) 등으로 고쳐야 한다.

05 ④ 06 ⑤ 07 ④

30년 넘게 Sintayehu Tishale는 에티오피아의 수도인 아디스아바바에서 최고의 목수들 중의 한 명으로 인정받아 왔다. 그는 어느 훌륭한 장인들에 못지않게 숙련되고, 손쉽게 일을 한다. 하지만, 그가 만드는 가구의 독특한 특징은 그것이 손으로 만들어지는 대신에, Sintayehu의 발로 만들어진다는 것이다!

어린 나이에, Sintayehu는 소아마비를 앓았고 그 병으로 인해 그의 양쪽 팔을 잃었다. 그래서 그는 단순한 일상적인 일에서부터 공예품을 만드는 것에 이르기까지의 모든 것을 하기 위해 손 대신에 다리를 사용하는 방법을 배움으로써 자신의 장애에 적응할 수밖에 없었다. 슬프게도, 그의 부모는 그의 재능을 알아보지 못했고 그가 돈을 벌 수 있는 유일한 방법은 구걸하는 것이라고 생각했다. 부모님의 명령에 순종하여, Sintayehu는 생계를 꾸려 나가기 위해서 구걸을 하기 시작했다. 하지만, 그는 자신이 더 많은 것을 할 수 있다고 강하게 믿었고, 할 수 있는 더 나은 어떤 것을 항상 찾고 있었다. 그래서 Sintayehu는 약 30년 전에 그의 아내를 만났을 때, 그녀의 조언을 따라서 자신의 인생을 바꿨다. 그녀의 격려와 지지로, 그는 스스로 읽고 쓰는 법을 배웠고, 목수 기술을 발전시켰다.

오늘날, 50대 초반인 Sintayehu는 그의 놀랄 만한 목공 기술로 유명하며 그의 마을 사람들은 그의 장애를 거의 의식하지 않는다. 그의 이야기는 성공하고자 하는 강한 결의가 있다면 어떤 것이든 가능하다는 것을 입증한다. 그러므로 다음에 당신이 불가능해 보이는 어떤 것에 직면하면, 그의 사례를 기억하라. 그리고 나서 불평하는 것을 멈추고 일단 그것을 해라!

구문해설

3행 However, the unique feature of the furniture [(which/that) he produces] is [that, **instead of being** made by hand, it's made with Sintayehu's feet]! ⇨ 첫 번째 [ ]는 the furniture를 수식하는 목적격 관계대명사절로, 목적격 관계대명사가 생략되어 있다. 두 번째 [ ]는 주격 보어로 쓰인 명사절이다. 「instead of v-ing」는 '~하는 대신에'의 의미이다.

10행 [Obeying his parents' orders], Sintayehu **began begging** in order to make a living. ⇨ [ ]는 〈부대상황〉을 나타내는 분사구문이다. begin은 목적어로 to부정사와 동명사를 모두 취할 수 있다.

문제해설

05 신체장애를 극복하여 성공한 목수가 된 사람의 사례를 통해 강한 결의가 있다면 무엇이든 가능하다고 말하는 글이므로, 제목으

로는 ④ '뜻이 있는 곳에 길이 있다'가 가장 적절하다.

① 한 시각 장애인의 놀라운 재능

② 사랑의 놀라운 치유력

③ 부모가 항상 가장 잘 알고 있다는 증거

⑤ 에티오피아의 전통 목공

06 장애가 있다는 것을 사람들이 거의 의식하지 않을 정도로 놀랄 만한 목공 기술을 가지고 있다는 내용의 글이므로, 빈칸에는 ⑤ '장애'가 적절하다.

07 (A) 앞의 동사 works를 수식하므로 부사 handily가 알맞다.

(B) 문장의 핵심 주어가 단수명사인 the unique feature이므로 is가 알맞다.

(C) 뒤에 완전한 절이 이어지므로 proves의 목적어 역할을 하는 명사절을 이끄는 접속사 that이 알맞다.

유형 17 순서 장문

p.108

기출 예제 01 ② 02 ⑤ 03 ⑤

(A) Victor는 아주 큰 회사의 사무실 청소부 자리에 지원했다. 매니저가 그를 인터뷰했고, 그리고 나서 그에게 청소하기와 비품 쌓기, 지정된 시설 구역에 보급하기 같은 테스트를 했다. (a) 그가 하는 일을 지켜본 후, 매니저는 "당신은 고용되었습니다. 저에게 이메일 주소를 알려 주세요, 그러면 당신에게 작성할 몇 가지 서류를 보내드리겠습니다."라고 말했다.

(C) Victor는 "저는 컴퓨터도 없고 이메일도 없습니다."라고 대답했다. "유감이네요."라고 그 매니저가 말했다. 그리고 그는 "만약 당신에게 이메일이 없다면 이 일을 어떻게 하려고 합니까? 이 직업은 당신에게 이메일 주소가 있을 것을 요구합니다. 저는 당신을 고용할 수 없습니다."라고 덧붙였다. Victor는 아무 희망도 없이 떠났다. 주머니에 10달러만 가진 채, (d) 그는 무엇을 해야 할지 몰랐다. 그때 그는 슈퍼마켓에 가기로 결심하고 10kg짜리 토마토 한 상자를 샀다.

(B) 그리고 (b) 그는 토마토를 집집마다 돌아다니며 팔았다. 두 시간 만에 그는 자본금을 두 배로 늘리는 것에 성공했다. 그는 이 작업을 세 번 반복했고 60달러를 가지고 집으로 돌아왔다. Victor는 이런 방법으로 살아남을 수 있다는 것을 깨달았고, 매일 더 일찍 나가기 시작해서 늦게 돌아왔다. 이렇게 하여, (c) 그의 돈은 매일 두 배 또는 세 배로 불었다. 얼마 지나지 않아, 그는 수레를 사고, 그리고 트럭을 사고, 그리고 나서 그는 여러 대의 자신만의 배달 차량을 갖게 되었다.

(D) 몇 년 후, Victor의 회사는 그의 도시에서 가장 큰 식품 회사가 되었다. 그는 가족의 미래를 계획하기 시작했고, 생명 보험에 가입하기로 결심했다. 그는 보험 중개인을 불렀다. 대화가 끝나자, (e) 그는 그에게 이메일을 물었다. Victor가 "저는 이메일이 없어요."라고 대답했다. 중개인은 의아해하며 "당신은

이메일이 없음에도 성공해서 제국을 건설했습니다. 이메일이 있다면 (직업이) 무엇이었을지 상상되시나요?"라고 응답했다. 그는 잠시 생각하더니 "사무실 청소부요!"라고 대답했다.

어휘

apply for 지원하다 cleaner 청소부 stock (물품을) 들여놓다, 재고품으로 쌓아 두다 designated 지정된 facility (생활의 편의를 위한) 시설[기관] fill out ~을 작성하다 capital 자본금 operation 수술; *작업 triple 세 배가 되다 fleet 함대; *(한 기관이 소유한 전체 비행기·버스·택시 등의) 무리 insurance 보험 broker 중개인 conclude 결론을 내리다; *끝내다 empire 제국

유형 연습 pp.110~113

01 ②	02 ④	03 ④	04 ⑤	05 ③	06 ⑤

01 ② 02 ④ 03 ④

(A) 내가 기억하기로, 아버지는 커다란 피클 병을 그의 방 서랍장 옆 바닥에 두셨다. 하루가 끝날 무렵, (a) 그는 주머니에서 동전들을 모두 꺼내서 그 병 속으로 던져 넣곤 하셨다. 내가 어린 소년이었을 때, 나는 동전들이 그 병 속으로 떨어지는 소리를 듣는 것을 꽤나 좋아했다. 나는 동전들이 햇빛에 반짝거릴 때 그 동전들을 보면서, 그 병 앞 바닥에 쪼그리고 앉아 있는 걸 좋아했다.

(C) (b) 그가 가진 돈이 아무리 적더라도, 아버지는 항상 그 병에 동전을 넣으셨다. 아버지가 어느 여름에 직업을 잃었을 때도, 그래서 우리가 일주일에 여러 번 저녁 식사로 콩을 먹어야만 했을 때도, 아버지는 그 병에서 단 한 개의 동전도 꺼내지 않으셨다. 그 병이 가득 찰 때마다, 아버지와 나는 그 동전들을 은행에 가져갔고, 동전의 합계는 항상 내가 예상했던 것보다 더 많았다. 그리고 나서 아버지는 나를 희망에 찬 눈으로 바라보시며 말씀하시곤 하셨다. "이 동전들은 네가 (c) 나처럼 공장에서 일하지 않도록 해 줄 거란다. 너는 더 나은 삶을 살게 될 거야."

(B) 마침내 나는 자라서 대학에 갔다. 그 동전들이 얼마나 강력한 것인지를 내가 깨달은 것은 바로 그때였다. 나의 등록금은 그 낡은 피클 병에서 나온 돈으로 지불되었다. 그 후 나는 학업을 마치고, 직장을 구해 다른 도시로 이사를 했다. 나는 그 낡은 병에 대해 까맣게 잊어버렸다. 어느 날, 부모님을 방문했을 때, 나는 그 낡은 피클 병이 사라졌다는 것을 알게 되었다. 나는 그것이 아주 오랫동안 놓여 있던 곳을 바라보면서 슬픔을 느꼈다. 그 피클 병은 내게 결단력과 인내에 관해 많은 것을 가르쳐 주었다.

(D) 그 후에 나는 결혼을 했고 Jack이라는 아들을 얻었다. Jack이 태어난 후 처음으로 맞는 크리스마스에, 우리는 부모님과 함께 시간을 보내기 위해 부모님 댁에 갔다. 저녁 식사 후에 Jack이 갑자기 울기 시작해서, 나는 기저귀를 갈아 주기 위해 (d) 그를 부모님의 침실로 데려갔다. 거기에서 나는 그것을 보았다. 그 낡은 피클 병이 다시 나타났고 그것은 동전으로 거의 가득 차 있었다. 나는 감정이 북받치는 것을 느끼며 내 주머니에서

동전 몇 개를 꺼내 넣었다. 바로 그때, 아버지가 방 안으로 살며시 들어오셨다. 우리 둘 다 아무 말이 없었지만, 나는 (e) 그가 나와 같은 감정을 느끼시는 것을 알 수 있었다.

구문해설

4행 I liked to squat on the floor in front of it, [watching the coins **as** they glinted in the sunlight]. ⇨ [ ]는 〈동시동작〉을 나타내는 분사구문이다. as는 〈때〉를 나타내는 접속사이다.

6행 **It was** then [**that** I realized {how powerful those coins were}]; .... ⇨ 「it is[was] ~ that ...」 강조구문으로 '…한 것은 바로 ~이다[이었다]'의 의미이다. { }는 realized의 목적어로 쓰인 의문사절이다.

10행 I felt sadness **looking** at the spot [where it *had sat* so long]. ⇨ looking 이하는 〈동시동작〉을 나타내는 분사구문이다. [ ]는 선행사인 the spot을 수식하는 관계부사절이다. had sat은 주절의 과거시제(felt)보다 더 이전의 사건을 언급하므로 과거완료시제를 썼다.

문제해설

01 피클 병에 동전을 모으셨던 아버지와 그것을 보는 것을 좋아했던 글쓴이의 어린 시절에 대한 내용인 (A) 다음에, 형편이 어려울 때도 아버지가 꾸준히 동전을 모아 저금했다는 내용의 (C)가 오고, 이후 글쓴이가 자라서 그 동전으로 대학 등록금을 냈다는 내용인 (B)가 이어진 뒤, 글쓴이가 결혼을 한 후에 부모님 댁을 방문했을 때 그 병을 다시 보고 북받치는 감정을 느꼈다는 내용인 (D)가 오는 것이 자연스럽다.

02 (d)는 글쓴이의 아들인 Jack을 가리키고, 나머지는 글쓴이의 아버지를 가리킨다.

03 ④ 글쓴이의 아버지는 실직했을 때조차 피클 병에서 단 한 개의 동전도 꺼내지 않으셨다.

04 ⑤ 05 ③ 06 ⑤

(A) John Plummer는 베트남 전쟁 당시의 미국인 조종사로 1972년 Trang Bang이라는 마을 공습 계획을 짜는 것을 도왔다. 다음 날, (a) 그는 한 신문에서 공습 사진을 보고 충격을 받았다. 그 사진에는, 한 어린 소녀가 벌거벗은 채로 불타고 있는 마을로부터 흙길을 따라 뛰쳐나가고 있었다. 그녀의 팔은 하늘 높이 향해 있고 그녀의 몸은 폭발물로 인해 화상을 입었다.

(D) 그는 그 후 24년을 그 사진 속의 소녀를 찾는 데 보냈다. 그는 그녀를 그렇게 심하게 다치게 하려는 의도는 아니었다고 그녀에게 간절히 말하고 싶었다. 하지만, (e) 그는 그녀를 결코 찾을 수 없었다. 사과하고자 하는 열망은 그가 건강과 희망을 잃을 때까지 그를 서서히 파괴했다. 그의 친구들은 그가 공격 전에 무고한 사람들을 그 지역에서 대피시키려고 노력했다는 것을 그에게 상기시키면서, 그를 도우려고 애썼다. 하지만, 이 중 그 어느 것도 그의 죄책감을 덜어 주지는 못했다.

(C) 그러고 나서 1996년 재향 군인의 날에 John에게 기적이 일어났다. (d) 그는 전쟁에서 역시 조종사였던 몇몇 오랜 친구

들과 함께 워싱턴 DC에 있는 베트남 전쟁 기념관에 갔다. 그들은 전쟁에서 사망한 그들의 전우들의 명예를 기리기 위해 그곳에 갔다. 하지만, 그들은 또한 자신들이 연루된 끔찍한 일에 대한 죄책감에서 조금이라도 편해지기를 바랐다. 그들은 연설을 듣기 위해 베트남 전쟁 기념관에 모여 있던 군중에 합류했다. 한 작은 여성이 무대에 올라 말을 하기 시작했다.

(B) 그녀는 자신이 그 사진 속의 소녀라고 소개했다. John은 무척 놀랐다. (b) 그는 너무나 오랫동안 바로 이 사람을 만나기를 원해 왔다. 그 여성은 계속 말을 이어 나갔다. "제가 가진 화상의 상처는 여전히 저에게 고통을 주지만, 저는 고통스럽지 않습니다. 저는 우리 마을을 폭격한 사람들을 오래전에 용서했습니다." John은 군중을 뚫고 나아갔다. 경호원이 John을 막으려고 했지만, (c) 그는 그럴 수 없었다. "그게 나예요!" John이 소리쳤다. "내가 당신에게 이렇게 한 사람이오!" 그 여성은 무대에서 내려와서, John에게 다가가 그를 껴안았다. 그는 흐느껴 울며 말했다. "정말 미안합니다." 그녀는 그에게 계속해서 말했다. "괜찮아요. 전 당신을 용서했어요."

구문해설

1행 John Plummer was an American pilot during the Vietnam War, [who helped coordinate a raid on a village {called Trang Bang} in 1972]. ⇨ [ ]는 an American pilot을 부연 설명하는 계속적 용법의 주격 관계대명사절이다. { }는 a village를 수식하는 과거분사구이다.

17행 ..., each man also hoped [that they could find some relief for their guilt over the terrible things {that they **had been involved** in}]. ⇨ [ ]는 hoped의 목적어로 쓰인 명사절이다. { }는 the terrible things를 수식하는 목적격 관계대명사절이다. had been involved는 주절의 과거시제보다 이전의 일을 나타내는 과거완료시제이다.

24행 His friends tried to help him, [reminding him {that he *had tried* to evacuate innocent people from the area ...}]. ⇨ [ ]는 〈동시동작〉을 나타내는 분사구문이다. { }는 reminding의 직접목적어로 쓰인 명사절이다. 그가 무고한 사람들을 대피시키려 노력했던 것은 친구들이 그를 도우려고 애썼던 것보다 먼저 일어난 일이므로 과거완료시제인 had tried가 사용되었다.

26행 However, none of this **made** him **feel** less guilty. ⇨ 사역동사 make의 목적격 보어로 동사원형 feel이 쓰였다.

문제해설

04 베트남전에 참가했던 한 미국인 조종사가 자신이 도왔던 공습으로 인해 온몸에 화상을 입은 소녀의 사진을 본 후 충격에 휩싸였다는 내용인 (A)에 이어서, 그 후 그가 24년 동안 죄책감에 시달리며 그 소녀를 찾으려 노력했으나 실패했다는 내용의 (D)가 오고, 우연히 재향 군인의 날에 베트남 전쟁 기념관에서 한 여성의 연설을 듣는 내용인 (C)가 이어진 후, 그 여성이 바로 자신이 찾아 헤매던 소녀라는 것을 알고 사과하고 용서받는 내용인 (B)의 순서로 이

어지는 것이 적절하다.

05 (c)는 경호원을 가리키고, 나머지는 John Plummer를 가리킨다.

06 ⑤ 동료들은 그가 폭격 명령을 내리기 전 무고한 사람들을 대피시키려 했던 사실을 상기시키면서 그를 위로하려고 노력했다.

PART 02 MINI TEST

MINI TEST 01 pp.116~119

01 ④   02 ④   03 ④   04 ①   05 ④   06 ②

01 ④

만약 친구의 성공 소식을 듣게 된다면, 당신은 어떤 기분이 들겠는가? 당신은 친구 때문에 기쁠 수도 있지만, 또한 질투심을 느낄지도 모른다. 질투와 함께 오는 감정은 종종 우리를 불편하게 느끼도록 만든다. 한 새로운 연구는 질투와 같은 감정이 실제로 신체적인 고통을 처리하는 뇌의 부위와 연관이 있다는 것을 발견했다. 이는 사람들이 그러한 감정을 피하기 위해 그토록 애쓰는 이유를 설명해 준다. 그러나 질투가 항상 나쁜 것은 아니다. 심리학자들에 의하면, 질투에는 두 가지 서로 다른 형태가 있다. 바로 긍정적인 것과 부정적인 것이다. 부정적인 질투는 고통스럽다. 이것은 우리가 타인을 비난하거나 그들의 결점을 찾게 이끌 수 있다. 반면에 긍정적인 질투는 다르다. 그것은 영감의 원천이 될 수 있는데, 이것은 당신이 더 큰 목표를 가지게 만들 수 있다. 우리는 다른 사람의 성취를 보고 그와 같은 것을 우리도 성취하겠다는 꿈을 꿀 수 있다. 당신이 질투를 느끼게 하는 일을 친구가 하는 것을 본다면, 당신은 어떻게 반응할지 선택할 수 있다. 당신은 친구에게 화를 내겠는가, 아니면 당신도 그것을 할 수 있다는 것을 증명하려고 노력하겠는가?

구문해설

1행 **If** you **heard** about a friend's success, how **would** you **feel**? ⇨ 「If+주어+동사의 과거형, 주어+조동사의 과거형+동사원형」은 가정법 과거구문으로 현재 사실과 반대되는 가정을 나타낸다.

4행 This explains [why people work so hard **to avoid** such feelings]. ⇨ [ ]는 explains의 목적어로 쓰인 의문사절이다. to avoid는 〈목적〉을 나타내는 부사적 용법의 to부정사이다.

8행 ...; it can be a source of inspiration, [which can **make** you **aim** higher]. ⇨ [ ]는 a source of inspiration을 부연 설명하는 계속적 용법의 주격 관계대명사절이다. 사역동사 make의 목적격 보어로 동사원형 aim이 쓰였다.

문제해설

질투에는 두 가지 형태가 있는데, 부정적인 질투는 타인을 비난하며 스스로를 고통스럽게 하는 반면 긍정적인 질투는 목표 성취에 도움이 된다는 내용이므로, 글의 제목으로는 ④ '질투: 통제하느냐 통제당하느냐'가 적절하다.

① 인간은 왜 질투를 느끼는가?
② 지나친 질투는 관계를 망친다

③ 우리의 부정적 감정에 대한 심리적 이유
⑤ 질투: 신체적 고통을 수반하는 감정

02 ④

'아쿠아포닉스'는 물과 물고기 배설물이 둘 다 재사용되는 시스템에서 물고기와 상추 같은 식물을 함께 기르는 새로운 방법이다. 물고기로부터 나온 배설물은 식물에 비료를 주는 데 사용되며, 식물은 물고기를 위해 물을 정화한다. 아쿠아포닉스는 사실 식량을 생산하는 가장 환경친화적인 방법들 중 하나이다. 물고기와 식물은 실내에서 길러질 수 있으므로, 위험한 화학 물질이나 살충제가 필요하지 않다. 물은 이 시스템 내에서 재사용되고 재순환되므로 거의 사용되지 않는다. 게다가, 아쿠아포닉스 시스템은 만들고 유지하기가 엄청나게 간단하다. 잡초를 뽑거나, 구멍을 파거나, 손을 더럽히는 일이 전혀 요구되지 않는다. 이 시스템은 운용하기 쉬울 뿐만 아니라 돈을 절약하게 해 줄 수 있다. 아쿠아포닉스 시스템을 설치한 후에는 운영하는 데 비용이 많이 들지 않는다. 당신은 식비를 절약할 수 있고, 시장에 가는 시간을 절약할 수 있다.

구문해설

6행 …, an aquaponics system is incredibly simple **to put together** and (to) **maintain**. ⇨ to put together와 (to) maintain은 '~하기에'라는 〈한정〉을 나타내는 부사적 용법의 to부정사로, 형용사인 simple을 수식한다.

문제해설

④ Not only라는 부정어구가 문두에 나왔으므로, 주어와 동사가 도치되어 Not only is it이 되어야 한다.

〈오답노트〉

① 선행사가 a system이고 뒤에 완전한 절이 이어지므로 관계부사 where는 옳다.

② 주어가 복수명사이며 수동의 의미이므로 are needed는 적절하다.

③ little 뒤에 생략된 주어가 water이며 수동의 의미를 나타내므로 is used는 옳다.

⑤ 「타동사+부사」로 이루어진 동사구 set up의 목적어로 대명사 it이 왔으므로 「타동사+목적어+부사」의 어순을 따른다.

03 ④

7,000개가 넘는 서로 다른 언어가 존재하지만, 이들이 전 세계에 고루 분포되어 있는 것은 아니다. 흥미롭게도, 특정 지역에서 발견되는 언어의 수는 지리적 및 환경적인 요인과 관련이 있는 것으로 보인다. 이에 대한 한 가지 가능한 설명은 생태학적 위험 가설로 알려져 있다. 이것은 생존을 위해 협동이 필요한 혹독한 지역에서 언어 다양성이 감소한다는 생각에 근거한다. 역으로, 식량이 풍부한 비교적 좋은 환경의 지역은 다수의 언어를 만들어 낼 가능성이 더 크다. 이 가설은 적도 근처의 따뜻한 지역이 북쪽과 남쪽의 더 추운 지역보다 언어 다양성이 더 큰 경향이 있다는 사실로써 강화된다. 이는 필시 생존을 위해 분투

하는 사람들은 서로 협력하고 소통할 필요가 더 크다는 사실 때문일 것인데, 이는 공통 언어를 사용하지 않으면 상당히 더 어려운 행위이다.

구문해설

4행 It is based on **the idea** [that language diversity is reduced in harsh areas {where collaboration is required for survival}]. ⇨ [ ]는 the idea와 동격인 명사절이다. { }는 harsh areas를 수식하는 관계부사절이다.

9행 This is most likely due to **the fact** [that people {struggling to survive} have a greater need {to collaborate and communicate with one another}], *an act* [that is considerably more difficult if they don't share a common language]. ⇨ 첫 번째 [ ]는 the fact와 동격이다. 첫 번째 { }는 people을 수식하는 현재분사구이다. 두 번째 { }는 need를 수식하는 형용사적 용법의 to부정사구이다. an act 이하는 to collaborate … one another와 동격이다. 두 번째 [ ]는 an act를 수식하는 주격 관계대명사절이다.

문제해설

생존을 위해 협동이 필요한 혹독한 지역에서는 공통 언어를 사용하여 언어 다양성이 감소하는 반면 좋은 환경의 지역에서는 언어 다양성이 더 높다는 내용의 글이므로, 빈칸에는 ④ '지리적 및 환경적 요인'이 들어가는 것이 가장 적절하다.

① 언어군의 아주 오래된 뿌리
② 기후 변화의 국지적 영향
③ 인구 규모와 문화적 차이
⑤ 계절의 길이와 온도

04 ①

코치가 교장 선생님이 그를 보기 원하신다고 알려 주셨을 때 Timothy는 야구 연습 도중에 이마의 땀을 닦고 있었다. 교장실에 들어갔을 때 Timothy는 Baldwin 교장 선생님이 서류를 넘겨 보고 계신 것을 보았다. "Timothy, 앉으렴." Timothy는 그 자리에 얼어붙어 선 채 그 서류의 내용을 힐끗 보려고 애썼다. "제가 뭐 잘못했나요?"라고 그가 물었다. 교장 선생님은 눈을 서류에 고정한 채로 "미안하지만 잠깐만 기다려 주렴."이라고 대답하셨다. 그는 '내가 기말고사에서 낙제를 했나?' 하고 생각했다. 마침내 Baldwin 교장 선생님이 고개를 들고 "Timothy, 네게 말해 줄 소식이 있다. 너는 아주 자랑스러울 거야."라고 말씀하셨다. Timothy는 불현듯 자신이 상황을 잘못 이해했음을 깨달았다. "네가 지원한 대학 중 한 곳에서 야구 장학금을 제안받았단다!" Timothy는 눈이 휘둥그레져서 혁하고 크게 숨을 내쉬었다.

구문해설

2행 [Entering the principal's office], Timothy **saw** Ms. Baldwin **flipping** through a document. ⇨ [ ]는 〈때〉를 나타내는 분사구문이다. 지각동사 saw의 목적격 보어로

현재분사 flipping이 쓰였다.

5행 ..., the principal replied, **with** her eyes **fixed** on the paper. ⇨ 「with+목적어+p.p.」는 '~가 …된 채로'의 의미이다.

문제해설
Timothy는 교장 선생님의 부름을 받고 문제가 생긴 줄 알고 걱정했으나 대학으로부터 야구 장학금 제안을 받은 것을 알고 기뻐했을 것이다.

05 ④

사람들은 종종 자신의 행동을 변화시키기 위해 결심에 의존한다. 하지만, 목표를 세우는 것이 결심을 하는 것보다 훨씬 더 효과적인 전략이다. 이것은 결심이 대개 절대적인 것으로서 접근되기 때문이다. 사람들은 "나는 절대 하지 않을 거야." 또는 "나는 항상 할 거야."라는 말을 하는데, 이것은 그들이 한 번의 실수라도 하면 자신들이 실패한 것처럼 느끼게 만들고, 다시 시도하는 대신에 그 결심을 포기하게 만든다. 그에 반해서, 목표를 세우는 것은 사람들이 자신의 행동을 바꾸는 것에 있어 서서히 노력하게 한다. 그들은 큰 변화가 갑자기 일어나지 않을 거라는 것을 알기 때문에, 실패에 실망하기보다는 진전을 보이는 것에 기뻐하는 경향이 있다. 이것은 강력하게 동기를 부여하며, 실의에 빠진 완벽주의자가 되는 것보다 훨씬 더 낫다.

구문해설
5행 People say "I will never," or "I will always," [which **causes** them **to feel** like they have failed ...]. ⇨ [ ]는 앞 절 전체를 선행사로 하는 계속적 용법의 주격 관계대명사절이다. 「cause+목적어+to-v」는 '(목적어)가 ~하게 야기하다'의 의미이다.

문제해설
주어진 문장은 행동 변화를 위해 목표를 세우는 것의 이점에 대한 내용이며 in contrast라는 역접의 접속사가 쓰였으므로 단순히 결심을 하는 것의 문제점에 관한 내용에서 목표 설정의 장점으로 내용이 전환되는 ④에 들어가는 것이 적절하다.

06 ②

당신은 왜 어떤 도시의 이름은 말할 때 약어로 축약되는데 다른 도시들의 이름은 그렇지 않은지에 대해 생각해 본 적이 있는가? 미국의 가장 큰 두 도시인 로스앤젤레스와 뉴욕을 예로 들어 보자. 전자는 흔히 LA로 축약되지만, 후자는 결코 NY라고 불리지 않는다. 그 이유는 사람들이 음성학의 측면에서 더 효율적일 때만 자연스럽게 단어를 짧게 줄이기 때문이다. 'LA'는 'Los An-ge-les'라고 말하는 것보다 2음절 짧다. 그러나 'NY'와 'New York'은 모두 2음절이므로, 발음하는 데 동일한 시간이 걸린다. 그것이 머리글자 NY가 글에서는 흔히 쓰이지만, 말하기에서는 거의 쓰이지 않는 이유이다. 그렇다면, 'San Fran-cis-co'처럼 긴 이름은 왜 결코 'SF'라고 불리지 않을까? 그 이유는 사람들이 그 대신 'Fris-co'라고 말하며, 이것

은 편한 2음절 단어이기 때문이다. 이는 또한 사람들이 'New Jer-sey'를 'Jer-sey'라고 말하는 이유이기도 하다.

➡ 사람들은 음성적 (A) 이점이 있으면 약어를 사용하는 경향이 있지만, 음절의 양이 같으면 완전한 (B) 명칭을 쓴다.

구문해설
1행 **Have** you **ever thought** about [why some city names are abbreviated when spoken but others are not (abbreviated)]? ⇨ '~해 본 적이 있다'는 의미의 〈경험〉을 나타내는 현재완료시제는 주로 ever, never, before, once 등의 부사와 함께 쓰인다. [ ]는 전치사 about의 목적어로 쓰인 의문사절이다. not 뒤에는 abbreviated가 생략되었다.

10행 This is also the reason [why people say "Jer-sey" for "New Jer-sey."] ⇨ [ ]는 선행사 the reason을 수식하는 관계부사절이다.

문제해설
사람들이 음성학적인 측면에서 더 효율적일 때만 약어를 쓰고, 그렇지 않을 경우에는 원래 명칭을 그대로 발음한다는 내용의 글이므로, (A)에는 advantage(이점), (B)에는 name(명칭)이 들어가는 것이 가장 적절하다.

MINI TEST 02					PP.120~123
01 ②	02 ⑤	03 ②	04 ③	05 ⑤	06 ⑤

01 ②

때때로, 주의력은 한 방향으로 강력하고 지속적으로 비추는 스포트라이트처럼 보일 수 있다. 하지만, 과학 연구는 이것은 사실이 아님을 보여주었다. 주의력은 끊임없이 흐려지다가 갑작스럽게 다시 강해진다. 이는 인간의 뇌가 한 가지에 짧은 간격으로만 집중하도록 만들어졌음을 시사한다. 예를 들어, 당신은 당신의 모든 주의력이 현재 이 글을 읽는 데 집중되어 있다고 생각할 수 있다. 하지만, 실제로는 당신의 뇌는 필시 초당 2~3회에 걸쳐 주의력을 확대했다가 축소했다가 할 것이다. 이 집중의 간격 사이에, 당신의 뇌는 주위에 의해 방해를 받고 있는데, 뇌는 당신이 주의를 기울일 만한 어떤 것도 일어나고 있지 않다는 것을 확인하기 위해 이(주위)를 빠르게 살핀다. 주의를 기울일 만한 것이 없으면, 당신의 주의력은 당면 과제에 다시 초점을 맞춘다. 주의력이 방해받지 않고 이어지는 것처럼 보인다는 사실은 단순히 뇌가 만들어 낸 착각에 불과하다.

구문해설
1행 At times, **it** may seem **that** your attention is like a spotlight [shining powerfully and continuously in a single direction]. ⇨ it은 가주어이고, that 이하가 진주어이다. [ ]는 a spotlight를 수식하는 현재분사구이다.

8행 ..., your brain is being distracted by your surroundings, **which** *it* quickly scans to make sure [(that) there is nothing going on {that is more worthy of your attention}]. ⇨ which 이하는 your surroundings를 부연 설명하는 계속적 용법의 목적격 관계대명사절이다. it은 your brain을 가리키는 대명사이다. [ ]는 make sure의 목적어로 쓰인 명사절로, that이 생략되었다. { }는 nothing을 수식하는 주격 관계대명사절이다.

문제해설
뇌는 한 가지에 연속적으로 집중하지 않고 주위에 의해 계속적으로 방해를 받는다는 내용이므로, 글의 제목으로는 ② '인간의 뇌: 방해받게 고안되다'가 가장 적절하다.

① 멀티태스킹에 대한 근거 없는 믿음 논박하기
③ 뇌에게 집중 능력 가르치기
④ 정신의 변화는 뇌를 건강하게 유지한다
⑤ 연속된 집중: 성공의 비결

02 ⑤
겨울의 추운 달이 오면, 따뜻함을 유지하는 것은 모든 동물의 주요 관심사가 된다. 그렇게 하기 위해서, 그들은 몸에서 빼앗기는 열의 양을 제한하는 방법들을 찾아야 한다. 살아 있는 생물로부터 외부 환경으로 이동하는 열의 양은 노출된 신체 표면의 양에 정비례한다. 이것은 동물의 노출된 신체 표면이 크면 클수록, 더 많은 열을 빼앗긴다는 것을 의미한다. 이러한 이유로, 크기가 더 작은 동물은 더 큰 동물보다 더 힘든 시기를 보낸다. 이것은 작은 동물이 큰 동물보다 체적당 표면 비율이 더 크고 더 높은 신진대사율을 지니고 있다는 사실 때문이다. 하지만, 작은 동물 무리가 그들의 체적당 표면 비율을 집합적으로 ~~증가시킬~~(→ 감소시킬) 수 있다면, 그들은 더 많은 양의 열을 유지할 수 있을 것이다. 이것을 하기 위해서, 그들은 허들링(떼 지어 모이는 것)으로 알려진 행동에 의존한다.

구문해설
2행 ..., they must find ways to limit the amount of heat [(which/that) their bodies lose]. ⇨ [ ]는 heat를 수식하는 목적격 관계대명사절로, 목적격 관계대명사가 생략되었다.

4행 This means that **the greater** an animal's exposed body surface is, **the more** heat it will lose. ⇨ 「the +비교급 ~, the +비교급 ...」은 '~하면 할수록 더 ...하다'의 의미이다.

6행 This is due to the fact [that small animals possess a greater surface area-to-volume ratio and ...]. ⇨ the fact와 [ ]는 동격이다.

문제해설
노출된 신체 표면의 양이 클수록 더 많은 열을 빼앗긴다고 했으므로, 체적당 표면 비율을 '감소시켜야' 더 많은 열을 유지할 수 있다는 것이 자연스럽다. 따라서 ⑤의 increase(증가시키다)를

decrease(감소시키다) 등으로 바꿔야 한다.

03 ②
강력한 태풍이 동아시아를 강타했을 때, 그것은 여러 개의 화물 컨테이너를 쳐서 바다에 빠뜨렸다. 이 컨테이너들에는 수백만 개의 작은 플라스틱 알갱이들이 들어 있었는데, 이것들이 그 후 홍콩의 해변으로 떠밀려오기 시작했다. (B) 그러나, 그 보기 싫은 난장판 외에도 이 알갱이들이 물속의 오염 물질을 흡수하여 독성을 갖게 될 수 있다는 더 큰 우려가 있다. 이 독성 물질은 그다음에는 그 알갱이들을 먹는 물고기에게 옮겨질 것이고, 그다음에는 그 물고기를 먹는 사람에게 옮겨질 것이다. (A) 플라스틱이 먹이 사슬에 침투하는 문제의 해결을 돕기 위해, 수백 명의 자원봉사자들이 급히 동원되었지만, 얼마 안 가서 그것이 거의 불가능한 일이라는 것이 드러났다. 빗자루와 쓰레받기만 갖춘 자원봉사자들은 진전을 거의 보이지 못하고 있었다. (C) 그들의 노력을 지원하기 위해, 정부는 그 청소 작업에 합류할 근로자들을 고용하기 시작했다. 21톤으로 추정되는 알갱이들이 해안으로 떠밀려온 가운데, 홍콩의 해양 환경을 보호하는 것은 몇 달 동안 지속될 수도 있는 중대한 과제가 될 것이다.

구문해설
2행 These containers held millions of tiny plastic pellets, [which **have** *since* **begun** to wash up on the beaches of Hong Kong]. ⇨ [ ]는 tiny plastic pellets를 부연 설명하는 계속적 용법의 주격 관계대명사절이다. have begun은 현재완료시제로 과거부터 지금까지 계속되고 있는 일을 나타낸다. since는 '그 이후로'의 의미로 쓰인 부사이다.

6행 [(Being) Armed with nothing more than brushes and dustpans], the volunteers have found themselves making little progress. ⇨ [ ]는 주어 the volunteers를 부연 설명하는 분사구문으로, 앞에 Being이 생략된 형태이다.

12행 **With** an estimated 21 tons of these pellets *having washed* ashore, [protecting Hong Kong's marine environment] will be a serious task [that could last for months]. ⇨ 「with+목적어+v-ing」는 '~가 ...한 채로'의 의미이다. having washed가 주절의 시제보다 이전이므로 완료형 분사를 썼다. 첫 번째 [ ]는 문장의 주어로 쓰인 동명사구이다. 두 번째 [ ]는 a serious task를 수식하는 주격 관계대명사절이다.

문제해설
바다에 빠진 컨테이너 속 수많은 플라스틱 알갱이들이 홍콩의 해변으로 밀려왔다는 주어진 글 다음에, 그것들이 물고기와 인간에게 미칠 수 있는 위험성을 설명하는 (B)가 이어지고, 이러한 먹이 사슬 문제를 방지하기 위해 알갱이들을 치우려는 자원봉사자들의 노력과 한계를 설명하는 (A)가 온 다음에, 정부의 지원 및 전망에 대해 말하는 (C)로 이어지는 것이 자연스럽다.

04 ③

화성의 표면은 토양과 암석들로 덮여 있는데, 그것들에는 철분 함량에 반응하는 산소로 인해 색깔을 띠게 된 미세한 붉은 먼지가 함유되어 있다. 바람이 이 토양과 암석들을 침식시키고, 고대 화산들이 이 행성 전역으로 먼지를 날려 보냈다. 최근 화성에서 수로를 발견한 것은 과학자들로 하여금 이 먼지가 또한 물에 의해 퍼졌을지도 모른다고 믿게 했다. (화성의 대기는 지구의 대기와는 상당히 다른데, 이는 화성의 대기에는 산소가 매우 희박하고 주로 이산화탄소로 구성되어 있기 때문이다.) 먼지는 단단해진 용암층을 덮으며 깊이가 겨우 몇 밀리미터에서 2미터까지 될 수 있다. 이 층은 대부분 고농도의 철분을 포함하는 현무암으로 구성되어 있는데, 이것이 화성의 붉은 겉모습에 대한 또 다른 이유이다.

구문해설

1행 The surface of Mars is covered with soil and rocks, [which contain a fine red dust {that got its color from oxygen **reacting** with its iron content}]. ⇨ [ ]는 선행사인 soil and rocks를 부연 설명하는 계속적 용법의 주격 관계대명사절이다. { }는 선행사인 a fine red dust를 수식하는 주격 관계대명사절이다. reacting 이하는 oxygen을 수식하는 현재분사구이다.

3행 The recent discovery of channels on Mars has **led** scientists **to believe** [that the dust *may have* also *been spread* by water]. ⇨ 「lead+목적어+to-v」는 '(목적어)가 ~하게 만들다'의 의미이다. [ ]는 believe의 목적어로 쓰인 명사절이다. 「may have p.p.」는 '~했을지도 모른다'의 의미로, 과거 사실에 대한 불확실한 추측을 나타낸다.

문제해설

화성의 표면이 붉은색을 띠는 이유에 대한 글이므로, 화성의 대기와 지구 대기의 차이를 말하는 내용인 ③은 글의 흐름과 무관하다.

05 ⑤

'철학이란 무엇인가?' 이 겉보기에 간단해 보이는 질문은 사실 믿을 수 없을 만큼 복잡하다. 만약에 그것을 묻지 않은 채 둔다면, 우리는 그 답에 대해 매우 확신할 수 있다. 하지만 우리가 그것에 대해 답하고자 하면, 우리는 필시 우리가 빈손임을 깨닫고 만다. 이는 철학의 의도적으로 모호한 본질 때문이다. 철학적 질문이 완전히 답을 얻고 나면, 그것은 그 즉시 적절한 지식 분야로 편입된다. 이는 분명 철학이 가치가 없음을 의미하는 것은 아니다. 철학적 견지가 없는 사람들은 상식, 문화적 믿음, 그리고 이성에 의해 형성되지 않은 의견의 견고한 한계선 안에 갇힌 삶을 살아가기 마련이다. 이는 세상이 의문을 가질 미스터리나 추구할 가능성이 없는 유한하고 명백한 것처럼 보이게 만든다. 반면, 철학의 렌즈를 통해 삶을 들여다보는 것은 우리로 하여금 우리의 경이감을 살아 있게 만드는 엄청난 불확실성에 직면하게 한다.

구문해설

2행 But when we seek to answer **it**, we inevitably *find* ourselves *empty-handed*. ⇨ it은 두 번째 문장의 This seemingly straightforward question을 가리킨다. find의 목적격 보어로 형용사 empty-handed가 쓰였다.

6행 ...; people without a philosophical perspective **are doomed to go through** life [trapped by the rigid boundaries of common sense, cultural beliefs, and opinions {not formed by reason}]. ⇨ 「be doomed to-v」는 '~할 운명이다, ~하기 마련이다'의 의미이다. [ ]는 life를 수식하는 과거분사구이다. { }는 opinions를 수식하는 과거분사구이다.

문제해설

철학은 본질적으로 모호한 특성을 지녀 정의 내리기 어렵다는 내용이므로, 밑줄 친 부분이 의미하는 바로는 ⑤ '철학은 질문에 대해 명확한 답을 제공하도록 만들어진 것이 아니다'가 가장 적절하다.

① 한 사람의 인생에서 철학이 없는 것은 원칙이 없음을 나타낸다
② 철학적으로 사고하는 것은 보통 사람에게는 시간 낭비이다
③ 철학은 우리가 무심코 하는 가정에 의문을 제기하는 것을 목적으로 한다
④ 철학과 과학을 융합하는 것은 우리가 삶의 불확실성에 맞서는 데 도움을 준다

06 ⑤

위 도표들은 저소득 국가와 고소득 국가에서 발생한 폐기물의 구성 요소를 비교한다. 저소득 국가에서 나온 폐기물의 절반 이상이 음식물 쓰레기로 구성되었고, 잔해 및 건축 폐기물은 그 다음으로 높은 비율을 이루었다. 음식물 쓰레기는 또한 고소득 국가의 주된 폐기물 형태였으며, 전체 구성 요소의 거의 30%를 차지했다. 저소득 국가는 종이보다는 잔해 및 건축 폐기물을 더 많이 폐기했지만, 고소득 국가에서는 정반대였다. 고소득 국가에서는 플라스틱과 직물 사이에 3퍼센트포인트 미만의 격차가 있었으나, 반면 저소득 국가에서는 플라스틱의 비율이 직물의 비율보다 세 배 더 컸다. (마지막으로, 금속은 두 국가 유형 모두에서 가장 적은 폐기물 비율을 차지했으나, 이 비율은 저소득 국가에서 두드러지게 더 컸다.)

구문해설

3행 ..., **with** debris and construction waste **making up** the next highest percentage. ⇨ 「with+목적어+v-ing」는 '~가 …한 채로'의 의미로 〈부대상황〉을 나타내는 분사구문이다.

4행 Food waste was also the predominant form of waste in high-income countries, [accounting for nearly 30% of the total composition]. ⇨ [ ]는 〈부대상황〉을 나타내는 분사구문이다.

문제해설

⑤ 금속 폐기물이 차지하는 비율은 고소득 국가가 저소득 국가보다 더 높다.

---

01 ④

부르카는 일부 이슬람교도 여성들이 입는 옷인데, 이것은 그들의 몸을 머리에서 발끝까지 완전히 덮는다. 최근 몇 년 사이에, 일부 유럽 국가들은 보안상의 우려 때문에 공공장소에서의 부르카 착용을 금지하려고 노력해 왔다. 그들은 공공장소를 돌아다니는 사람의 신원을 확인할 수 없는 것은 매우 위험할 수 있다고 주장한다. 이것은 특히 출입국 수속을 거치거나, 비행기나 버스로 여행을 하는 것에 관해서라면 사실이다. 물론, 주된 우려는 몸이 완전히 가려진 사람에 의해 테러리스트 공격이 수행될 것에 대한 두려움이다. 하지만, 부르카 금지는 개인의 자유를 침해할 수 있기 때문에 타당한 해결책이 아니다. 일부 여성들은 그들의 종교적인 신념 때문에 부르카를 입기로 선택하며, 이러한 선택은 존중되어야 한다. 부르카 금지는 그들을 어쩔 수 없이 집에 머무르게 함으로써 그들을 사회로부터 고립시킬 것이다.

구문해설

- 1행 The burka is a piece of clothing [worn by some Muslim women], [which covers their bodies completely from head to toe]. ⇨ 첫 번째 [ ]는 a piece of clothing을 수식하는 과거분사구이다. 두 번째 [ ]는 선행사인 a piece of clothing을 부연 설명하는 계속적 용법의 주격 관계대명사절이다.
- 6행 Of course, the main concern is the fear of **a terrorist attack** [being carried out by a person {whose body is completely covered}]. ⇨ [ ]는 전치사 of의 목적어로 쓰인 동명사구이다. a terrorist attack은 동명사의 의미상 주어이다. { }는 선행사인 a person을 수식하는 소유격 관계대명사절이다.

문제해설

필자는 부르카 착용을 금지하는 것은 개인의 자유를 침해하는 것이며 종교적인 신념 때문에 부르카를 입는 여성들의 선택을 존중해야 한다고 주장하고 있다.

02 ⑤

역사적으로 여성은 남성보다 급여를 적게 받았고, 심지어 완전히 동일한 직업에서도 그러했다. 최근까지 남성은 가장으로 여겨졌고, 그래서 가족을 부양하기 위해 돈을 벌어야 했다. 물론, 이것이 항상 그랬던 것은 아니었다. 많은 가정에서, 아이가 있는 미망인이나 미혼 여성처럼 여성이 유일한 소득자이자 가장이었다. 1960년대에, 여성들은 이 뿌리 깊은 생각에 이의를 제기하며 변화를 요구하기 시작했다. 1963년에, 미국 의회는 급여의 불평등을 철폐하기 위한 동일임금법을 통과시켰다. 그 법은 고용주가 단지 성별에만 근거해서 한 직원에게 더 낮은 급여를 지급하지 못하도록 한다. 그 법은 여성들의 소득에 긍정적인 영향을 미쳤다. 비록 불평등은 여전히 남아 있으며, 2000년에 여성은 남성들이 버는 것의 약 75%를 받았지만, 그 격차는 1950년대 이후로 좁혀지고 있는데, 그때는 여성들이 남성들이 버는 것의 약 50%밖에 벌지 못했다.

구문해설

- 3행 Of course, this was **not always** so. ⇨ 「not always」는 '항상 ~인 것은 아니다'의 의미로 부분 부정을 나타낸다.
- 10행 ..., the gap **has narrowed since** the 1950s, [when women earned only about 50% of what men *did*]. ⇨ '(과거부터 현재까지) ~해 오고 있다'는 〈계속〉의 의미를 나타내는 현재완료시제는 주로 since, for 등의 전치사와 함께 쓰인다. [ ]는 the 1950s를 부연 설명하는 계속적 용법의 관계부사절이다. did는 앞의 earned를 가리키는 대동사이다.

문제해설

⑤ 〈부대상황〉을 나타내는 「with + 목적어 + 분사」 구문으로 목적어인 a woman과 분사가 능동 관계이므로 received를 현재분사 receiving으로 고쳐야 한다.

〈오답노트〉

① '(과거부터 현재까지) 월급을 적게 받아 오고 있다'는 의미이므로 현재완료 수동태는 적절하다.

② 〈목적〉을 나타내는 부사적 용법의 to부정사이다.

③ 동사 began의 목적어로 to challenge와 (to) demand가 접속사 and에 의해 병렬 연결되어 있다.

④ 과거분사 based를 수식하는 부사 solely는 적절하다.

03 ③

런던의 자연사 박물관이 특이한 신입 사원을 고용했다. 바로 딱정벌레다! 이 박물관은 백만 개 이상의 동물 뼈대를 소장하고 있으며, 그것들은 전 세계의 과학자들에 의해 연구된다. 그런데 이 박물관의 냉동실에 보관된 많은 동물 표본들은 여전히 온전한 상태이다. 그것들의 뼈에서 살을 뜯어 먹어 뼈만 남도록 하는 것이 딱정벌레들의 일이다. 딱정벌레의 애벌레들이 특히 이 일에 적합한데, 그들은 일주일에 2에서 4킬로의 살을 먹어 치울 수 있기 때문이다. 이러한 자연 청소부들을 이용하여 뼈대를 청소하는 것의 가장 좋은 점은 <u>뼈들이 완벽하게 보존된</u>다는 것이다. 과거에, 과학자들은 화학 물질을 사용해서 살점을 제거했다. 그러나 그러한 화학 물질은 뼈에 손상을 입히고 뼈에 들어 있던 어떤 유용한 정보를 제거해 버리곤 했다. 이러한 잘 보존된 표본들을 가지고 과학자들은 연령, 서식지, 식생활과 같이 그 동물에 대한 훨씬 더 많은 정보를 수집할 수 있다.

2행 The museum has over a million animal skeletons in its collection, [which are studied by scientists around the world]. ⇨ [ ]는 선행사인 over a million animal skeletons를 부연 설명하는 계속적 용법의 주격 관계대명사이다.

7행 [The best thing about cleaning the skeletons {using these natural cleaners}] is [that the bones are perfectly preserved]. ⇨ 첫 번째 [ ]는 문장의 주어이고, { }는 〈부대상황〉을 나타내는 분사구문이다. 두 번째 [ ]는 주격 보어 역할을 하는 명사절이다.

문제해설

빈칸 뒤에서 과거에 화학 물질을 사용해서 살점을 제거했을 때 뼈들이 손상되는 등의 단점이 있었다는 내용이 언급되고 있으므로, 딱정벌레를 사용하면 ③ '뼈들이 완벽하게 보존된다'는 장점이 있음을 알 수 있다.

① 그것들에게 먹이를 줄 필요가 없다
② 그 과정이 인간의 노동을 대신한다
④ 과학자들이 그 살점을 쉽게 연구할 수 있다
⑤ 그것은 환경에 거의 영향을 미치지 않는다

04 ④ 05 ⑤

재갈매기 새끼는 작고 갈색이며 날지 못한다. 그들은 생존을 위해 어미에게 전적으로 의존하기 때문에, 먹이를 요구하는 강한 본능을 가지고 있다. 어미의 부리를 볼 때마다, 그들은 먹이를 먹고 싶다는 것을 말하기 위해 그것을 쪼아 댄다.
그런데, 이 반응의 강도는 의도적으로 증가될 수 있다. 새끼들에게 어미 재갈매기의 부리와 비슷한 붉은 점 한 개가 있는 나무 막대기를 보여 주면, 그들은 그 가짜 부리도 쫀다. 새끼들이 붉은 점 세 개가 있는 나무 막대기를 보면, 그들은 훨씬 더 빠르게 쪼아 댄다. 다시 말해서, 어미의 부리의 특징들이 단순화되고 과장되면, 그것은 더욱 극적인 반응을 유발한다. 이는 정점 이동 효과라고 불리는데, 최고조의 반응이 변화된 자극에 의해 촉발되기 때문이다. 이 개념에 따르면 자극이 강해질수록, 그것의 효과도 강해진다.
이러한 개념에 근거하여 한 유명한 신경과학자가 시각 예술의 핵심 원칙을 설명했다. 그는 다양한 예술이 '의도적인 과장'을 사용한다고 주장했다. 예술가들은 감상자들로부터 더욱 강력한 반응을 촉발시키기 위해 자신의 작품에 과장된 색과 형태들을 사용한다. 이와 관련된 한 가지 예가 뭉크의 유명한 그림인 〈절규〉이다. 감상자들이 그 그림을 보면 그것은 그들에게 잊을 수 없는 인상을 심어 주는데, 이는 그것이 매우 과장된 두려운 표정을 묘사하기 때문이다. 대조적으로, 우리가 현실적인 자연 경관을 그린 평범한 풍경화를 보면, 우리는 그것이 주는 느낌을 금방 잊어버린다. 이러한 전제에 근거하여, 우리는 예술가의 일이 평범한 형태를 가져다가 그것들을 더욱 <u>자극적으로</u> 만드는 것이라고 주장할 수 있다.

3행 **Whenever** they see their mother's beak, they peck at it to say [(that) they want to be fed]. ⇨ whenever는 '~할 때마다'의 뜻으로, every time으로 바꿔 쓸 수 있다. [ ]는 say의 목적어로 쓰인 명사절로, 접속사 that이 생략되었다.

11행 ..., **the stronger** a stimulus is, **the stronger** its effect is *as well*. ⇨ 「the+비교급 ~, the+비교급 …」은 '~하면 할수록 더욱 …하다'의 의미이다. as well은 '또한, 역시'의 의미이다.

문제해설

04 어미 부리의 특징이 단순화되고 과장될수록 극적으로 반응하는 재갈매기 새끼의 사례를 통해 정점 이동 효과의 개념을 설명하고, 이 효과가 시각 예술에서 어떻게 사용되는지를 설명하는 글이므로 글의 제목으로는 ④ '화가들이 감상자를 자극하기 위해 과장을 어떻게 사용하는가'가 가장 적절하다.

① 현대 예술의 풀리지 않은 신비
② 추상 미술은 왜 이해하기 어려운가
③ 신경과학을 이해하기 위해 예술을 이용하는 방법
⑤ 정점 이동 효과: 우리의 눈은 왜 색을 잘못 인식하는가

05 정점 이동 효과에 따르면 자극이 강렬할수록 효과도 강력하기 때문에 과장된 표현을 사용하는 뭉크의 작품은 강한 인상을 주는 반면 평범한 풍경화는 그렇지 못하다고 하였으므로, 빈칸에는 ⑤ '자극적인'이 들어가는 것이 가장 적절하다.

① 걱정하는   ② 현실적인
③ 추상적인   ④ 혼란스러운

06 ②

종업원으로서 아르바이트를 하는 것은 학생들이 여윳돈을 벌 수 있는 인기 있는 방법이다. 당신이 이 길을 따르기로 선택한다면, 당신이 더 성공하도록 도와줄 비법이 있다. 고객이 특정 요리에 대해 질문할 때마다 낮고 은밀한 목소리로 "솔직히 말씀드리자면, 그 요리는 오늘 밤에는 평소만큼 맛있지 않습니다."라고 대답하라. 그런 다음 그보다 덜 비싼 선택 사항을 한두 가지 추천해야 한다. 그렇게 할 때, 당신은 두 가지의 매우 귀중한 믿음을 확립할 것이다. 첫째는 당신이 레스토랑에서 제공하는 음식에 대해 믿을 만한 권위자라는 것이다. 그리고 둘째는 당신이 자신의 금전적 이득보다 고객의 만족을 우선시한다는 것이다. 왜냐하면 더 많은 금액의 청구서는 더 많은 팁을 의미하므로, 종업원들은 보통 식당 손님들에게 더 비싼 요리를 권하기 때문이다. 그러나 실제로는, 당신의 배려 깊은 조언에 감명받은 손님들이 가장 많은 팁을 두고 갈 가능성이 있다.

➡ (A) 더 저렴한 메뉴를 추천함으로써 종업원들은 고객의 신뢰뿐만 아니라 더 많은 (B) (금전적) 이익도 얻을 수 있다.

구문해설

1행 [Working part time as a waiter or waitress] **is**

a popular way *for students* to earn some extra cash. ⇨ 동명사구인 [ ]가 주어이므로 동사는 3인칭 단수에 수를 일치시킨다. for students는 to earn의 의미상 주어이고, to earn은 a popular way를 수식하는 형용사적 용법의 to부정사이다.

10행 But in reality, guests [who are impressed by your considerate advice] **are likely to leave** behind the biggest tip. ⇨ [ ]는 선행사인 guests를 수식하는 주격 관계대명사절이다. 「be likely to-v」는 '~할 것 같다'의 뜻이다.

문제해설
식당에서 고객이 질문하는 메뉴 대신 그보다 저렴한 메뉴를 추천함으로써 고객의 신뢰와 더 많은 팁을 얻을 수 있다는 내용의 글이므로, (A)에는 'cheaper(더 저렴한)', (B)에는 'profit((금전적) 이익)'이 들어가는 것이 가장 적절하다.

MINI TEST 04	pp.128~131

01 ③   02 ⑤   03 ④   04 ⑤   05 ①   06 ③

01 ③

여행 웹사이트들은 호텔 객실의 가격을 비교할 수 있는 최고의 방법이 될 수 있다. 그런데 한 인기 있는 사이트는 맥 컴퓨터 사용자들과 다른 PC 사용자들에게 각각 다른 검색 결과를 보여주고 있다. Orbitz Worldwide 주식회사는 맥 컴퓨터 사용자들에게 더 비싼 호텔 객실을 보여주는 것으로 보고되었다. 고객들의 온라인에서의 선택을 분석한 후에, 그 회사는 맥 컴퓨터를 사용하는 사람들이 맥 컴퓨터를 사용하지 않는 사용자들보다 호텔에서의 1박에 약 30달러를 더 쓴다는 것을 발견했다. 이것은 상당한 액수인데, 왜냐하면 Orbitz가 판매하는 호텔 객실은 1박에 약 100달러의 비용이 들기 때문이다. 맥 컴퓨터 사용자들은 다른 PC 사용자들보다 고급 호텔에 묵을 가능성이 40% 더 높다. 또한, 그들이 같은 호텔을 예약할 때, 맥 컴퓨터 사용자들은 더 비싼 객실에 묵는 경향이 있다. 이러한 결과들은 온라인 매출을 신장시킬 새로운 방법을 찾기 위해 애쓰는 온라인 소매업자들에게 아주 유용하다. 그들은 고객들의 행동을 기록하고 소비자들의 습관과 취향을 예측함으로써, 평생 고객을 보유하도록 도울 수 있는 상품과 서비스를 제공할 수 있을 것이라고 기대한다.

구문해설

4행 ..., the company found [that people {who use Mac computers} spend about $30 more per night on hotels than non-Mac users]. ⇨ [ ]는 found의 목적어로 쓰인 명사절이고, { }는 선행사인 people을 수식하는 주격 관계대명사절이다.

9행 These findings are quite useful for online retailers [who struggle **to identify** new ways *to boost* their online sales]. ⇨ [ ]는 선행사인 online retailers를 수식하는 주격 관계대명사절이다. to identify는 〈목적〉을 나타내는 부사적 용법의 to부정사이며, to boost는 new ways를 수식하는 형용사적 용법의 to부정사이다.

10행 They expect, [(that) **by recording** their customers' behavior and **predicting** consumers' habits and tastes, they can offer products and services {which can help retain lifetime customers}]. ⇨ [ ]는 expect의 목적어로 쓰인 명사절로, 접속사 that이 생략되었다. 「by v-ing」는 '~함으로써'의 의미로, 동명사 recording과 predicting이 접속사 and로 병렬 연결되었다. { }는 products and services를 수식하는 주격 관계대명사절이다.

문제해설
소비자들의 온라인에서의 선택을 분석하여 사용하는 컴퓨터에 따라 서로 다른 가격대의 호텔을 보여주는 기업의 예시를 통해 고객의 행동 및 습관을 추적하여 그에 따른 상품과 서비스를 제공할 수 있다는 내용의 글이므로, 글의 요지로 가장 적절한 것은 ③이다.

02 ⑤

루빅큐브에 대해 들어 본 적이 있는가? 그것은 일종의 3차원 퍼즐로 지금까지 가장 많이 팔린 장난감 중 하나이다. 루빅큐브는 1974년에 Erno Rubik이라는 건축학 교수에 의해 발명되었다. 루빅큐브의 퍼즐을 풀기 위해서는, 모두 같은 색끼리 맞추기 위해 색색의 작은 정육면체들로 구성된 열들을 비틀어야 한다. Rubik이 이 장난감을 발명했을 때, 그는 모든 색깔들을 줄 세우는 것이 상당히 어렵다는 것을 깨달았다. Rubik은 사실 자신의 생전에 그 퍼즐을 풀지 못할 것이라고 걱정해서, 한 가지 전략을 개발했다. 모서리들을 먼저 맞춤으로써, 그는 한 번에 여러 정육면체들을 재배열할 수 있었다. 그런 다음 Rubik은 그 퍼즐의 구획들을 구성하는 움직임의 특정한 순서를 발견했다. 한 달 뒤, Rubik은 자신의 발명품인 그 퍼즐을 풀었고, 특허권을 신청했다. 루빅큐브는 1975년에 특허를 받았고, 1977년에 최초의 제품이 장난감으로 판매되었다.

구문해설

5행 ..., he realized [(that) **it** was quite difficult **to line up** all the colors]. ⇨ [ ]는 realized의 목적어로 쓰인 명사절로, 접속사 that이 생략되었다. it은 가주어이고, to line up 이하가 진주어이다.

문제해설
⑤ 루빅큐브는 1974년에 발명되었고, 1977년에 최초의 제품이 장난감으로 판매되었다.

03 ④

Lawrence 씨께,

지난여름 제가 귀하의 건물로 이사 왔을 때, 모든 것이 만족스러운 상태인 것처럼 보였습니다. 유감스럽게도, 겨울이 오면서, 많은 문제가 생겼습니다. 저는 천식 환자로서, 습한 공기와 축축한 벽지를 의식할 수밖에 없었습니다. 추가적인 조사를 해보니, 모든 방에서 곰팡이가 자라고 있는 것뿐만 아니라 카펫 아래에서 마루가 썩어 가는 것도 발견했습니다. 또한 제 침실의 천장에 젖은 부분이 나타나서, 지붕이 새는 것도 발견했습니다. 집세로 제가 지불하는 금액을 고려할 때, 이 집의 노후화된 상태는 용납할 수 없습니다. 필요한 수리와 보수를 처리할 수 있도록 가급적 빨리 제게 연락을 주시기 바랍니다. 귀하의 신속한 답변을 기다리겠습니다.

Diana Smith 드림

구문해설

4행 ..., I **could not help but notice** the humid air and damp walls. ⇨ 「cannot help but + 동사원형」은 '~하지 않을 수 없다, ~할 수밖에 없다'의 의미이다.

5행 ..., I **found** not only mold **growing** in every room but also floorboards **rotting** beneath the carpet. ⇨ 「find + 목적어 + v-ing」는 '(목적어)가 ~하고 있는 것을 발견하다'의 의미이다. 「not only A but (also) B」는 'A뿐만 아니라 B도'의 의미이다.

9행 Please contact me at your earliest convenience **so that** we **may** arrange for the necessary repairs and maintenance. ⇨ 「so that + 주어 + may[can]」은 '~가 …할 수 있도록'의 의미이다.

문제해설
집주인에게 집의 하자를 설명하고 수리와 보수를 논의하자는 내용이므로, 글의 목적으로 가장 적절한 것은 ④이다.

04 ⑤
영국의 록 밴드 라디오헤드는 전 세계적으로 수백만 명의 팬들이 있다. 2007년에, 그들은 뭔가 새로운 것을 시도했다. 그들의 앨범 In Rainbows를 온라인에서 팬들이 지불하고 싶어 하는 만큼만 받고 판 것이다. 심지어 아예 돈을 지불하지 않는 것조차 가능했다. 많은 비평가들은 이러한 발상이 실망스러운 것이 될 것이며 대부분의 사람들이 그냥 무료로 앨범을 다운로드할 것이라고 생각했다. 하지만, '원하는 만큼 지불하라'는 이 실험은 그들이 틀렸음을 입증했다. 일부 사람들은 무료로 그 앨범을 다운로드했지만, 전반적으로 팬들은 평균 6달러를 지불했다. 라디오헤드는 또한 콘서트 표와 상품으로 그들이 이전의 앨범들에서 벌었던 것보다 더 많은 돈을 벌었다. 그리고 그들은 전통적인 음반 회사를 통해서가 아니라 그들이 직접 앨범을 팔았기 때문에, 수익의 더 많은 부분을 갖게 되었다. 라디오헤드는 전 세계의 음악가들이 단지 그들의 음악을 들어주는 사람들의 너그러움에 기반하여 돈을 벌 수 있다는 것을 본보기로 보여주고 있는 것 같다.

구문해설

2행 ...: they sold their album In Rainbows online for [**whatever** fans wanted to pay]. ⇨ [ ]는 복합관계대명사절로, whatever은 '(~하는) 것은 무엇이든'의 의미이다.

6행 Radiohead also made more money on concert tickets and merchandise **than** they had on earlier albums. ⇨ than은 비교급 문장에서 목적격 관계대명사 역할을 하는 유사 관계대명사로, 앞에 나온 money를 선행사로 한다.

문제해설
앨범의 가격을 책정하지 않고 팬들이 지불하고 싶은 만큼의 가격으로 앨범을 판매한 새로운 시도가 비평가들의 예상과는 달리 큰 수익을 냈다는 내용이므로, 빈칸에는 ⑤ '단지 그들의 음악을 들어주는 사람들의 너그러움에 기반하여'가 들어가는 것이 가장 적절하다.

① 새로운 종류의 음악을 창조함으로써
② 온라인 음반 가게의 도움으로
③ 전문 음악 비평가들과 협동함으로써
④ 전문적인 음악 프로듀서를 고용하지 않고

05 ①
외로움은 단순히 감정적 고통만을 일으키지 않는다. 그것은 또한 몸의 신체적 건강을 저하시켜, 우리가 다양한 질병에 걸리기 더 쉽게 만든다. 그러면 그것은 어떤 진화적인 목적을 수행하는 것인가? 우리의 감정 메커니즘은 사회 구조와 밀접하게 연관되어 발달하여, 우리가 생존하고 번식하도록 하는 원동력으로서 기능했다. 외로움의 고통은 우리 조상들이 다른 인간을 찾아내어 집단을 형성하게 했으며, 이는 결과적으로 포식자와 악천후로부터 그들을 더 안전하게 만들었다. 무리 지어 사는 것은 분명 자원을 얻기 위한 더 치열한 경쟁과 병원균 확산의 증가를 포함해서 불리한 면들이 있었지만, 긍정적인 부분이 부정적인 부분보다 훨씬 더 컸다. 시간이 흐르면서, 외로움을 피하는 것은 신뢰와 협동의 발달을 촉진했다. 외로움은 단순히 부정적인 감정이라기보다는, 배고픔과 갈증 같은 다른 형태의 고통이 개인 신체의 수호자 역할을 하는 것과 마찬가지로 사회 집단의 수호자 역할을 한다. 즉, 그것은 생물학적인 배고픔의 신호이다.

구문해설

1행 ...—it also degrades the body's physical well-being, [**making** us more **susceptible** to a wide range of illnesses]. ⇨ [ ]는 〈결과〉를 나타내는 분사구문이다. 「make + 목적어 + 형용사」는 '(목적어)가 ~하게 만들다'의 의미이다.

5행 The pain of loneliness pushed our ancestors **to seek out** other humans and (to) **form** groups, [which in turn made them safer from predators and the elements]. ⇨ pushed의 목적격 보어 역할을 하는 to seek out과 (to) form이 등위접속사 and로 병렬 연결되었다. [ ]는 앞의 절을 부연 설명하는 계속적 용법의 주

격 관계대명사절이다.

10행 ..., loneliness is a guardian of the social group (in) **the same way** [(that) other forms of pain, like hunger and thirst, are guardians of an individual's body] .... ⇨ 방법을 나타내는 the same way 앞에 전치사 in이 생략되어 the same way 이하가 부사구의 역할을 한다. [ ]는 the same way를 수식하는 관계부사절이며, 관계부사 that이 생략되었다.

문제해설
외로움은 인간이 무리 지어 살도록 촉진하여 사회 집단을 보호하는 역할을 한다는 내용이므로, 밑줄 친 부분이 의미하는 바로는 ① '타인과 관계를 맺으려는 동기 요인'이 가장 적절하다.

② 집단의 목표에 대한 장애물
③ 신체적 질병의 결과
④ 사회적 행동에 대한 부정적인 반응
⑤ 개인주의를 향한 갈망의 원인

06 ③

한 조사에 따르면, 대학생들의 84%가 자신에게 요구되는 학업에 자주 압도당한다고 한다. 그렇다면, 그들의 괴로움의 근원은 무엇일까? (B) 오늘날 대학생들의 불행의 주요 원인은 학업적 어려움이다. 그리고 이러한 어려움의 주요 원인은 많은 학생들이 공부하는 법을 제대로 배운 적이 없다는 것이다. (C) 공부하는 법을 배우지 못한 학생들은 보통 너무 창피해서 도움을 요청하지 못한다. 그들은 이러한 종류의 문제를 가지고 있는 사람은 자기밖에 없다고 생각하거나 아마도 자기 혼자서 상황을 해결할 수 있다고 여기는 경향이 있다. 그러나, 도움이야말로 그들이 자신의 문제를 해결하기 위해 꼭 필요한 것이다. (A) 공부하는 방법에 관한 강의가 모든 대학생들에게 필수가 되어야 하는 것은 바로 이런 이유 때문이다. 이 과목이 시시하게 들릴 수도 있지만, 이러한 수업은 다른 대학 강의 못지않게 지적인 도전 의식을 북돋우고 학문적으로 보람 있는 것일 수 있다. 궁극적으로, 학생들에게 이러한 필수적인 노하우를 제공하는 것은 우리 모두에게 득이 된다.

구문해설
3행 **It is** for this reason **that** classes on *how to study* have to be mandatory for all college students. ⇨ 「It is ~ that ...」은 '...하는 것은 바로 ~이다'라는 의미의 강조구문으로, 여기서는 for this reason을 강조한다. 「how to-v」는 '~하는 방법'이라는 의미이다.

10행 Students [who haven't been taught how to study] are often **too** ashamed **to seek out** assistance. ⇨ [ ]는 Students를 수식하는 주격 관계대명사절이다. 「too + 형용사/부사 + to-v」는 '너무 ~해서 ...할 수 없다'의 의미이다.

문제해설
다수의 대학생들이 학업을 부담스러워하는 원인이 무엇인지 질문

하는 주어진 글에 이어, 그 원인이 공부하는 법을 제대로 배운 적이 없기 때문이라고 밝히고 있는 (B)가 가장 먼저 오고, 이어서 공부법을 제대로 배우지 못한 학생들에게 도움이 필요하다고 말하는 (C)가 이어진 후, 결론적으로 공부법에 관한 강의의 필요성과 그 효과를 역설하는 (A)의 순서로 이어지는 것이 자연스럽다.

MINI TEST 05 pp.132~135

01 ②   02 ②   03 ③   04 ④   05 ①   06 ④

01 ②

부모가 십 대 자녀들과 친해지기 위해 질문을 하는 것은 좋은 생각이다. 중요한 것은 부모가 "너는 뭘 했니?" 대신에 "이것에 대한 네 의견은 어떠니?"와 같은 알맞은 질문을 하는 것이다. 이러한 종류의 질문들은 꼬치꼬치 캐묻거나 비난하지 않는 방식으로 질문될 때 십 대에게 가치와 존중을 전달하는 데 아주 효과적일 수 있다. 십 대에게 그들이 무언가에 대해 어떻게 생각하는지 묻는 것은 부모가 그들의 생각과 감정에 관심이 있으며, 그들의 관점을 중요하게 여긴다는 것을 그들에게 알려 준다. 또한, 부모는 자신이 매우 존중하는 성인과 토론하는 것과 같은 방식으로 십 대 자녀들과 논쟁적인 사안에 대해 토론하는 것이 좋다. 이렇게 함으로써, 부모는 자녀들이 여러 가지 중요한 문제들에 대해 깊이 생각하도록 해 줄 수 있다. 그러나 가장 중요하게, 그것은 부모가 십 대 자녀와 더욱 돈독한 관계를 맺는 데 도움이 될 수 있다.

구문해설
6행 ... **lets** them **know** [that their parents are interested in their thoughts and feelings, ...]. ⇨ 사역동사 let의 목적격 보어로 동사원형 know가 쓰였다. [ ]는 know의 목적어 역할을 하는 명사절이다.

7행 Also, **it** is good **for parents to discuss** controversial issues with their teenage children in the same way [they *would* (discuss controversial issues) with an adult ...]. ⇨ it은 가주어이고, for parents가 의미상 주어이며, to discuss 이하가 진주어이다. [ ]는 the same way를 수식하는 관계부사절이다. would 뒤에 앞에 나온 동사구 discuss controversial issues가 생략되었다.

문제해설
② 분사구문의 의미상 주어인 These types of questions와 분사의 관계가 수동이므로 asking을 과거분사 asked로 고쳐야 한다.
〈오답노트〉
① '~하는 것'의 의미로 선행사를 포함하는 관계대명사 What은 적절하다.
③ consider의 목적격 보어로 형용사인 important가 쓰였다.

④ 선행사 an adult를 수식하는 목적격 관계대명사 whom이 전치사 for의 목적어로 왔다.
⑤ 사역동사 make의 목적격 보어로 동사원형 think가 쓰였다.

02 ②

17세기 말에, 영국 정부를 비판하는 익명의 편지가 대니얼 디포라는 작가에 의해 쓰여졌는데, 그는 소설 〈로빈슨 크루소〉로 가장 유명하다. 그는 자신의 정체를 숨기려고 애썼지만, 정부는 결국 그를 찾아내 투옥시켰다. 자신이 쓴 것 때문에 처벌을 받는 동안, 디포는 작가들이 어떻게 자신의 글로 보상을 받아야 하는지도 생각했다. 그가 자유를 되찾았을 때, 디포는 영국 의회에 작가들의 작품을 보호해 줄 것을 탄원했다. 처음에 그 생각은 묵살당했다. 그러나, 시간이 지나면서 의회는 모든 작가들이 실명으로 글을 쓸 동기를 갖게 되면 감히 의회를 비판하는 자들을 쉽게 찾아낼 수 있다는 것을 깨달았다. 1710년 즈음, 디포의 노력은 마침내 영국 최초의 저작권법으로 결실을 맺었고, 이는 현재 다양한 분야에 적용되고 있다.

구문해설

1행 ..., an anonymous letter [criticizing the English government] was written by the writer Daniel Defoe, [who is most famous for his novel *Robinson Crusoe*]. ⇨ 첫 번째 [ ]는 an anonymous letter를 수식하는 현재분사구이다. 두 번째 [ ]는 the writer Daniel Defoe를 부연 설명하는 계속적 용법의 주격 관계대명사절이다.

4행 [While being punished for what he wrote], Defoe thought about [how writers should also be rewarded for their writings]. ⇨ 첫 번째 [ ]는 〈때〉를 나타내는 분사구문으로, 의미를 명확히 하기 위해 접속사 While을 생략하지 않은 형태이다. 두 번째 [ ]는 thought about의 목적어로 쓰인 의문사절이다.

7행 ... the parliament realized [that they could easily trace **those who** dared to criticize them ...]. ⇨ [ ]는 realized의 목적어로 쓰인 명사절이다. 「those who ~」는 '~하는 사람들'의 의미이다.

문제해설

대니얼 디포가 정부를 비판하는 글을 썼다가 구속되면서 시작한 작품 보호 운동이 저작권법의 제정이라는 결실을 맺었다는 내용이므로, ② '저작권법이 어떻게 탄생했는가'가 제목으로 가장 적절하다.

① 창의적인 생각을 보호하는 방법
③ 영국에서 가장 터무니없는 법
④ 우리가 타인의 작품을 모방하면 안 되는 이유
⑤ 정부와 작가들 사이의 관계

03 ③

1960년대에 발리에서 화산이 폭발했을 때, 많은 사람들은 대피하라는 정보를 라디오로 들을 수 없었기 때문에 죽었다. 이 가난한 사람들을 생각하며, 디자이너이자 교육자인 Victor Papanek은 세상에서 가장 가난한 사람들도 가질 수 있을 만큼 가격이 저렴한 라디오를 발명했다. 그 라디오는 재활용된 빈 깡통으로 간단히 만들어지고 소의 배설물이나 나무와 같은 어떤 종류의 물질이라도 태워서 작동될 수 있다. 9센트도 안 되는 가격의 그 완성품은 하나의 깡통 안에 채워진다. Papanek은 미학적인 부분에는 아무 신경을 쓰지 않았기 때문에, 그의 깡통 라디오는 매력적이지 못한 외양으로 인해 일부 사람들에게 비판을 받았다. 하지만, 그것은 엄청난 성공작으로 판명되었다. 수년 동안, 그것은 인도네시아와 인도에서 가난한 사람들에 의해 사용되었고, Papanek이 디자인 기여로 유네스코로부터 상을 받게 해 주었다. 환경적으로 그리고 사회적으로 책임 있는 디자인을 옹호했던 Papanek은, 디자이너들은 사람들의 '현실적 필요'를 충족시키기 위해 노력해야 한다고 믿었다.

구문해설

3행 ..., a designer and educator, invented a radio [that would be affordable *for even the world's poorest people* **to own**]. ⇨ [ ]는 선행사인 a radio를 수식하는 주격 관계대명사절이다. to own은 '~하기에'라는 의미의 〈한정〉을 나타내는 부사적 용법의 to부정사이고, for even the world's poorest people은 to부정사의 의미상 주어이다.

10행 Papanek, [who argued in favor of environmentally and socially responsible design], believed [that designers should strive **to fulfill** people's "real needs."] ⇨ 첫 번째 [ ]는 선행사인 Papanek을 부연 설명하는 계속적 용법의 주격 관계대명사절이다. 두 번째 [ ]는 believed의 목적어로 쓰인 명사절이다. to fulfill 이하는 〈목적〉을 나타내는 부사적 용법의 to부정사구이다.

문제해설

③ Papanek이 디자인한 라디오는 매력적이지 못한 외양 때문에 일부 사람들로부터 비난을 받았다.

04 ④

곤충에 쏘이는 것은 모두 고통스러울 수 있지만, 한 연구원이 최근 고통의 정도를 1에서 4까지의 수치로 등급을 매겼다. 별 네 개의 최대 고통 등급을 받은 몇 안 되는 벌레 중 하나는 총알개미인데, 그것은 중남미의 열대 우림에 서식한다. 이 커다란 개미는 위험 상황에서 날거나 뛰어오를 수 없다. 대신, 그들은 방어 기제로서 장기간 지속되는 극도로 고통스러운 독침에 의존한다. 이와 더불어, 그들은 잠재적 포식자에게 그들을 공격하는 것은 현명할(→ 현명하지 못할) 것이라고 경고하는 몇 가지 다른 방법들을 가지고 있다. 이들 중에는 방울뱀의 방울 소리와 아주 비슷한 역할을 하는 끽끽하는 소리와 탄 마늘과 비슷한 불쾌한 냄새가 포함된다. 후자를 방출하는 것은 총알개미가 맛있는 먹잇감이 되지 않으리라는 분명한 신호를 전달한다.

구문해설

2행 One of the few bugs [to receive the maximum four-star pain rating] is the bullet ant, [which *inhabits* the tropical rainforests of Central and South America]. ⇨ 첫 번째 [ ]는 앞의 명사 the few bugs를 수식하는 형용사적 용법의 to부정사구이다. 두 번째 [ ]는 the bullet ant를 부연 설명하는 계속적 용법의 주격 관계대명사절이다. inhabit은 '~에 살다'라는 의미의 타동사로, 뒤에 전치사 없이 바로 목적어를 취한다.

6행 Along with this, they possess several other methods of **warning** potential predators [that *it* would be unwise *to attack* them]. ⇨ [ ]는 warning의 직접목적어로 쓰인 명사절이다. it은 가주어이고, to attack 이하가 진주어이다.

문제해설

독침과 더불어 총알개미의 소리와 냄새는 포식자에게 공격하지 말라는 경고로 작용한다는 내용이 되어야 하므로, ④의 wise(현명한)를 unwise(현명하지 못한) 등으로 바꿔야 한다.

05 ①

언젠가 나는 아주 작은 개미가 엄청나게 큰 깃털을 옮기고 있는 것을 본 적이 있다. 집으로 가는 길에, 그 개미는 약 1센티미터 폭의 콘크리트 사이에 갈라진 틈에 직면했다. 잠시 멈춘 후에, 그 개미는 그 깃털을 갈라진 틈 위에 놓고, 그것을 다리로 사용하고 나서, 그것을 다시 집어 들었다. 몇 분 후에, 그 개미는 마침내 집에 도착했다. 하지만 그 개미는 작은 구멍 속으로 들어가야 했고, 깃털은 너무 컸다. 그 개미는 어떻게 할 수 있었을까? 수차례의 시도 끝에, 그 개미는 마침내 그 깃털을 버리고 그것 없이 구멍 속으로 들어갔다. 그 개미는 아마 이 여정을 시작하기 전에는 이런 생각을 제대로 해 보지 않았을 것이다. 결국, 큰 깃털은 곤란한 짐만 되어 버렸다. 때때로 우리 또한 직업이나 후회, 또는 돈과 같은 짐에 대해 너무 많이 걱정한다. 이것들은 모두 우리를 짓누를 수 있는 짐들이다. 우리는 인생의 길을 따라 그것들을 힘들게 가져가서는, 결국 마지막에는 그것들이 소용없으며 우리가 그것들을 가져갈 수 없다는 것을 알게 된다.

구문해설

2행 ..., the ant **laid** the feather over the crack, **used** it as a bridge, and then *picked* it up again. ⇨ 세 개의 동사 laid, used, picked가 접속사 and로 병렬 연결되어 있다. 「타동사＋부사」로 이루어진 동사구 picked up의 목적어로 대명사 it이 왔으므로, 「타동사＋목적어＋부사」의 어순을 따른다.

10행 We carry them along life's path with great difficulty, **only to find** at the end [that they are useless, and we can't take them with us]. ⇨ 「only to-v」는 '(~해서) 결국 …되다'의 의미로 〈결과〉를 나타내는 부사적 용법의 to부정사이다. [ ]는 find의 목적

어절로 쓰인 명사절이다.

문제해설

큰 깃털을 힘들게 가져간 개미가 그것을 집 안으로 가져가지 못하고 결국 버려야 했다는 이야기와 마찬가지로, 우리가 걱정하는 직업이나 돈과 같은 짐들도 인생의 길을 따라 짊어지고 가도 결국은 끝까지 가져갈 수 없다는 내용의 글이므로, 빈칸에는 ① '그것들이 소용없으며 우리가 그것들을 가져갈 수 없다'가 들어가는 것이 가장 적절하다.

② 그것들이 우리가 생각했던 그런 것들이 아니다
③ 그것들을 지키기 위한 우리의 노력에는 큰 보상이 따른다
④ 그것들이 소중하고 매우 귀중한 것으로 여겨질 만하다
⑤ 그것들이 우리의 일생 동안 상당히 더 가벼워졌다

06 ④

위의 두 도표는 2009년과 2019년에 18세에서 25세의 캐나다인이 TV 프로그램을 시청하기 위해 이용한 장치를 보여준다. 두 연도 사이의 10년에 걸쳐, 전통적인 TV로부터 평면 TV로의 큰 변화가 일어났으며, 후자는 19퍼센트포인트 증가하여 2019년에 가장 널리 이용된 장치가 되었다. 태블릿 기기의 인기 또한 두 연도 사이에 거의 네 배의 증가를 보이며 빠르게 증가했다. 가장 작은 변화를 보인 기기는 데스크톱 컴퓨터였는데, 이것은 2019년에 공동으로 두 번째로 적게 흔히 이용된 기기였다. (노트북은 2009년에 두 번째로 인기 있는 시청 기기로, 휴대 전화와 평면 TV를 합친 비율보다 더 큰 비율을 차지했다.) 마지막으로, 데스크톱과 노트북 컴퓨터 둘 다의 사용이 두 연도 사이에 1/3가량의 감소를 보이며, 상당히 줄었다.

구문해설

2행 **Over** the decade between the two years, a significant shift from conventional TVs toward flat-screen TVs took place, *with* the latter *rising* 19 percentage points [to become the most widely used device in 2019]. ⇨ 전치사 over는 '~ 동안에'라는 의미로 시간을 나타낸다. 「with＋목적어＋v-ing」는 '~가 …한 채로'의 의미로 부대상황을 나타내는 분사구문이다. the latter는 flat-screen TVs를 가리킨다. [ ]는 〈결과〉를 나타내는 부사적 용법의 to부정사구이다.

6행 The device [showing the least change] was the desktop computer, [which was tied as the second least commonly used device in 2019]. ⇨ 첫 번째 [ ]는 The device를 수식하는 현재분사구이다. 두 번째 [ ]는 the desktop computer를 부연 설명하는 계속적 용법의 주격 관계대명사절이다.

문제해설

④ 2009년에 노트북 사용 비율은 20%로, 휴대 전화(15%)와 평면 TV(8%)를 합친 비율인 23%보다 작다.

01 ④

남극 대륙은 휴가를 보내러 여행을 가기에 매우 비싼 곳이지만, 그곳으로 가는 관광객의 수는 지난 10년간 급격히 증가했다. 이러한 관광의 증가는 남극 대륙에 영향을 주는 문제들에 대한 대중의 의식을 높이는 데 도움이 될 수 있다. 그러나, 관광은 남극 대륙의 연약한 생태계를 손상시킬 가능성도 있다. 관광용 선박들에 의해 발생되는 쓰레기는 환경을 오염시킬 뿐만 아니라 남극 대륙의 야생 동물에게 신체적 부상을 유발한다. 또한, 사고로 인해 발생하는 석유 유출은 심각한 환경 문제가 될 수 있다. 예를 들어, 2007년에 한 관광선이 남극 반도 인근의 바위와 충돌하여 5만 7천 갤런의 디젤 연료를 바다에 유출했다. 그러한 오염은 해양 생물에 치명적일 수 있다. 이러한 종류의 환경 파괴가 계속된다면, 우리는 가까운 미래에 남극 대륙 여행을 못 하게 될지도 모른다.

구문해설

1행 ..., but **the number of tourists** [heading there] **has** grown rapidly over the past decade. ⇨ 「the number of + 복수명사」는 '~의 수'의 의미로 단수 취급하므로 3인칭 단수동사 has를 썼다. [ ]는 tourists를 수식하는 현재분사구이다.

6행 Also, oil spills [caused by accidents] could become a severe environmental problem. ⇨ [ ]는 oil spills를 수식하는 과거분사구이다.

문제해설

남극의 관광객이 급증하면서 환경 오염과 생태계 파괴의 우려가 커지고 있다는 내용의 글이므로, 글의 요지로 가장 적절한 것은 ④이다.

02 ②

당신이 걷는 방식은 목소리, 지문, 홍채 패턴만큼이나 유일무이하다. 당신을 쉽게 알아볼 수 있게 만드는 것은 바로 한 장소에서 다음 장소로 당신이 이동하는 독특한 방식이다. 이것은 당신의 자세, 팔다리의 위치, 걸음의 속도와 보폭을 포함한다. (제대로 맞지 않는 신발과 더불어 광범위한 신체 질병은 사람이 걷는 방식에 있어 갑작스러운 변화의 원인이 될 수 있다.) 보행 분석이라고 알려진 이 신원 확인 과정은 이제 전자기기에 프로그래밍되어 사람들의 얼굴이 시야에서 가려지더라도 전자기기가 그들을 추적할 수 있게 해 준다. 저품질 CCTV 영상에 얼굴 인식 소프트웨어를 적용하는 것은 불가피하게 좋지 못한 결과를 낳는다. 한편, 보행 분석 프로그램은 불확실한 영상에서도 완벽하게 기능한다. 실제로, 그것들은 분석 대상의 기분도 알아낼 수 있는데, 이는 화난 사람들이 걸을 때 다리에 더 많은 압력을 가하는 반면, 슬프거나 우울한 사람들은 발을 질질 끄는 경향이 있기 때문이다.

구문해설

1행 The way [that you walk] is just **as** unique **as** your voice, your fingerprints, and the patterns of your irises. ⇨ [ ]는 The way를 수식하는 관계부사절이다. 「as + 형용사[부사]의 원급 + as ~」는 '~만큼 …한[하게]'의 의미이다.

2행 **It is** the distinct manner [in which you move from one place to the next] **that** makes you easily *identifiable* .... ⇨ 「it is ~ that ...」 강조구문으로 '…한 것은 바로 ~이다'의 의미이다. [ ]는 the distinct manner를 수식하는 목적격 관계대명사절이다. 「make + 목적어 + 형용사」는 '~가 …하게 만들다'의 의미이다.

6행 This process of identification, [known as gait analysis], is now being programmed into electronic devices, [**allowing** them **to track** people even when their faces are hidden from sight]. ⇨ 첫 번째 [ ]는 This process of identification을 부연 설명하는 과거분사구이다. 두 번째 [ ]는 〈결과〉를 나타내는 분사구문으로, 「allow + 목적어 + to-v」는 '~가 …하도록 (허락)하다'의 의미이다.

문제해설

신원 확인 방법으로 이용되는 보행 분석을 설명하는 글이므로, 맞지 않는 신발과 신체 질병이 보행 방식에 변화를 줄 수 있다고 말하는 내용의 ②는 글의 흐름과 무관하다.

03 ⑤

세계가 대공황을 겪고 있을 때, 여성들은 1920년대에 유행하던 굽 낮은 구두를 신는 것을 멈추고 대신 통굽과 굽 높은 구두로 돌아섰다. 마찬가지로, 1970년대의 석유 파동 동안, 하이힐은 이전의 10년 동안 유행하던 굽 낮은 샌들을 대신하며 다시 유행하게 되었다. 이러한 일들은 단지 우연의 일치였을까? 소비자 제품 전문가인 Trevor Davis는 이러한 일들이 소비자들의 심리 상태와 관련된 유행의 두 가지 예라고 생각한다. 그는 경제 상황이 좋지 않을 때, 사람들은 굽 높은 구두처럼 화려한 패션에 관심을 돌림으로써 그러한 상황을 잊고 싶어 한다고 주장한다. 이러한 경향에 부합하여, 하이힐의 인기는 2008년과 2009년의 경제 위기 초반에 급증했다. 만약 패션 전문가들이 굽 낮은 신발과 플랫 슈즈로 돌아가는 것을 예측한다면, 어쩌면 이것은 개선되고 있는 경제에 대한 희망적인 징조로 간주될 수도 있다.

구문해설

1행 ..., women **stopped** *wearing* the low-heeled shoes [that were in style in the 1920s] and **turned** to platform and high-heeled shoes instead. ⇨ stopped와 turned가 접속사 and로 병렬 연결되었다. stopped의 목적어로 동명사 wearing이 쓰였다. [ ]는 the low-heeled shoes를 수식하는 주격 관계대명사절이다.

3행 ..., high heels came back into fashion, [replacing the low-heeled sandals of the previous decade]. ⇨ [ ]는 〈동시동작〉을 나타내는 분사구문이다.

문제해설
여성의 구두 굽의 높낮이가 경제 상황을 반영한다는 내용의 글이므로, ⑤ '여성들의 (구두) 굽 높이: 경제 지표'가 제목으로 가장 적절하다.
① 경제에 미치는 패션의 영향
② 편안한 신발: 하이힐 대(對) 플랫 슈즈
③ 패션 동향을 예측하는 학문
④ 20세기의 변화하는 구두 패션

04 ④

1973년 이후로 매년, 한 명의 사람과 12에서 16마리의 개로 구성된 여러 팀이 Iditarod Trail 개 썰매 경주에 참가해 오고 있다. 간혹 '지구상의 마지막 위대한 경주'라고 불리기도 하는 이 세계적으로 유명한 경주는 해마다 3월 초에 개최된다. 이 경주는 경주로를 따라 25개의 지정된 장소를 거쳐 알래스카를 가로질러 976마일을 썰매를 타고 가는 것을 포함한다. 알래스카의 황야를 지나갈 때, 팀들은 혹한의 기상 조건과 얼어붙은 강이나 험난한 산과 같은 물리적인 장애물과 싸워야 한다. 알맞은 개를 선택하는 것은 우승팀을 만들어 내는 비결이다. 대부분의 참가자들은 속도, 신뢰성, 그리고 참을성 때문에 시베리안 허스키나 알래스칸 맬러뮤트와 같은 순혈종을 선호한다. 다른 스포츠 팀에서와 마찬가지로, 개들은 각기 다른 역할을 한다. 일부는 썰매를 끄는 일을 하는 반면에, 앞장서는 개들은 속도를 정하고 그 팀의 나머지 개들을 안내하는 것을 담당한다.

구문해설
4행 It involves sledding 976 miles across Alaska [while checking in at 25 specified locations along the way]. ⇨ [ ]는 접속사 while을 생략하지 않은 〈부대상황〉을 나타내는 분사구문이다.
7행 [Choosing the right dogs] **is** the key to *creating* a winning team. ⇨ [ ]는 문장의 주어로 쓰인 동명사구로 단수 취급하므로 단수동사 is를 썼다. creating은 전치사 to의 목적어로 쓰인 동명사이고, winning은 뒤의 명사 team을 수식하는 현재분사이다.

문제해설
④ 시베리안 허스키의 순혈종이 경주용 개로서 인기가 있다.

05 ④

'박쥐처럼 눈먼'이라는 표현을 들어 본 적이 있는가? 박쥐가 눈이 멀었다는 이 오래된 통념은 전혀 사실이 아닌데, 그들은 사실 심지어 밤에도 아주 좋은 시력을 가지고 있기 때문이다. 그런데 많은 종의 박쥐들은 어둠 속에서 작은 곤충들을 사냥하는데, 이는 그들이 단순히 좋은 시력 이상의 것을 필요로 함을 의미한다. 그래서 그들은 특별한 능력을 사용하여 귀로 사물을

'볼' 수 있다. 박쥐는 입과 코를 통해 발산되는 고주파의 소리 흐름을 만들어낸다. 이 독특한 신호는 근처의 사물에 부딪혀 반사되고 메아리를 돌려보낸다. 고도로 민감한 그들의 귀를 이용해서 메아리를 들음으로써, 박쥐는 주변에 있는 사물의 크기, 모양, 질감, 위치를 인식할 수 있다. 놀랍게도, 일부 박쥐들은 심지어 메아리를 이용해서 먹을 수 있는 곤충들과 먹을 수 없는 다른 곤충들을 구별할 수도 있다.

구문해설
2행 **The old belief** [that bats are blind] is completely untrue .... ⇨ The old belief와 [ ]는 동격이다.
4행 However, many species of bats hunt small insects in the dark, [which means {that they need more than just great vision}]. ⇨ [ ]는 앞 절 전체를 선행사로 하는 계속적 용법의 주격 관계대명사절이다. { }는 means의 목적어로 쓰인 명사절이다.

문제해설
주어진 문장의 These unique signals는 ④ 앞에서 언급된 박쥐가 입과 코를 통해 발산하는 고주파의 소리 흐름을 가리키므로, 주어진 문장은 ④에 위치하는 것이 가장 자연스럽다.

06 ④

오늘날의 현대 세계에서, 거의 모든 남성들은 치마가 아닌 바지를 입는다. 당신은 왜 그런지 생각해 본 적이 있는가? 몇몇 역사학자들은 말이 오늘날 남성들이 바지를 입는 이유라고 말한다. 로마 군사들이 전쟁에 말을 타고 나가기 시작했을 때, 그들은 다리가 보호된 채로 말을 타는 것이 그 당시에 로마인들이 입던 전통 의상인 튜닉을 입고 말을 타는 것보다 더 편하다는 것을 알게 되었다. 후에, 중세 시대의 기사들 또한 같은 이유로 바지를 입었다. 시간이 지나면서, 바지를 입는 것은 기사나 귀족과 같은 높은 사회적 지위를 가진 유럽 남성들과 연관이 되었고, 마침내 이러한 생각은 다른 문화에도 퍼졌다. 오늘날 말은 더 이상 흔한 교통수단이 아니지만, 바지를 입는 것은 여전히 세계 대부분의 남성들에게 일반적인 관행이다.
➡ 남성들이 바지를 입는 관습은 (A) <u>역사적인</u> 배경을 지니고 있고 (B) <u>일반적인</u> 표준이 되었다.

구문해설
2행 ... horses are the reason [why today's men wear pants]. ⇨ [ ]는 the reason을 선행사로 하는 관계부사절이다.
4행 ..., they found [that {riding on horseback **with** their legs **protected**} was more comfortable than doing so in a tunic, {which was the traditional garment *worn* by Roman men at the time}]. ⇨ [ ]는 found의 목적어로 쓰인 명사절이다. 첫 번째 { }는 that절의 주어로 쓰인 동명사구이다. 「with + 명사 + p.p.」는 '~가 …된 채로'의 의미로 명사와 분사의 관계가 수동 관계이므로 과거분사가 사용되었다. { }는 선행사인 a tunic

을 부연 설명하는 계속적 용법의 주격 관계대명사절이다.
worn 이하는 the traditional garment를 수식하는 과거
분사구이다.

11행 The custom of **men** [wearing pants] has ....
⇨ [ ]는 전치사 of의 목적어로 쓰인 동명사구이며, men
은 동명사의 의미상 주어이다.

문제해설
오늘날 일반적인 관행으로 자리 잡은 남성들의 바지 착용에 대한
역사적인 배경을 이야기하는 글이므로, (A)에는 historical(역사
적인), (B)에는 universal(일반적인)이 들어가는 것이 적절하다.

MINI TEST 07					pp.140~143
01 ②	02 ④	03 ③	04 ③	05 ③	06 ⑤

01 ②
수십 년 동안, 미국 농업은 농작물을 심고 수확하기 위해 불법
노동에 의존해 왔다. 미국 노동부는 미국 농장에 있는 노동자의
약 60%가 증명서가 없는 이민자들이라고 말한다. 그러나, 최근
미국으로의 불법 이민이 감소하고 있다. 이 동향에는 여러 가지
이유들이 있다. 일부 주(州)들은 불법 이민을 막기 위해 고안된
엄격한 새 법을 가지고 있으며, 미국 공무원들은 국경 순찰대
를 늘렸다. 또한, 멕시코 경제는 성장하고 있는 반면에, 미국 경
제는 고전하고 있다. 이러한 이유들로 인해 야기된 불법 이민의
감소는 미국 농업에 직접적으로 영향을 미쳤다. 미국 농사 개량
동맹에 따르면, 노동력 부족에 의해 야기된 손실은 2012년에
50억 달러에서 90억 달러에 달하는 것으로 예상되었다. 그리고
이것은 결국 미국 소비자들이 슈퍼마켓에서 더 높은 가격을 지
불하게 만들었다.

구문해설
1행 For decades, the US agriculture industry **has
relied on** illegal labor *to plant* and (to) *harvest*
crops. ⇨ has relied on은 〈계속〉을 나타내는 현재완료시
제이다. to plant와 (to) harvest는 〈목적〉을 나타내는 부
사적 용법의 to부정사이며, 접속사 and로 병렬 연결되어 있
다.

4행 Some states have harsh new laws [designed to
stop illegal immigration], ... ⇨ [ ]는 harsh new
laws를 수식하는 과거분사구이다.

문제해설
미국 농업에서 큰 비중을 차지하던 불법 이민 노동자의 수가 정부
의 조치와 멕시코의 경제 성장 등으로 인해 감소했고, 이로 인해 노
동력 부족과 농산물 가격 상승 등의 새로운 문제들이 야기되고 있
다는 내용이다. 따라서 ②가 글의 요지로 가장 적절하다.

02 ④
터키어는 전통적으로 아라비아어에 기반을 둔 알파벳으로 쓰
여졌다. 그러나 1928년에 그 나라는 로마자에 기반을 둔 새로
운 체계로 변경하기로 결정했다. 정부는 그들의 언어를 로마자
로 표기하는 것이 철자를 표준화하고 식자율(글자를 식별하는
비율)을 높이리라 희망했지만, 그들은 Q, W, X 글자의 사용을
금지했다. 이는 그 전환 이면의 부차적인 목표 때문이었는데,
그것은 터키의 소수 민족을 터키 주류 문화로 강제로 동화시키
는 것이었다. 그들의 언어를 제한하는 것은 이 소수 민족들을
억압하는 효과적인 방법이었고, 이러한 노력의 주된 대상은 쿠
르드족이었는데, 그들은 터키 인구의 약 20퍼센트를 구성했다.
(그리스 민족과 아르메니아인은 터키에서 각각 두 번째와 세
번째로 큰 소수 민족에 해당하며, 그리스인들은 서쪽에, 아르메
니아인들은 동쪽에 거주한다.) 불법이 된 글자들이 쿠르드어를
쓰는 데 매우 중요했기 때문에, 그들은 자신의 언어가 사실상
2013년까지 금지되었다고 여겼는데 그 해에야 이 특이한 형태
의 억압이 결국 끝나게 되었다.

구문해설
5행 This was because of a secondary goal behind the
switch, [which was **to force** the country's minority
populations *to assimilate* into mainstream Turkish
culture]. ⇨ [ ]는 a secondary goal behind the
switch를 부연 설명하는 계속적 용법의 주격 관계대명사절
이다. to force는 주격 보어로 쓰인 명사적 용법의 to부정사
이다. 「force+목적어+to-v」는 '~가 …하도록 강요하다'의
의미이다.

10행 ..., **with** the Greeks *residing* in the west and
the Armenians (*residing*) in the east. ⇨「with+목
적어+v-ing」는 '~가 …한 채로'의 의미로 〈부대상황〉을
나타낸다. with 뒤에 두 개의 「목적어+v-ing」가 and로
병렬 연결되었으며, 반복되는 현재분사 residing이 생략
되었다.

12행 ..., they found their language effectively
banned until 2013, [when this unusual form of
oppression was finally ended]. ⇨ [ ]는 2013을 부
연 설명하는 계속적 용법의 관계부사절이다.

문제해설
문자 체계 변경을 통해 소수 민족인 쿠르드족을 억압하려는 터키
의 정책에 관한 내용이므로, 다른 소수 민족인 그리스인과 아르메
니아인을 언급한 ④는 글의 흐름과 맞지 않는다.

03 ③
길이가 약 3인치인 mangrove killifish는 맹그로브 습지의
흙탕물에서 산다. 이 습지는 연중 수개월 동안 말라붙기 때
문에, 이 물고기들은 물 밖에서 살아야만 한다. 그 기간 동안,
mangrove killifish는 나무 속에서 산다. 그들은 속이 빈 통
나무 안으로 들어가는데, 그곳에서 그들은 한 줄로 줄을 선다.

통나무 속의 틈이 꽤 비좁아지기 때문에, 그 물고기들은 그들의 보통 때의 공격적인 습성을 억눌러야만 한다. mangrove killifish는 또한 신체의 기본적인 기능을 바꿀 수도 있는데 이는 육지 동물처럼 공기를 호흡하게 한다. 이 물고기들은 물과 영양분을 저장하기 위해 아가미를 변화시키며, 그들의 신체는 피부를 통해 노폐물을 배출한다. 그들이 물로 돌아올 때, 그들의 신체는 타고난 특성을 되찾는다.

구문해설

4행 They move into hollow logs, [where they line up end to end]. ⇨ [ ]는 선행사 hollow logs를 부연 설명하는 계속적 용법의 관계부사절이다.

6행 Mangrove killifish can also change the basic functions of their bodies, [**allowing** them **to breathe** air like a land animal]. ⇨ [ ]는 〈결과〉를 나타내는 분사구문이다. 「allow+목적어+to-v」는 '(목적어)가 ~하게 (허용)하다'의 의미이다.

문제해설

③ 비좁은 통나무 속에서 타고난 공격성을 억누른다고 했다.

04 ③

많은 사람이 바늘 주사를 맞는 것을 싫어하고 심지어 무서워한다. 피하 주사기는 환자들에게 고통스러울 뿐만 아니라, 감염의 위험성이 있다는 것과 주사를 투여하는 데 숙달된 전문가가 필요하다는 것과 같은 다른 단점들도 있다. 다행히도, 새로 개발된 의료 기술이 이 바늘 주사를 쓸모없게 만들지도 모른다. 조지아 공과 대학교의 연구원들은 피하 주사기만큼 효과적으로 몸속에 약을 전달할 수 있는 작은 초소형 바늘을 고안했다. 이 초소형 바늘은 끝부분의 폭이 겨우 5마이크로미터이며 약이 채워져서 환자의 피부 속으로 직접 주입된다. 주사 후 몇 분이 지나면, 이 초소형 바늘은 환자의 체내에서 용해되며 무해하게 약을 방출한다. 이 작지만 효과적인 바늘은 앞으로 병원 방문을 훨씬 덜 공포스럽게 만들어 줄 가능성이 있다.

구문해설

7행 These microneedles, [which only measure five micrometers in width at the tip], are filled with medication .... ⇨ [ ]는 These microneedles를 부연 설명하는 계속적 용법의 주격 관계대명사절이다.

9행 ..., the microneedles dissolve in the patient's body, [harmlessly releasing the drugs]. ⇨ [ ]는 〈연속동작〉을 나타내는 분사구문이다.

문제해설

초소형 바늘이 개발됨으로써 기존의 아프고 불편한 피하 주사기를 쓸모없게 만들 것이라는 내용이므로, 빈칸에는 ③ '쓸모없는'이 들어가는 것이 가장 적절하다.

① 인기 있는   ② 위생적인
④ 참을 수 있는   ⑤ 비싸지 않은

05 ③

칭찬이 아이들의 자존감을 북돋우기 위해 필요하다는 것은 잘 알려진 사실이다. 아이들의 자존감을 북돋아 주기를 바라는 많은 부모들의 문제는 그들이 칭찬을 한다는 것이 아니라, 너무 많이 칭찬을 한다는 것이다. 그것을 지나치게 하지 않는 것이 중요하다. 아이들이 정말로 칭찬을 받을 만한지 아닌지에 상관없이 부모와 교사가 아이들이 하는 모든 것에 대해 칭찬하면, 아이들은 과장된 자아 존중감을 발달시킬 수 있다. 실제로, 그들은 자신들이 거의 완벽하다고 생각할 정도로 지나치게 자신만만해질 수 있다. 이것은 이후에 아이들이 비판이나 실패에 직면해서 그것을 다루는 법을 알지 못할 때 문제를 일으킬 수 있다. 아이들에게 과도한 칭찬을 하지 않는 것은 그들이 자기 자신과 그들 주변에 있는 것들을 더 주의 깊고 현실적인 방식으로 보도록 도울 것이다. 게다가, 심리학자들은 아이들의 자기 평가와 겸손을 북돋아 줄 것을 권장한다.

구문해설

3행 When parents and teachers praise children for everything [(that) they do], regardless of [**whether** they truly deserve it **or not**], ... ⇨ 첫 번째 [ ]는 선행사인 everything을 수식하는 목적격 관계대명사절로, 목적격 관계대명사 that이 생략되었다. 두 번째 [ ]는 전치사 regardless of의 목적어로 쓰인 명사절로, 「whether ~ or not」은 '~인지 아닌지'의 의미이다.

5행 In fact, they can become overconfident **to the point of** thinking [that they are nearly perfect]. ⇨ 「to the point of ~」는 '~할 정도로'의 의미이다. [ ]는 thinking의 목적어로 쓰인 명사절이다.

문제해설

빈칸 앞에서 과도한 칭찬은 아이들의 자아 존중감을 지나치게 발달시켜서 이후 그들이 비판이나 실패에 부딪혔을 때 문제를 일으킬 수 있다는 내용이 언급되었으므로, 빈칸에는 ③ '아이들에게 과도한 칭찬을 하지 않는 것'이 들어가는 것이 가장 적절하다.

① 아이들의 능력을 인정하는 것
② 아이들에게 칭찬을 받아들이는 법을 가르치는 것
④ 아이들이 두려움을 극복하도록 도와주는 것
⑤ 아이들에게 그들이 얼마나 불완전한지를 계속해서 말하는 것

06 ⑤

점균류는 숲에서 흔히 발견되는 아메바의 일종이다. 당신은 아마 선명한 색의 부드러운 진흙 덩어리처럼 보이는 이 놀라운 생물이 바위나 통나무에 붙어 있는 것을 보게 될 것이다. 그것들은 단세포 생물처럼 살거나 단일 생물처럼 기능하는 군집을 이루어 살 수 있고, 죽은 식물에 있는 미생물을 먹고 산다. 점균류는 뇌나 신경 체계는 없지만, 연구원들은 그것들이 그럼에도 불구하고 먹이를 찾기 위해 실험실의 미로 속에서 성공적으로 길을 찾을 수 있다는 것을 발견했다. 그것들은 몸속에 있는 관으로 이루어진 망을 이용함으로써 이것을 한다. 점균류 신체의 일

부가 먹이를 찾으면, 그것은 그 부위에 있는 관을 부드럽게 하는 화학 물질을 만들어 내는데, 이는 곧 신체의 나머지 부분이 그 먹이를 향해 움직이게 만든다. 이 관들은 또한 발견된 먹이에 대한 기억을 저장한다. 관의 망에 각인된 먹이 기억은 점균류가 미래에 먹이를 찾고 알아보게 해 준다.

구문해설

1행 You'll likely see these amazing organisms, [which look like brightly colored lumps of ooze], ... ⇨ [ ]는 these amazing organisms를 부연 설명하는 계속적 용법의 주격 관계대명사절이다.

10행 The food memories [imprinted in the tube network] allow the slime mold **to find** and (to) **identify** food in the future. ⇨ [ ]는 The food memories를 수식하는 과거분사구이다. allow의 목적격 보어 역할을 하는 to find와 (to) identify가 and로 병렬 연결되었다.

문제해설

⑤ 핵심 주어가 복수명사 The food memories이므로 복수동사 allow로 수를 일치시킨다.

〈오답노트〉

① 지각동사 see의 목적어 these amazing organisms와 목적격 보어가 수동의 관계이므로 과거분사 attached는 어법상 적절하다.

② that은 colonies를 선행사로 하는 주격 관계대명사이다.

③ cause의 목적격 보어로 쓰인 to부정사는 어법상 적절하다.

④ 먹이가 '발견되었다'는 의미이므로 수동태는 어법상 적절하다.

MINI TEST 08					pp.144~147
01 ③	02 ②	03 ③	04 ⑤	05 ①	06 ⑤

01 ③

우리 모두는 때때로 평화와 고요함을 필요로 한다. 하지만 주변이 더 조용하면, 그것이 더 평화롭게 느껴질까? 과학자들은 그 답을 알아내기 위해 연구를 진행했다. 그들은 극도로 고요한 방 안에 지원자들을 두고 그들의 반응을 관찰했다. 일반적으로 조용한 방은 소음 수준이 30데시벨인데 비해, 이 방의 소음 수준은 -9였다. 이러한 완전한 고요함은 대부분의 일반적인 표면과는 달리, 그 방의 벽, 바닥, 천장이 소리를 흡수했기 때문에 가능했다. 심지어 자신의 심장이 뛰는 소리도 들을 수 있었다. 과학자들은 무엇을 발견했을까? 흥미롭게도, 실험 지원자들은 그 소리 없는 방을 좋아하지 않았는데, 특히 어둠 속에서 그랬다. 그 방에서 가장 오래 버틴 사람의 기록은 겨우 45분이었다. 이 실험에서 우리는 편안함을 느끼려면 사실 일정 수준의 소음이 필요하다는 것을 알 수 있다.

구문해설

1행 But **if** your surroundings **were** quieter, **would** it **feel** more peaceful? ⇨ 「if+주어+동사의 과거형, 주어+조동사의 과거형+동사원형」은 가정법 과거로 현재 사실과 반대되는 내용을 가정한다.

6행 You could even **hear** your own heart **beating**. ⇨ 지각동사 hear의 목적격 보어로 능동을 나타내는 현재분사 beating이 쓰였다.

문제해설

사람은 극도로 고요한 방에서 오래 버티지 못하며 어느 정도의 소음이 있는 환경에서 편안함을 느낀다는 내용이므로, 제목으로는 ③ '극단적인 고요함: 그것이 좋을까?'가 가장 적절하다.

① 더 조용할수록 더 평화롭다
② 매일 마음을 느긋하게 해 주는 순간을 찾아라
④ 소음의 긍정적이고 부정적인 영향
⑤ 소음은 정신 상태에 어떻게 영향을 미치는가?

02 ②

콜롬비아의 수도인 보고타의 거리는 매주 월요일부터 토요일까지 차량으로 꽉 차 있다. 그러나 일요일에는, 사람들은 걷거나 자전거를 타고 거리를 장악한다. 이는 *Ciclovía*라고 불리는, 정부의 차 없는 거리 프로그램 때문이다. 이 계획은 1970년대 중반부터 시행되어 왔으며, 그 도시의 교통 문제를 방지하는 것을 목표로 한다. 오늘날, 보고타의 중심 도로들의 약 100킬로미터가 일요일과 공휴일에는 차 없는 구역이 되었다. 이러한 차량 금지령은 그 도시를 더 평화로운 곳으로 만들 뿐만 아니라, 시민들에게 부가적인 건강상의 이점들도 제공한다. 한 조사에 따르면, 그 도시 주변을 걸어 다니며 일요일을 보내는 백만 명의 시민들 중 약 5분의 1이 차량이 금지가 아니라면 그들도 활동적이지 않을 것이라고 말했다. 그러므로, 사람들을 강제로 차에서 내리게 해서 운동을 더 하도록 함으로써, 보고타의 차 없는 거리 계획은 시민들에게 더욱 활동적인 생활을 하도록 독려하고 있다.

구문해설

6행 **Not only** *does this ban on cars make* the city a more peaceful place, **but it also** .... ⇨ 「not only A but also B」는 'A뿐만 아니라 B도'의 뜻이다. 부정어구 Not only가 문두에 오면서 주어와 동사가 도치되었다.

8행 ..., about one-fifth of the million residents [who **spend** their Sundays **walking** around the city] said [(that) they *would* not *be* active *if* vehicles *weren't banned*]. ⇨ 첫 번째 [ ]는 the million residents를 수식하는 주격 관계대명사절이다. 「spend+시간+v-ing」는 '~하며 시간을 보내다'의 의미이다. 두 번째 [ ]는 said의 목적어로 쓰인 명사절로, 접속사 that이 생략되었다. 「주어+조동사의 과거형+동사원형, if+주어+동사의 과거형」은 가정법 과거로 현재 사실과 반대되는 내용을

가정한다.

문제해설
빈칸 뒤에 보고타 시민들이 차량 금지령이 없다면 운동을 하지 않을 것이라는 내용이 나오므로, 빈칸에는 차 없는 거리 계획이 제공하는 ② '건강상의 이점들'이 가장 적절하다.

① 여가 ③ 주차 공간
④ 경제적인 이점 ⑤ 친환경적인 이점

03 ③

창의력에 관한 한 실험에서, 참가자들은 벽 쪽으로 놓여 있는 탁자, 양초 한 개, 성냥 몇 개, 그리고 압정 한 상자를 받았다. 그들은 양초를 벽에 고정시키고, 불을 붙이고, 어떠한 촛농도 양초에서 탁자 위로 떨어지지 못하게 하라는 요청을 받았다. 많은 참가자들의 해결책은 실패했다. 사람들은 양초를 압정으로 벽에 고정하려고 하거나, 양초를 녹여서 접착제로 사용하려고 했다. 실제 해결책은 압정 상자를 촛대로 사용하는 것이었다. 그 상자는 벽에 압정으로 고정될 수 있었고, 그리고 나서 양초는 그 상자 안에 깔끔하게 놓일 수 있었다. 그 상자는 양초를 벽에 고정시키고 녹아내리는 모든 촛농을 받아 낼 것이었다. 하지만, 그 상자가 압정으로 가득 찬 채 참가자들에게 주어졌기 때문에, 모든 사람이 그것은 다른 가능한 용도가 없다고 추정했다. 간단히 말해, 창의적으로 생각하기 위해서 극복해야 할 가장 큰 장애물은 기능적 고착이다.

구문해설

2행 They were asked **to secure** the candle to the wall, (to) **light** it, and (to) **prevent** any wax *from dripping* from the candle onto the table. ⇨ to secure, light, prevent는 등위접속사 and로 연결된 병렬구조이며, light와 prevent 앞에 to가 생략되었다. 「prevent+목적어+from v-ing」는 '~가 …하지 못하게 하다'의 의미이다.

10행 ..., the biggest obstacle [to overcome **in order to think** creatively] is functional fixedness. ⇨ [ ]는 the biggest obstacle을 수식하는 형용사적 용법의 to부정사구이다. 「in order to-v」는 '~하기 위해서'의 의미이다.

문제해설
참가자들이 압정이 담긴 상자를 압정을 담는 용도로만 생각하여 창의성을 발휘하지 못했다는 실험 사례를 통해, 독창적인 사고를 위해서는 ③ '기능적 고착'을 극복해야 한다는 것을 알 수 있다.

① 실패에 대한 두려움
② 자원의 부족
④ 부정적인 가정
⑤ 너무 일찍 포기하는 것

04 ⑤ 05 ① 06 ⑤

(A) 제2차 세계대전 이후, 전쟁에서 이긴 국가들은 독일을 분열시켰다. 독일의 서쪽 절반은 영국, 미국, 프랑스에 의해 통치되었고, 반면에 동쪽은 소련에 의해 통치되었다. 1948년 6월에, 소련은 베를린 도시 전체에 대한 통제권을 갖기 위해 베를린 주위에 장애물을 설치했다. 이 때문에 수백만 명의 독일 국민들이 기아와 고난에 직면했다. 미국과 다른 연합 국가들은 비행기 조종사들을 동원해 대량의 식량과 보급품을 베를린으로 운송하기 위한 계획을 수립했다.

(D) 그 비행사들 중 한 명이 Gail Halvorsen이라는 젊은 미국인이었다. 베를린에 있던 어느 날 (d) 그는 아이들 몇 명이 활주로 근처에 서서 비행기들이 이륙하고 착륙하는 모습을 지켜보는 것을 보았다. Halvorsen은 그 아이들이 굶주렸다는 것을 알았지만, 그들은 불평하거나 구걸하지 않았다. (e) 그는 호주머니에 손을 넣어 보았지만 겨우 껌 두 개만을 발견했다. Halvorsen은 그것들을 아이들에게 주었고, 그들이 껌을 똑같이 나누기 위해 작은 조각들로 찢는 것을 보고는 깜짝 놀랐다. 그들은 싸우지 않았으며, 모든 아이들이 작은 선물을 받은 것에 미소 지었다.

(C) (b) 그는 그 껌이 그 독일 아이들을 얼마나 행복하게 했는지에 놀랐고, 자신의 비행기에서 그들에게 사탕을 떨어뜨려 주겠다고 약속했다. 한 아이가 비행하고 있는 것이 그인지 자신들이 어떻게 알 수 있냐고 물었다. Halvorsen은 "내가 비행기의 날개를 흔들게."라고 대답했다. (c) 그는 다음 날 베를린 상공을 비행하며 자신의 비행기 날개를 흔들었다. 그런 다음 그는 손수건으로 만든 작은 낙하산에 매단 작은 사탕 꾸러미들을 떨어뜨렸다. 곧 다른 아이들도 '날개 흔드는 아저씨'에게 편지를 써 베를린의 다른 지역에도 사탕을 떨어뜨려 달라고 부탁하기 시작했다.

(B) 그의 부대장은 뉴스에서 그 이야기를 보고 화를 냈지만, 나중에 (a) 그는 Halvorsen의 아이디어에 착안한 계획을 승인했다. 그 이후 그것은 '소량 식량 작전'으로 확대되었고, 다른 많은 조종사들도 참여했다. 미국 전역의 아이들이 보탬이 되고자 사탕을 보냈고 사탕 제조업자들도 그랬다. 23톤이 넘는 사탕이 베를린에 투하되었고, 그 프로젝트는 연합국의 선전에 엄청난 성공이 되었다. 1949년 5월에 봉쇄가 끝났고 보급품의 공수는 그해 9월에 종료되었다. 그러나, 날개 흔드는 아저씨는 아이들에 대한 사랑과 관심 때문에 여전히 관대한 영웅으로 기억된다.

구문해설

10행 Children all over the US sent candy to help out, and **so *did* candy manufacturers**. ⇨ 「so+동사+주어」는 '~도 역시 그러하다'의 의미이다. did는 앞의 sent candy를 가리키는 대동사이다.

24행 ..., he **saw** some children **standing** near a runway, [*watching* planes *take off* and *land*]. ⇨ 지각동사 saw의 목적격 보어로 능동을 나타내는 현재분사 standing이 왔다. [ ]는 〈동시동작〉을 나타내는 분

사구문이며, 지각동사 watching의 목적격 보어로 동사원
형인 take off와 land가 사용되었다.

문제해설

04 제2차 세계대전 이후 베를린이 봉쇄되자 연합국의 베를린 공
수 작전이 수행되었다는 내용인 (A)에 이어서, 베를린에 파견된
Halvorsen이라는 미국 비행사가 아이들에게 껌을 주었다는 (D)
가 이어지고, 껌에 행복해하는 아이들을 보며 Halvorsen이 비행
기에 사탕을 실어 투하하기 시작했다는 (C)가 온 후, 이것이 확대
되어 '소량 식량 작전'으로 발전하게 되었다는 (B)의 순서로 이어
지는 것이 적절하다.

05 (a)는 Halvorsen의 부대장을 가리키고, 나머지는 Halvorsen
을 가리킨다.

06 ⑤ 굶주렸음에도 불평하거나 구걸하지 않는 아이들에게
Halvorsen이 껌을 나누어 주었다.

MEMO

MEMO

MEMO

MEMO

MEMO

PICK 수능유형

독해 실력

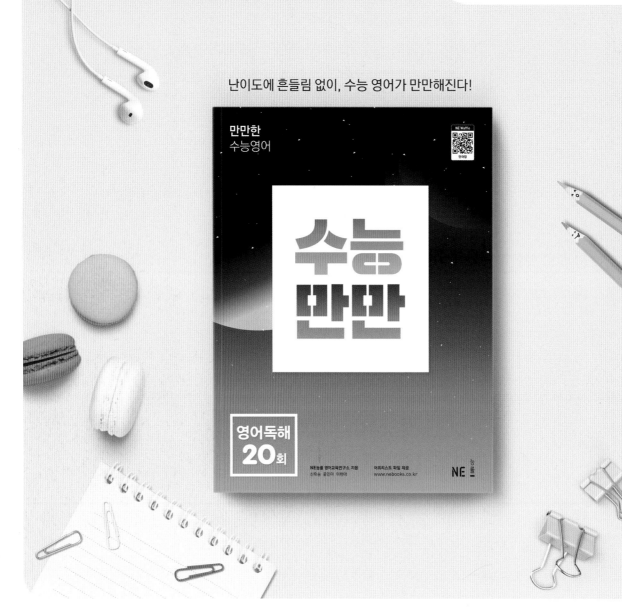